2ª edição - Agosto de 2022

Coordenação editorial
Ronaldo A. Sperdutti

Revisão
Alessandra Miranda de Sá
Maria Clara Telles

Capa
Rafael Sanches

Projeto gráfico e diagramação
Juliana Mollinari

Assistente editorial
Ana Maria Rael Gambarini

Impressão
Gráfica Loyola

Proibida a reprodução total ou parcial desta
obra sem prévia autorização da editora.

Copyright © 2022 by Boa Nova Editora.

Av. Porto Ferreira, 1031 | Parque Iracema
CEP 15809-020 | Catanduva-SP
17 3531.4444

www.**lumeneditorial**.com.br
www.**boanova**.net

atendimento@lumeneditorial.com.br
boanova@boanova.net

Dados Internacionais de Catalogação na Publicação (CIP)
(Câmara Brasileira do Livro, SP, Brasil)

Vinícius (Espírito)
    Em cada lágrima há uma esperança / ditado pelo
Espírito Vinícius (Pedro de Camargo) ; [psicografado
por] Eliane Macarini. -- 2. ed. -- Catanduva, SP :
Lúmen Editorial, 2022.

    ISBN 978-65-5792-046-6

    1. Espiritismo 2. Obras psicografadas 3. Romance
espírita I. Macarini, Eliane. II. Título.

22-110270   CDD-133.9

Índices para catálogo sistemático:

1. Romance espírita : Espiritismo   133.9

Eliete Marques da Silva - Bibliotecária - CRB-8/9380

Impresso no Brasil – Printed in Brazil
02-08-22-3.000-5.000

ELIANE MACARINI
DITADO PELO ESPÍRITO
VINÍCIUS (PEDRO DE CAMARGO)

EM CADA LÁGRIMA HÁ UMA ESPERANÇA

LIVRO 3
DA SÉRIE COMUNIDADE
EDUCACIONAL DAS TREVAS

LÚMEN
EDITORIAL

À querida amiga e irmã espiritual Maria Nazareth Dória, luz que ilumina a vida de muitos sofredores que estão imersos na própria escuridão e, ao encontrar sua mão estendida, se levantam em direção à casa do Pai.

Ao querido Miguel, Pai Miguel de Angola, espírito de amor e paz, que nos conduz através dos vales profundos da desesperança e da dor, conduzindo almas perdidas de si mesmas, descortinando a liberdade de ir e vir neste bendito mundão de Deus.

Agradeço a esses valorosos amigos pela ajuda recebida no capítulo XIV deste livro, esclarecendo práticas antigas e, ao mesmo tempo, tão novas, que nos fazem encontrar o verdadeiro sentido da união, do amor e do perdão sobre os quais nosso Mestre Jesus tanto falou.

A vocês, meus queridos do coração, a gratidão e a amizade verdadeira, aquela que constrói e edifica a paz.

Com amor e admiração de sua amiga

Eliane Macarini

SUMÁRIO

Agradecimentos 9

Conhece-se a árvore pelo fruto 13

Capítulo I - Início de oportunidades......................... 20

Capítulo II - Encontro de amor................................... 26

Capítulo III - Paz e reparação 36

Capítulo IV - A visita de Salas 42

Capítulo V - Oportunidades.. 52

Capítulo VI - Perplexidade 59

Capítulo VII - Radiosa esperança 68

Capítulo VIII - Desencontros...................................... 80

Capítulo IX - Ira e solidão... 87

Capítulo X - Uma vida que se inicia.......................... 95

Capítulo XI - Tristeza profunda................................ 102

Capítulo XII - Fé e liberdade.................................... 112

Capítulo XIII - Luz e trevas 119

Capítulo XIV - Compensação e sofrimento 129

Capítulo XV - Acreditar no futuro............................ 144

Capítulo XVI - Paciência e resignação 150

Capítulo XVII - Aflição necessária 158

Capítulo XVIII - Sempre a verdade 166

Capítulo XIX - Paz e serenidade............................ 173

Capítulo XX - Liberdade e evolução....................... 179

Capítulo XXI - Responsabilidade e amor 189

Capítulo XXII - Crime e castigo............................... 202

Capítulo XXIII - Além da razão 214

Capítulo XXIV - Crueldade e ignorância................ 226

Capítulo XXV - Imperfeição e instintos 233

Capítulo XXVI - Bondade e senso moral 239

Capítulo XXVII - Sofrimento e dor.......................... 246

Capítulo XXVIII - O dia de luz 254

Capítulo XXIX - Expulsando a dor 261

Capítulo XXX - Libertando o amor 274

Capítulo XXXI - Apenas um instante 280

Capítulo XXXII - Consequências 292

Capítulo XXXIII - Evolução e aprendizado 298

Capítulo XXXIV - Um dia novo 307

Capítulo XXXV - Amor e amizade 312

Capítulo XXXVI - Perdoar sempre 315

AGRADECIMENTOS

Dia 11 de dezembro de 2014, nasceu João Victor de Freitas Lorenzato, meu neto e de meu marido Cyro, filho de Bruna e Paulo, irmão de Ana Cecília, sobrinho de Andréa e Carlos, Cyro e Leila, primo de Gabriel e Pedro, uma família que sofreu e esperou esse dia com certo receio; João Victor foi diagnosticado no quarto mês de gestação como portador de lábio leporino e provável fenda palatal.

Era esperado com o mais profundo amor. Mas o receio de que algo mais grave pudesse atingi-lo roubava-nos o sossego. Quinze dias antes de seu nascimento, foi realizado um exame de ultrassonografia 3D, que confirmou a existência do problema físico. Tudo bem! Por meio da união amorosa de nossa família, lidaríamos com essa dificuldade da melhor maneira possível.

Dia 11 de dezembro de 2014, na sala de parto, cercado por uma equipe especializada, tudo estava pronto e preparado para recebê-lo. O parto foi cirúrgico. E, quando o médico retirou nosso menino de dentro do útero, olhou para minha filha e meu genro e disse:

— Mãe, trocaram o nenê dentro da sua barriga.

João Victor é perfeito, não tem fenda palatal nem lábio leporino. Os médicos não acreditam. Estão aí os exames para provar as suspeitas, sem sombras de dúvidas. Não é possível!

João Victor tem as cicatrizes de uma cirurgia feita dentro do útero, não pela medicina terrena, mas por aquela em que poucos acreditam e custam a aceitar. Para nós, foi um presente de Deus, a prova de que não estamos desamparados.

Assim, ofereço a vocês, amigos bendidos, anônimos e bondosos, esse meu trabalho. Agradeço por estar aqui e poder viver essa maravilha de vida, que reconheço, dia a dia, ser a verdadeira felicidade. Obrigada por esta família, pelos presentes que recebemos e, às vezes, nem entendemos.

Obrigada pelo João Victor, irmão da Ana Cecília, primo do Gabriel e do Pedro, maravilhas que Deus nos ofertou.

Obrigada por ter permitido a mim a presença de minha irmã Ana Macarini; sinto genuína alegria ao pensar que está a caminho da evolução e que faço parte de sua vida. Eu a amo e a admiro, sempre uma presença viva, forte e vencedora da boa batalha. Com o coração transbordando de verdadeira fé, eu peço ao Pai Amado que a envolva em vibrações de amor e paz!

Eliane Macarini, avó.

OBSERVAÇÃO IMPORTANTE

Os capítulos que tratam sobre transplante de medula óssea trazem dados que foram pesquisados no site http://www.inca.gov.br/, responsável pela divulgação da Rede BrasilCord. Esta reúne os Bancos Públicos de Sangue, de Cordão Umbilical e Placentário (BSCUP). O objetivo é armazenar amostras de sangue de cordão umbilical (material rico em células-tronco hematopoéticas — capazes de produzir os elementos fundamentais do sangue), essenciais para o transplante de medula óssea. O primeiro BSCUP público foi criado no Inca em 2001. A Rede BrasilCord entrou em vigor em 2004, por força da Portaria n. 2.381/GM.

Indicamos também o site da Associação de Medula Óssea (AME): http://www.ameo.org.br/, que traz informações extremamente úteis em linguagem compreensível para todos.

CONHECE-SE A ÁRVORE PELO FRUTO

1. A árvore que produz maus frutos não é boa e a árvore que produz bons frutos não é má; porquanto, cada árvore se conhece pelo seu próprio fruto. Não se colhem figos nos espinheiros, nem cachos de uvas nas sarças. O homem de bem tira boas coisas do bom tesouro do seu coração e o mau tira as más do mau tesouro do seu coração; porquanto, a boca fala do de que está cheio o coração. (S. LUCAS, cap. VI, vv. 43 a 45.)

2. Guardai-vos dos falsos profetas que vêm ter convosco cobertos de peles de ovelha e que por dentro são lobos rapaces. Conhecê-lo-eis pelos seus frutos. Podem colher-se uvas nos

espinheiros ou figos nas sarças? Assim, toda árvore boa produz bons frutos e toda árvore má produz maus frutos. Uma árvore boa não pode produzir frutos maus e uma árvore má não pode produzir frutos bons. — Toda árvore que não produz bons frutos será cortada e lançada ao fogo. Conhecê-la-eis, pois, pelos seus frutos. (S. MATEUS, cap. VII, vv. 15 a 20.)

3. Tende cuidado para que alguém não vos seduza; porque muitos virão em meu nome, dizendo: "Eu sou o Cristo", e seduzirão a muitos.

Levantar-se-ão muitos falsos profetas que seduzirão a muitas pessoas; e porque abundará a iniquidade, a caridade de muitos esfriará. Mas aquele que perseverar até o fim se salvará.

Então, se alguém vos disser: O Cristo está aqui, ou está ali, não acrediteis absolutamente; porquanto falsos Cristos e falsos profetas se levantarão que farão grandes prodígios e coisas de espantar, ao ponto de seduzirem, se fosse possível, os próprios escolhidos. (S. MATEUS, cap. XXIV, vv. 4, 5, 11 a 13, 23 e 24; S. MARCOS, cap. XIII, vv. 5, 6, 21 e 22.)

Missão dos profetas

Aprendo a cada dia um pouco mais sobre a evolução de todos nós. Somos espíritos únicos, vivenciando há milhares de anos experiências que têm transformado a nossa visão em relação ao todo.

Como partes únicas e inigualáveis, adquirimos conhecimentos básicos à nossa sobrevivência física no planeta.

Lutamos contra adversidades e intempéries inerentes a cada momento de evolução deste orbe de redenção. Como espíritos ainda ignorantes, mas evoluindo sempre, traçamos, a partir do momento que adentramos o reino hominal, perfis necessários ao desenvolvimento de nossa inteligência; ora treinando nosso livre-arbítrio, ora agindo sob a tutela de espíritos mais sábios.

Neste bendito processo educacional, adquirimos conhecimentos que nos exigem, cada dia mais, o exercício de adaptação a novas informações. Assim se origina o ser ético a caminho da evolução moral.

Porém, esse momento também pressupõe o início de dolorosos conflitos emocionais, visto que o progresso material traz facilidades materiais que vão além da necessidade de conforto e sobrevivência, e isso acaba por nos desviar do caminho correto.

A ideia de ser é, momentaneamente, substituída pelo prazer de ter.

Espíritos mais endurecidos em suas relações amorosas acabam por vivenciar uma inversão de valores bastante grave, o que ocasiona, no todo, sofrimentos e dores inimagináveis.

O conceito divino de evolução passa a ser utilizado como um negócio bastante rentável que, manipulado e distorcido, dificulta o caminhar da humanidade. Assim, os indivíduos acabam sujeitando-se de forma submissa aos interesses, regidos pela ânsia de poder e ambição desmedida.

A fé recebe o estigma do preço miserável que corrompe e escraviza.

Ela antecede o momento da libertação, o movimento dos falsos profetas pelas ruas inundadas de esperanças infrutíferas e falsas, como as suas próprias propostas egoístas.

A relação entre os dois mundos e suas diversas etapas evolutivas forma um laço, criando sistemas de vida completamente independentes e, ao mesmo tempo, estreitamente interligados.

A esfera invisível, inferior na moralidade, luta por permanecer no estado ignorante, dessa forma perpetuando conceitos distorcidos da função da vida, enquanto irmãos mais felizes e sábios atraem-nos com o prazer verdadeiro de sermos seres divinos.

Ao relembrarmos o bendito momento de sofrimento vivido por nossa sociedade terrena, à época da Inquisição imposta pela Igreja Católica Apostólica Romana, revivemos momentos em que a intolerância era tomada como instrumento de subjugação da humanidade. Esses eventos de desatino, cometidos em nome de Deus Pai, criaram para o planeta uma população desencarnada endurecida, coesa e ainda insistente em se posicionar como "verdadeiros profetas" de Deus. Esses irmãos, debilitados em humildade e fé, tornaram-se verdadeiras chagas para o mundo, pois ainda acreditam no Deus que pune e se vinga dos mais imperfeitos.

Reunidos em extensas e fortes falanges do mal, julgam-se no direito de privar o mundo da revolução da nova era de amor e paz, a qual virá modificar o panorama energético do globo.

Ainda equivocados no entendimento da realidade divina, sofrem e fazem sofrer.

A humanidade precisa acordar desse triste torpor e exercer seu direito de escolha através da educação de seu espírito eterno. Enquanto nos sujeitarmos às migalhas materiais, estaremos contribuindo para a perpetuação da dor e da prática do flagelo desnecessário.

Enquanto espíritos encarnados, devemos lutar pelo aprimoramento ético de nossas comunidades, por meio da defesa da oração bendita e de leis justas — leis escritas pela própria humanidade, modificadas à medida que evolui ética e moralmente, criando novas e benditas necessidades de reajustamento social.

A oração bendita se origina em mentes mais conscientes de valores intrínsecos à origem de sua vibração, não mais frases ou textos decorados e recitados sem reflexão, mas sim energia reconstrutora que molda uma vida melhor para o todo.

A transformação planetária acontece inexoravelmente, de uma forma ou outra; de acordo com nossa escolha poderá ser pacífica ou não. Infelizmente, ainda nos é necessária a dor — a dor que ensina e modifica a postura diante da verdade eterna e imutável, que é o bem maior.

Lembremos esta passagem excelente de *O Livro dos Espíritos* sobre a *Lei de Destruição*:

728. A destruição é uma lei da Natureza?

É necessário que tudo se destrua para renascer e se regenerar, porque isso a que chamais destruição não é mais que a transformação, cujo objetivo é a renovação e o melhoramento dos seres vivos.

E mais à frente, nas questões 742 a 745, amigos melhores nos esclarecem sobre a necessidade do sofrimento entre os povos, que trará como benefício a liberdade e o progresso.

Nos dias atuais podemos definir o estado de guerra de várias formas, pois cercear a liberdade de um ou outro grupo através do desrespeito aos direitos básicos é dolorosa forma de escravidão.

Ater um irmão aos toscos ensinamentos cristãos vinculados à matéria é crime grave contra as leis naturais, portanto, queridos amigos, honremos a nossa própria origem, lembrando sempre da advertência de Jesus a todos nós: "Porque é necessário que sucedam escândalos, mas ai daquele homem por quem vem o escândalo".

O momento histórico que vivenciamos nos exige ação efetiva e justa, pois a omissão doentia é arma eficaz dos ignorantes.

Paulo de Tarso se refere à omissão quando diz: "Porque não faço o bem que quero, mas o mal que não quero". Desta forma, ele nos conclama ao reajuste mental e emocional do ser ativo dentro de sua própria esfera energética, que, certamente, contribui com aqueles que nos partilham o caminho.

O desajuste social somente acontece pelo enfraquecimento da razão, e a razão não se fortalece quando falta educação, em todos os sentidos da vida; esse desequilíbrio alimenta os desvios comportamentais e os sofrimentos emocionais, arremessando seres capacitados à falsa crença da inanição moral.

O direito à escola é causa justa a ser definida, na qualidade e no amor a ele destinado, assim como a união e a bondade nos propósitos enobrecedores.

Quando a população mundial lutar unida pela garantia de seus direitos civis, estaremos a caminho de momentos mais felizes e livres, isto é, a ética agindo em benefício do processo evolutivo.

Antes disso, meus amigos, estaremos à mercê das trevas, das dores não entendidas e do acaso inexistente, que ainda subsistem em nosso coração, alimentados pelo orgulho e pela vaidade.

Enquanto ainda trôpegos caminharmos pela vida, estaremos sujeitos a julgamentos impróprios, que nos arremessarão na escuridão da dor.

Somente a postura do cristão ativo nos permitirá trazer luz ao planeta; caso contrário, estaremos sujeitos às fogueiras da iniquidade, do preconceito e da intolerância.

Um mundo mais justo se edificará no momento em que não enfatizarmos diferenças, pois a visão será mais pura e natural, levando-nos à prática do amor ao próximo.

Acordemos e façamos parte de uma nova era que se aproxima célere e inexorável, conscientes de nossos direitos e deveres enquanto espíritos eternos.

Esforcemo-nos para que esse caminho seja o menos doloroso possível e que o maior número de irmãos caminhe ao lado do Cristo — o Cristo amigo que veio ao planeta exemplificar o perdão, o amor e a docilidade submissa aos mais nobres sentimentos. O Cristo que nunca usou da má palavra ou da má ação, mas que sempre acolheu em seus braços a todos indistintamente; crentes ou não, em suas palavras.

Os dias que viveremos serão intensos instrumentos de transformação. Vivenciem sua fé e a esperança em dias melhores, que certamente virão.

O caminho será árduo e doloroso, mas há de nos proporcionar a possibilidade de abrir a mente ao entendimento perfeito de nossa origem.

Deus abençoe a todos nós que estamos a caminho de Sua casa; Deus abençoe a todos nós, ainda reticentes em nossas crenças; Deus abençoe a todos nós, ainda apegados ao mal e orgulhosos em nossos passos.

Que possamos abraçar nosso próximo com amor à medida que aprendermos a amar a nossa origem divina, aceitando do Pai a filiação bendita.

Ribeirão Preto, 18 de abril de 2013.

Ineque

CAPÍTULO I

INÍCIO DE OPORTUNIDADES

728. **A destruição é uma lei da Natureza?**
— É necessário que tudo se destrua para renascer e se regenerar, porque isso a que chamais destruição não é mais que a transformação, cujo objetivo é a renovação dos seres vivos.

(*O Livro dos Espíritos* — Livro III — Capítulo VI, Lei de Destruição — Item I, Destruição Necessária e Destruição Abusiva)

O dia estava claro e ensolarado, a sensação era agradável. Sentamo-nos na relva fresca da praça central do Campo da Paz, sentíamo-nos livres e felizes.

Lembrando visita feita ao irmão Torquemada, emocionado, percebi como a Providência Divina nos prepara excelentes momentos junto à humanidade. Naquele abençoado dia, partilhamos o renascimento de nosso querido amigo[1].

Encontrávamo-nos num canto sublime, povoado de belíssimas recordações da infância, emanando pura energia amorosa, aproveitada em benefício da Comunidade Reencarnacionista Divino Coração de Jesus.

Quantos espíritos atormentados por lembranças terríveis de um passado remontado foram socorridos ali?

Quantas almas aflitas, vivendo encarnações expiatórias, foram abençoadas por esse momento, quando antigos companheiros cederam à nova ordem da vida?

Abençoado momento de aprendizagem, descobrindo dia a dia as benesses divinas, entendendo as caridosas palavras do Mestre Jesus quando nos exortou a entender seu amor através da máxima verdade: "Vós sois deuses. Vós podeis fazer o que faço e muito mais".

Terminamos sentida prece com a intenção de iniciar bendito socorro às almas em conflito.

Hoje, Camila iria ao médico e descobriria sobre sua gravidez. Artur estava excitado com essa possibilidade, não pensava sobre a reação da esposa. Tudo que interessava a ele era o filho abrigado no ventre da mulher.

Adentraram luxuoso consultório médico, recebidos por uma senhora de aspecto maternal.

— Queridos, sentem-se. Precisam de algo? Gostariam de uma água, um café ou um suco?

— Quero um copo de água com gás, por favor — pediu Camila, mostrando tédio.

— Para mim também, dona Maria. Como vai o esposo, melhorou de gênio, parou com a bebida? — perguntou Artur.

---

1 Vinícius se refere a personagem do livro *O silêncio de um olhar*, que antecedeu esta obra, que lhe dá continuidade de enredo.

— Ah! Pastor, se não fosse o senhor, minha vida continuaria um inferno. Disse ao doutor Jorge isso, hoje mesmo. Tenho uma dívida de gratidão para com o senhor, servidor de Cristo na Terra — respondeu a senhora.

— Voz de Cristo, querida irmã — enfatizou Artur, bastante vaidoso.

— Isso mesmo, pastor, o senhor é a voz de Cristo para nos salvar. O que precisar de nós, estaremos à sua disposição — continuou a senhora.

— Lembre-se de doar a Jesus a décima parte do ganho de sua família, assim poderemos erguer mais e mais templos para divulgar a palavra do senhor Jesus — alertou Artur.

— O dízimo santo. Pode deixar, amanhã mesmo vou cobrar de meus filhos a parte de cada um.

Em seguida, Maria atendeu o interfone e pediu ao casal que entrasse no consultório do médico.

Artur e Camila adentraram o luxuoso consultório. Doutor Jorge, animado com a presença do casal, levantou-se de sua cadeira e foi ao encontro deles.

— Queridos de meu coração, que surpresa agradável. A que devo a honra?

— Venho acompanhar minha doce esposa para uma consulta. Você sabe quanto ela é importante para mim — respondeu Artur sorrindo com malícia.

— Bobagens! Esse homem não sabe do que fala, há apenas três meses fiz um *check-up* completo, inclusive da parte ginecológica. Isso é desnecessário — falou Camila com descaso.

— Ando recebendo algumas mensagens do Espírito Santo, e não posso ignorar esse fato. O irmão entende do que falo, não é mesmo? — perguntou Artur.

— Perfeitamente, querido irmão de fé. Precisamos cuidar de nossos amores com desvelo. E, se você recebeu essa incumbência vinda direto do Espírito Santo, nada mais do que justo estar aqui com sua esposa. Vou chamar a enfermeira para ajudá-la a se preparar para o exame clínico, está bem? — completou o médico, já avisado por Artur da estratégia adotada para ter um filho.

Camila agradeceu e se dirigiu para um aposento ao lado, onde foi preparada para o exame ginecológico. Enquanto isso, Artur e Jorge conversavam.

— O que você andou aprontando para Camila? Não entendi nada do que me disse ontem, estava muito evasivo em suas explicações — perguntou Jorge com sarcasmo.

— Ela precisa me dar um filho, e de livre vontade isso não vai acontecer mesmo. Então, arranjei um jeito: uma amiga prepara as cartelas de anticoncepcionais trocando as pílulas verdadeiras por outras falsas, feitas de açúcar. Camila acredita que assim está evitando o filho tão desejado por mim, e eu me alegro em saber que está sendo providenciado — respondeu Artur.

— E quando ela souber que está grávida? Você vai justificar isso como? — perguntou Jorge.

— Já comecei há alguns dias. Faço uma cena aqui outra ali, falo sobre as mensagens do Espírito Santo, mimo bastante a moça e faço todas as suas vontades. No começo ela vai ficar brava, depois vai se acostumar com a ideia de ser mãe — respondeu Artur.

— Sua esposa tem alguns problemas de comportamento bastante sérios, precisamos tomar cuidado porque podem se agravar. Graças às suas artimanhas, ela acredita ser portadora de transtorno bipolar; e, como é facilmente manipulável, acabou por manifestar sintomas. Diante de uma gravidez indesejada, não sabemos qual será sua reação — alertou o médico.

— Qualquer coisa errada chamamos o psiquiatra e pedimos a ele que a mantenha sedada até o menino nascer. O que me interessa é o bem-estar da criança. Caso tal medida extrema seja necessária, quais seriam as consequências para o menino? — perguntou Artur.

— Vou conversar com o colega, o mesmo que andou tratando de Camila. É bom ela nem inventar de se consultar com outro. Afinal, quem criou esse diagnóstico foi você. Seria difícil arrumar outro médico que concordasse em ser cúmplice num arranjo desses. E custa caro mantê-lo de boca fechada. Além disso, trate de ir arrumando outra desculpa para essa gravidez, afinal ela não acredita nessa sua prosa de Espírito Santo — falou o médico rindo alto.

Nesse momento, o interfone tocou e a enfermeira avisou que Camila já estava preparada para o exame.

— Vai lá, irmão. Tomara que tenha dado certo — falou Artur cruzando os dedos.

Jorge entrou na sala de exames, conversando banalidades com Camila, mantendo-a distraída enquanto a examinava com cuidado. Terminado o exame clínico, avisou que utilizaria o aparelho de ultrassom.

— Por quê? Tenho algum problema? — perguntou a moça.

— Absolutamente. Você é uma mulher completamente saudável. Trata-se apenas de um cuidado extra, está bem?

A moça deu de ombros e o médico posicionou o aparelho no abdômen feminino; logo localizou o feto em formação, ainda muito pequeno, mas saudável para o tempo de gestação. Alertou a enfermeira com discrição para que ligasse o monitor em sua sala e mostrasse para Artur a imagem de seu filho.

Terminado o exame, a mulher desceu da maca e foi colocar sua roupa. Agia de forma displicente. Nem ao menos perguntou de sua saúde. Após vestir-se, Camila voltou para junto do marido.

— Podemos ir? Se demorar muito perco o horário da academia.

— Esperemos, minha querida. O que adianta vir aqui se não ouvirmos do médico a conclusão da consulta?

— Besteira! Está tudo bem comigo, você que fica viajando com essa história de Espírito Santo, como se ele falasse mesmo com você — resmungou Camila olhando para o marido com descaso.

— Bem, meus amigos, precisamos conversar — falou o doutor Jorge entrando na sala.

— Alguma coisa errada, meu irmão? — perguntou Artur, mal disfarçando o sorriso.

— Errada, com certeza não; diferente e inesperada, talvez — exclamou o médico, olhando diretamente para Camila.

— O que foi? O que está acontecendo? Eu estou doente? — perguntou aflita.

— Não! Muito ao contrário. Você está bem, muito bem! Afinal, gravidez não é doença. A intuição de Artur junto ao Espírito Santo estava correta.

Camila olhava para os dois homens à sua frente e não conseguia absorver a estranha informação. Para ela, isso não fazia sentido algum.

— Camila, você está se sentindo bem? — perguntou o doutor Jorge.

— Bem? Você pergunta se eu estou bem? Como posso estar bem sendo vítima dessa brincadeira horrenda? Seus idiotas, o que querem? Acabar com minha vida? — esbravejava a moça sem parar, demonstrando grande desequilíbrio.

Seu rosto foi ficando vermelho e os gestos, nervosos; por fim desabou sobre a mesa num pranto convulsivo e repetia sem parar:

— Eu quero morrer, eu quero morrer, eu quero morrer! Como posso ter um filho com esse monstro? Eu o odeio, sabia? Você é um monstro disfarçado de santo. Eu o odeio!

CAPÍTULO II

ENCONTRO
DE AMOR

728.a. O instinto de destruição teria sido dado aos seres vivos com fins providenciais?

— As criaturas de Deus são os instrumentos de que ele se serve para atingir os fins. Para se nutrirem, os seres vivos se destroem entre si, e isso com o duplo objetivo de manter o equilíbrio da reprodução, que poderia tornar-se excessiva, e de utilizar os restos do invólucro exterior. Mas é apenas o invólucro que é destruído, esse invólucro não é mais do que o acessório, não a parte essencial do ser pensante, pois este é o princípio inteligente *indestrutível, que se elabora através das diferentes metamorfoses por que passa.*

(*O Livro dos Espíritos* — Livro III — Capítulo VI, Lei de Destruição — Item I, Destruição Necessária e Destruição Abusiva)

Após uma semana da notícia de sua gravidez, Camila foi se deixando abater. Não tinha mais vontade nem mesmo de cuidar da aparência física, nada a estimulava. Permanecia deitada e chorava o tempo todo. Repetia, incessantemente:

— Eu quero morrer, eu quero morrer, eu quero morrer.

Artur, irritado com a reação de Camila, passou a pressioná-la para que reagisse. Sentia medo de que ela perdesse seu tão esperado filho. Preocupado, telefonou para Jorge.

— A coisa está feia, Jorge. Preciso que um psiquiatra venha ver Camila, ela está prostrada lá na cama. Para tomar um banho, a enfermeira que contratei precisa fazer um enorme esforço. Hoje mesmo, precisou banhá-la na cama.

— Eu avisei que ela daria trabalho. Sua esposa é narcisista ao extremo, medrosa e ainda por cima está sendo medicada sob o pretexto de um falso diagnóstico de bipolaridade. Essa reação era esperada, você ainda tem que agradecer. Se ela estivesse em crise de verdade, já teria dado conta de um aborto — falou o médico.

— Vira essa boca para lá, meu irmão. Afinal, você vai falar com o médico ou não? — insistiu Artur.

— Aquele nosso parceiro sumiu do mapa, está sofrendo um processo grave, então botou o pé na estrada. Mas vou entrar em contato com um antigo colega de faculdade hoje mesmo. Explico a urgência e o acompanho até a sua casa, está bem? — falou o médico.

— Dependendo da hora, nem vou estar em casa, tenho culto hoje à noite. Segunda-feira é o dia destinado ao empresário, e, em questão de dinheiro, é o melhor dia. Mas esse médico vai estar do nosso lado? — perguntou Artur.

— Sei lá, eu não o vejo há muito tempo, mas pode deixar. Eu tomo conta da situação. E você, vê se me manda alguns pacientes. Afinal, uma mão lava a outra, não é mesmo? — insinuou Jorge.

— Combinado. Pode contar com seu consultório lotado pelo ano todo — falou Artur, rindo com sarcasmo.

Mais sossegado após tomar as providências necessárias, Artur saiu para a varanda lateral do casarão onde vivia. Observou a área de lazer, recém-construída, projeto muito caro de um arquiteto famoso, sorriu e pensou: "Estou com quarenta anos, comecei a trabalhar muito jovem, sempre fui humilhado, ganhava mal e até passei fome. Trabalhei como um louco por vinte anos, ganhando uma miséria. Se soubesse que a fé era tão lucrativa, teria começado antes. Olha só, em cinco anos, o que já tenho. Agora preciso desse filho a todo custo e a qualquer preço, nada vai deter essa gestação. Essa maluca que não faça nada que me desagrade, que eu acabo com a vida dela".

Suas feições se transformaram. Artur fechou os olhos e se viu rodeado de espíritos familiares; um deles se aproximou de seu campo vibratório e, matreiro, conseguiu de imediato ligação mental.

— O chefe está muito satisfeito com você, anda seguindo as ordens direitinho. Quanto à sua esposa, não se preocupe, estamos cuidando dela, vai durar o suficiente para pôr o menino no mundo; depois vamos dar um jeito nela. Agora, preste atenção, o chefe quer que vá até a instituição hoje à noite, precisamos definir algumas estratégias importantes, está bem?

Artur, que havia ficado em silêncio como a ouvir uma voz inexistente, pensou: "Vou dormir mais cedo hoje. Assim que chegar do templo, tomo um banho morno, como algo leve e vou dormir. Preciso descansar enquanto a maluca está sob meu controle. Porque na hora em que ela surtar vai ser feio. Penso que é melhor eu ir ao templo quando não houver ninguém por lá, sinto que algo bom deve acontecer".

Camila, deitada em sua cama, muito bem arrumada, mantinha os olhos fechados e a expressão do rosto congestionada, demonstrando todo o seu sofrimento. Pensava aflita: "Só me resta morrer, o que farei com uma criança no colo? Sinto nojo só de pensar nisso. E meu corpo? Já deve estar horrível. Eu quero morrer de verdade. Se tivesse forças, eu me mataria, mas nem isso consigo fazer. Não consigo nem ao menos levantar dessa cama e ir ao banheiro. Um filho desse monstro deve ser também um monstro. Por que será que penso assim? Antigamente, queria tanto ser mãe. Há algum tempo ando estranha, devem ser esses remédios que Artur me obriga a tomar. Que inferno! Como posso ter um filho nesse estado?"

Com grande esforço chamou a enfermeira e pediu entre lágrimas:

— Quero que tire todos os espelhos deste quarto. Não quero nada que possa refletir a minha imagem.

— Mas...

— Não me contrarie, por favor. Eu não quero ver meu corpo sendo deformado aos poucos. Só de pensar que existe uma pessoa dentro de mim, sinto medo e pânico. Eu só quero dormir e acordar desse pesadelo horrível.

A enfermeira, amorosa e compadecida da moça, se aproximou, sentou na cama ao lado de Camila e, segurando as mãos frias da futura mãezinha, falou com carinho:

— Não se preocupe com nada agora, apenas descanse, minha filha. Vou cantar uma canção bem bonita para você.

Com a voz singela, meiga e doce, passou a entoar antiga cantiga infantil, enquanto com mansidão acariciava os cabelos de Camila, que, por fim, cedeu ao cansaço e adormeceu.

Selma, esse era o nome da enfermeira. Uma senhora de seus cinquenta anos, de baixa estatura, feições delicadas e alegres. Assim que Camila adormeceu, resolveu ir ao encontro de Artur e relatar o estado de sua esposa, que a preocupava sobremaneira.

— Pastor, posso falar um minuto com o senhor?

— Entre, dona Selma. O que posso fazer pela senhora?

— Estou preocupada demais com Camila. Ela está muito deprimida. Recusa-se a comer, beber os sucos necessários, tomar banho e até mesmo se movimentar na cama. Hoje precisei fazer a higiene pessoal dela no leito, e a cada hora e meia eu a viro na cama. Aconselharia que um psiquiatra viesse até aqui para adequar a medicação que controla o humor.

— Já tomei essa providência, o doutor Jorge virá à noite com o psiquiatra. Eu não estarei aqui, pois tenho que comparecer ao culto. Mas a enfermeira da noite já deverá ter chegado.

— O senhor se importa se eu ficar?

— Não, de maneira alguma! Eu gostaria que assim fosse. Mas a senhora tem sua vida particular, não posso exigir tanto.

— Não se preocupe, sou sozinha. Minha família está longe e gosto muito de Camila. Eu ficarei por aqui.

Artur olhou para a gentil senhora e teve uma ideia.

— Dona Selma, interessaria à senhora morar conosco? Cuidar de Camila e depois de meu filho?

— Eu ficaria muito feliz, pastor.

— Depois conversaremos sobre a parte prática dessa decisão, está bem? A senhora pode organizar a sua vinda, assumo os custos de sua mudança e trato de dispensar a outra enfermeira.

— A filha de uma prima está morando comigo e deve se casar em breve. Proporei a ela que fique morando em meu apartamento. Assim só trarei coisas pessoais.

— Ótimo, faça da forma que achar melhor. Depois me diga quais são os custos e eu a ressarcirei.

Selma, feliz, voltou ao andar de cima do casarão. Encontrou Camila ainda deitada e adormecida. Sentada em confortável poltrona, fez planos para o futuro junto àquela família que passou a amar.

À noite, Artur apareceu no quarto e informou que estava indo para o templo. Mais uma vez reforçou o pedido para que Selma acompanhasse a visita do psiquiatra.

Alguns minutos depois, Jorge chegou e apresentou o colega, o doutor Evandro.

— Boa noite, dona Selma. Este é o doutor Evandro. Artur disse que, a partir de hoje, a senhora será dama de companhia de Camila, não é isso?

— Isso mesmo, doutor.

— Assim que terminarmos o exame, o doutor Evandro a colocará a par do estado de saúde mental de Camila, está bem?

— Está sim.

O médico chamou a moça pelo nome, repetidas vezes. Ela, atordoada, abriu os olhos, demonstrando grande confusão.

— Senhora Camila, sou eu, doutor Evandro, psiquiatra. O médico que a acompanhava antes está muito doente e não pode mais cuidar de sua saúde. O doutor Jorge me convidou para ajudá-la e estou aqui. Vim para examinar a senhora, está bem?

— Eu não estou doente, estou? — perguntou a moça olhando para Selma.

— Está tudo bem, minha filha. Apenas coopere com o exame que o doutor irá fazer, está bem?

A moça, indiferente, apenas acenou com a cabeça. O médico a examinou e depois fez algumas perguntas, que foram respondidas de má vontade. Então, retirou-se do quarto com Jorge e Selma.

— Ela está extremamente prostrada. Parece que a notícia da gravidez gerou uma crise depressiva grave. Ela sempre teve pavor de ficar grávida? Vocês precisavam ter avisado ao médico que o casal planejava uma gravidez. O médico teria trocado os remédios por outros que não afetassem a criança em gestação e a manteriam em equilíbrio emocional. Dona Selma, poderia mostrar os remédios que Camila toma?

— Aqui estão, doutor Evandro.

— Nem eu mesmo sabia. Artur não mencionou nada e Camila foi surpreendida pela notícia da gravidez — arguiu doutor Jorge.

— E como isso aconteceu? Ela estava usando contraceptivos, não estava? Pelo menos é o que estava escrito no prontuário dela.

Jorge coçou a cabeça e sem graça relatou ao médico a atitude assumida por Artur, enganando a esposa.

— Deus meu! Isso vai acabar com o pouco equilíbrio que essa menina conseguiu com os remédios. Onde Artur estava com a cabeça? Espere, ela toma remédios controladores de humor? Mas... não há nada relatado a respeito desse diagnóstico nas anotações anteriores. Dona Selma, não dê mais esses fármacos, vou deixar uma receita e uma amostra de um relaxante leve. Vamos ver como ela reagirá, está bem?

— Ele estava desesperado por um filho, doutor — tentou justificar Jorge.

— Isso não é direito e muito menos explica essa falta de respeito para com a esposa. Ele colocou em risco a vida da mãe e do filho. Vou tentar ajeitar essa bagunça, mas vai ser difícil. Os medicamentos que seriam eficientes nesse caso não poderei usar de maneira alguma, pois podem provocar sequelas na criança. Que irresponsáveis vocês são. Muito me admira alguém como você, que é médico, compactuando com essa monstruosidade.

— Ei, espera aí, meu amigo. Eu não sabia de nada, apenas estou tentando ajudar — respondeu Jorge belicoso.

— Guarde sua indignação a quem a merece. E, além do mais, não sou seu amigo e nunca fui. Apenas nos formamos juntos, e nunca aceitei suas ideias sobre responsabilidade médica. Agora vejo que sempre estive certo. No entanto, o que importa nesse momento é tratarmos a paciente da melhor maneira possível, o resto depois resolvemos. Onde está o marido?

— Tem um culto importante hoje, não tinha como permanecer em casa.

— Culto importante?! — comentou Evandro indignado.

— Não vamos entrar no mérito de avaliar a maneira que cada um professa a sua fé em Deus, não é? — perguntou Jorge de forma sarcástica.

— Fé em Deus? Vocês nem imaginam o que seja isso, quanto mais professar algo que vai além da moral torpe com que conduzem esse assunto. Além do mais, essa nossa discussão não vai levar a nada, pois está claro que falamos línguas muito diferentes — completou o doutor Evandro.

— É, enquanto você conta tostões, nós estamos na abastança. Essa é a diferença de linguagem — rebateu o doutor Jorge.

Evandro olhou-o de forma firme e pediu que permanecesse fora do quarto, pois precisava voltar para junto da paciente e não pretendia tê-lo por perto. Solicitou à dona Selma que se aproximasse. E, ignorando completamente o outro médico, passou a explicar o estado de saúde mental de Camila. Em verdade, o pouco que podia deduzir diante do que sabia.

Dona Selma se emocionou com a gravidade do assunto; com os olhos marejados de lágrimas, perguntou aflita:

— E agora, doutor Evandro, o que podemos fazer pela menina?

— A senhora deve jogar fora os medicamentos que ela tomava até agora. Vou prescrever outros, que deverão ser administrados com bastante responsabilidade, está bem?

— Pode contar comigo, doutor Evandro. O senhor deixaria seu telefone de emergência, caso precise de ajuda?

— Aqui está meu cartão, vou anotar o número de um celular que dou apenas para pacientes em estado crítico.

Com a intervenção do doutor Evandro, conseguimos nos aproximar da jovem mãezinha, que, aflita, se escondia em tristes pensamentos. Recusava qualquer outra intuição que não fossem dor e mágoa.

Os sentimentos de Camila eram caóticos, a sensação de solidão a arremessava ao mais profundo estado de depressão. Parcialmente desdobrada, olhava o próprio corpo, que parecia se deformar diante de seus olhos.

Irmãos infelizes, aproveitando a baixa vibratória, se aproximavam exultantes, invocando um passado de dores e torturas que a moça vivera. As lembranças nefastas, acordadas de maneira violenta, se misturavam ao presente. Camila olhava para o ventre de seu corpo material e via crescendo ali um monstro que a torturava, cheio de ódio e excitação por concluir terrível vingança.

Aproximamo-nos devagar de seu campo vibratório; com suavidade e amor passamos a reciclar densa energia que a envolvia. Os irmãos infelizes que ainda insistiam em suas ações maldosas para perturbar a jovem sentiram que algo estava se modificando. Amedrontados, nos enxergaram através de uma visão ainda bastante alterada e distorcida. Maurício e Ineque atuavam ao redor desses infelizes, enquanto eu e Ana, com sua doce vibração maternal, nos aproximávamos mais e mais de Camila.

O doutor Jorge, afastado do pequeno grupo composto por dona Selma, doutor Evandro e Camila, sentiu-se mal e, desconfiado, tentou aproximar-se da porta do quarto. Porém, desacostumado da boa vibração de amor, cambaleou e, nauseado, saiu em busca de um banheiro.

Camila, livre das companhias inferiores e envolta em energia de amor, sentiu-se melhor e adormeceu nos braços de dona Selma.

Doutor Evandro sorriu para a doce senhora, acariciou os cabelos louros da moça e falou com serenidade:

— Está tudo bem por enquanto. Preciso voltar ao consultório, tenho ainda alguns relatórios a serem terminados. Dona Camila dormirá por algumas horas, peço que me mantenha informado sobre o estado de humor que manifestará no decorrer do próximo dia, está bem? Amanhã à noite passarei para examiná-la novamente.

Dona Selma agradeceu ao amável médico e perguntou:

— Doutor, algo mais, além da medicação, aconteceu neste quarto para ajudar a menina Camila a acalmar-se?

— Sempre acontece, dona Selma, sempre acontece. Um dia falaremos sobre isso, está bem?

A simpática enfermeira agradeceu e voltou a sentar-se ao lado de Camila. Introspectiva, pensava: "Tem alguma coisa de errado nesta história. A menina Camila parece muito frágil e diferente da impressão que as pessoas têm dela. E o pastor e o doutor Jorge são pessoas muito esquisitas. Achei muito estranho o comportamento dos dois. Pareciam conspirar, parecia que tramavam algo muito grave. Preciso ficar atenta, sinto que Deus me colocou aqui, nesta casa, por um motivo maior".

CAPÍTULO III

PAZ E REPARAÇÃO

729. Se a destruição é necessária para a regeneração dos seres, por que a Natureza os cerca de meios de preservação e conservação?

— Para evitar a destruição antes do tempo necessário. Toda destruição antecipada entrava o desenvolvimento do princípio inteligente. Foi por isso que Deus deu a cada ser a necessidade de viver e de se reproduzir.

(O Livro dos Espíritos — Livro III — Capítulo VI, Lei de Destruição — Item I, Destruição Necessária e Destruição Abusiva)

Enquanto cuidávamos de Camila, alguns amigos ignorantes receberam a oportunidade de modificar o caminho que andavam trilhando, diante da perspectiva de um momento de paz e reparação. Cederam emocionados, dessa forma, aceitando auxílio e partindo para o lugar necessário ao seu refazimento moral.

Saímos da residência luxuosa, porém muito envolvida nas trevas mentais de seus habitantes. Logo fomos interceptados por um grupo de espíritos trajados como os antigos soldados templários.

Os espíritos que nos faziam barreira tinham a aparência bastante grotesca, cabelos e barbas muito longos e sujos, o odor emanado deles sendo muito forte e desagradável. Lembrei-me de aulas de história, recebidas quando ainda encarnado, nas quais aprendi que havia estranhas regras para a conduta desses soldados. Eles nunca poderiam cortar a barba; nunca poderiam se banhar, pois não tinham permissão de ter seu corpo exposto, assim evitando excitação sexual, para proteger o voto de celibato. Os olhos eram ausentes, sem expressão alguma que nos indicasse seu estado emocional. O corpo estava coberto por um manto branco, com o desenho da cruz vermelha no peito. Algumas peças de armadura podiam ser notadas nos ombros e nos pés. Usavam capacete, um escudo triangular e uma espada empunhada em nossa direção que emitia estranha energia enegrecida.

Um dos espíritos deu um passo à frente e nos falou em voz gutural:

— Nosso comandante os convida a visitar nosso acampamento. Sigam-nos!

Aceitamos o convite e nos colocamos a caminho do citado acampamento, escoltados por aqueles irmãos sofredores. Ineque nos exortou à prece de amor e perdão que nosso amado mestre Jesus nos ensinou. Ana, sorrindo com alegria, nos sugeriu que a prece amorosa poderia ser cantada. Então, sua voz cristalina e suave se fez ouvir em todos os cantos. Unimo-nos a ela no canto de esperança reparadora.

Logo avistamos o acampamento. Sua visão lembrou-me, de imediato, toscas tendas militares do início do segundo milênio. Nosso harmonioso grupo caminhava célere e feliz por mais essa oportunidade de trabalho redentor.

O acampamento era composto por doze tendas, dispostas na formação de um círculo perfeito. Em cada uma havia uma abertura destinada à entrada, e lá estava a cruz vermelha, símbolo dessa sociedade templária. No centro do círculo, estrategicamente localizada, estava a tenda destinada ao comandante daquele grupamento. Para lá fomos encaminhados. Ineque voltou a nos instruir para que mantivéssemos nossas cabeças baixas, em sinal de humildade e respeito.

O mesmo homem que nos conduziu pelo acampamento nos introduziu na grande tenda. O interior era mobiliado de forma simples, mas confortável. No centro, um grande trono estava ocupado por figura sinistra, paramentado como um bispo. Olhou-nos impassível, depois fez um sinal discreto para o seu pajem. Este deu um passo à frente e, numa voz impessoal e monótona, falou:

— Ajoelhem-se diante de nosso comandante, o bispo Fernando Valdés de Salas, o oitavo Dragão de Cristo.

Humildes e de olhos baixos, nos ajoelhamos aos pés do equivocado servidor de Cristo. Satisfeito por ser atendido em suas intenções, nos disse:

— Levantem-se e acompanhem-me. Vou mostrar por que vocês não têm qualquer chance contra nosso povo — ordenou com firmeza.

Levantamo-nos, serenos, e o acompanhamos pelo acampamento. Ora apontava soldados fortemente armados, ora apontava um grupo sendo treinado nas artes da hipnose malévola, ora podíamos ver espíritos dementados sendo açoitados e treinados para induzir os fracos ao desespero, ora nos mostrava tristes irmãos em terríveis deformações sendo torturados e levados a crer que morriam e morriam por diversas vezes. Paramos em frente a um grande canil; animais ferozes se arremessavam contra as grades que limitavam sua liberdade. Salas nos olhou com desfaçatez e disse:

— Antigos inimigos, transformados em animais ferozes. Hoje nos servem como cães.

No final da dolorosa excursão, o homem impiedoso nos olhou de frente e perguntou:

— Entenderam? Falo do poder absoluto. Somos a voz de Deus na Terra, e nada irá modificar nossa crença. Somos os escolhidos para dizimar os descrentes e hereges. Eu os abomino, e os amaldiçoo em nome de Deus. Serão excluídos pela eternidade do Reino dos Céus. Estão excomungados. De hoje em diante são aleijões sem futuro.

Enquanto falava, ganhava altura e sua voz se tornava estridente, mostrando o desequilíbrio de um espírito atormentado pela própria insensatez. Olhou-nos com ódio e de seu peito densa energia foi emitida em grande velocidade na direção de nosso grupo. Ineque nos alertou mentalmente sobre a ação iminente. Deu um passo à frente e, estendendo o braço, criou à nossa volta uma camada vibratória de energia benéfica. Olhando com carinho para o espírito adoentado, falou com mansuetude:

— Nosso amável mestre Jesus veio até nós, espíritos ainda tão impuros, falar sobre amor e perdão. Falar sobre paciência, tolerância e bondade. Nunca exortou nenhum de seus seguidores à violência, aos maus pensamentos, às atitudes vingativas. Trabalhar em nome de Deus é, antes de tudo, olhar para si mesmo com verdadeiro louvor à nossa origem divina. O irmão nos ameaça com o inferno inexistente, pois acreditamos que tudo o que vivenciamos é oportunidade de sermos, um dia, filhos pródigos a caminho da casa do Pai. Sendo assim, a sua fala nos soa vazia, pois não encontra em nossos corações ressonância para esse mal. Contudo, como filhos diletos desse Pai amoroso que nos brinda a cada instante com as maravilhas da vida, nós o convidamos a visitar nossa casa de amor e oração. Esperamos que nos honre com sua presença, assim como aceitamos o seu convite. Deus abençoe a todos nessa morada e a todos estendemos o nosso convite.

O bispo olhou-nos com admiração e falou:

— Apesar de estarmos em campos de batalha diferentes, eu admiro a sua postura e firmeza. Por essa razão, darei a vocês o benefício de minha visita, levando a seu povo a verdadeira palavra do Cristo.

E, dirigindo-se à assistência convidada por ele para presenciar a cena de humilhação que esperava nos impor, gritou com ferocidade:

— ALELUIA! ALELUIA! VIDA LONGA AOS DRAGÕES DE CRISTO!

Nesse instante, Camila acordou. Olhando à sua volta, percebeu estar em seu quarto luxuoso. Ao seu lado, dona Selma, sentada em confortável poltrona, dormia profundamente.

A moça levantou da cama devagar, pisando de leve, foi até o quarto de vestir, pegou um cabide do armário e foi para o banheiro; entrou e trancou a porta.

Despiu-se, deitou na banheira, fechou o ralo, abriu as torneiras de água, controlou a temperatura. Devagar, tomou o cabide de arame nas mãos e começou a desfazê-lo. Retirou o revestimento plástico, expondo apenas a parte metálica. Pronto, ali estava em suas mãos a ferramenta ideal para interromper a gravidez indesejada. Fechou os olhos, posicionou as pernas em cima das bordas da banheira, posicionou o arame. Suas mãos tremiam, as lágrimas escorriam por seu rosto pálido, os pensamentos caóticos pareciam criar vida, e ela se via morta dentro da banheira, a água tingida por seu sangue. Seu rosto parecia uma máscara mortuária. Assustada, gritou alto e jogou longe o arame.

Dona Selma acordou e viu que a moça não se encontrava em sua cama. Apavorada, correu para o banheiro e constatou que a porta estava trancada. Imediatamente, tirou um maço de chaves do bolso. Escolheu uma e abriu a porta, no momento exato de amparar o corpo de Camila, que desfalecia sob o peso das emoções que a esgotavam.

Ao lado das duas mulheres estávamos Ana e eu, como também o pajem de Salas e mais dois espíritos. Ele nos olhou com firmeza e nos falou entredentes:

— Parece que desta vez ficamos do mesmo lado.

— O amigo se engana, o Pai nunca nos permitiria essa violência mental a um de seus filhos.

— E por que ele não nos interrompeu? Ele tem poder para isso.

— Tem sim, meu amigo. Mas dessa forma não estaríamos aprendendo nada.

— Seu Deus é um fraco; o Deus que defendemos é forte e ativo em nossas vidas. Faz-se respeitar de qualquer forma. Se o traímos, somos punidos e amaldiçoados; ele não é covarde como o seu Deus.

Apenas olhamos para nosso interlocutor em silêncio e com amor. Então, eles foram embora, sem retrucar sobre nossa postura amorosa. Mas percebi, também, que não havíamos tocado sua mente com nossas palavras; eram apenas fantoches de ideias antigas e sofridas. Senti o sofrimento da desesperança que tomava o coração desses irmãos. Senti compaixão. Como é escuro e doloroso o mundo sem fé.

Olhei para Ana e vi nos olhos de minha amiga a mesma compaixão; então, apenas oramos em benefício daquela consciência adormecida.

CAPÍTULO IV

A VISITA
DE SALAS

730. Desde que a morte vai conduzir-nos a uma vida melhor, e que nos livra dos males deste mundo, sendo mais de se desejar do que se temer, por que o homem tem por ela um horror instintivo que a torna motivo de apreensão?

— Já o dissemos. O homem deve procurar prolongar a vida para cumprir a sua tarefa. Foi por isso que Deus lhe deu o instinto de conservação e esse instinto o sustenta nas suas provas; sem isso, muito frequentemente, ele se entregaria ao desânimo. A voz secreta que o faz repelir a morte lhe diz que ainda pode fazer alguma coisa pelo seu adiantamento. Quando um perigo o ameaça ela o adverte de que deve aproveitar o tempo que Deus lhe concede, mas o ingrato rende geralmente graças à sua estrela, em lugar do Criador.

(O Livro dos Espíritos — Livro III — Capítulo VI, Lei de Destruição — Item I, Destruição Necessária e Destruição Abusiva)

Dona Selma amparou Camila e com enorme esforço deitou-a na cama. Pegou o cartão do doutor Evandro e ligou para ele.

— Doutor, sei que acabou de sair daqui, mas Camila está passando muito mal.

— O que houve, dona Selma?

— Eu acabei adormecendo. Ela se levantou, sem que eu visse, tirou toda a roupa e deitou na banheira. Parece que tentou provocar um aborto utilizando um cabide de arame. Mas também parece que, por alguma razão, desistiu desse plano tenebroso. Consegui entrar e socorrê-la. No entanto, ela tem o rosto petrificado. Está de olhos abertos, mas aparenta não ver nada.

— Ela deve estar em choque. Vou pedir ao resgate da clínica que vá buscá-la. Penso que o melhor a fazer é mantê-la internada até que possa controlar suas emoções. Está bem?

— Mas, doutor, o pastor Artur ainda não voltou. Será que posso fazer isso?

— Se não me engano, ele a colocou sob sua custódia, não é assim? A senhora precisa fazer o melhor pela moça. E o melhor, neste momento, é trazê-la para cá, imediatamente.

— Está bem, vou vesti-la e ficarei à espera.

Selma vestiu Camila e chamou Anísio. O homem trabalhava na casa há muito tempo e era encarregado de administrar a grande mansão.

— Anísio, tentei falar com o pastor, mas o telefone dele está fora de área, e os números do templo não atendem. Dona

Camila não está nada bem e preciso levá-la para o hospital. Se você souber como avisar o pastor, por favor, faça-me esse favor, está bem?

— O que aconteceu com ela?

— Não tenho autorização para comentar o fato. No momento oportuno, com certeza, você saberá. Escute! É o interfone! Autorize o segurança a deixar entrar o carro de resgate.

Camila foi rapidamente colocada em uma maca e transportada para o hospital.

Participávamos de um grupo de estudos sobre a mediunidade, quando Ineque nos fez um sinal discreto.

— Amigos, Salas mandou um mensageiro avisar-nos que está a caminho de nossa casa espírita.

— Mas nós o convidamos a ir à colônia espiritual, e não à casa espírita — comentou Maurício.

— Ele, com certeza, subestima nossos recursos junto aos encarnados. Acredito que tentará desorganizar nosso trabalho de desobsessão da noite. O posto de socorro instalado junto à comunidade Divino Coração de Jesus alertou-nos de que ele traz grande número de seguidores — comentou Ineque.

— Preparemo-nos para a visita desse irmão.

Logo, uma equipe de amigos, especializada em fortificações energéticas, desdobrava-se no trabalho de reforçar nossas barreiras de contenção. Equipes de socorristas uniam-se ao nosso núcleo, felizes por mais essa oportunidade de auxiliar tantos seres amargurados por suas próprias escolhas.

Acabados os preparativos, subimos ao mirante da bendita casa de oração e nos emocionamos com a claridade que emanava desse ponto de encontro amoroso e de fé, reflexo de nossa disposição em trabalhar para a evolução do globo amado.

Olhando ao norte, percebemos o exército que se aproximava. Organizados em filas, marchavam, gritando palavras agressivas, as quais criavam à sua frente densa energia, capaz de atingir os mais desavisados.

No centro daquela multidão, Salas montava um animal cuja aparência se assemelhava à dos cavalos bretões. Exibia grande porte e comportamento selvagem. Ineque nos alertou para que observássemos o estranho animal. Compadecidos, percebemos ser um espírito que sofrera o processo de zoantropia.

A um quilômetro de distância de nossa casa bendita, havia um terreno baldio bastante sujo, onde o exército parou e começou a montar acampamento. Um ponto de observação de grande altura foi instalado no meio das tendas, e o trono de Salas, ali acomodado. Ele sentou-se de frente para a casa espírita e, imóvel, observava cada movimento dos trabalhadores do Senhor.

Maurício, intrigado, perguntou:

— O que ele quer conosco?

— Apenas nos fragilizar através do medo e das dúvidas. Observa a cada um de nós, buscando fraquezas emocionais e de caráter — respondeu Ineque.

— Enquanto estamos aqui, você poderia nos falar sobre a estranha criatura que Salas utilizava como montaria? — perguntou Ana.

— A matéria espiritual é plasmável pela ação do pensamento, por meio do qual é modelada de acordo com os desejos de quem a mentaliza. Podemos nomear essa ação de hipnótica. Esse processo pode acontecer no nível pessoal ou sob a ação de uma segunda mente, que interfere sobre a outra. No primeiro caso seria a autossugestão, que acontece através de desequilibrados sentimentos de culpa e remorsos. Isso ocorre quando o espírito acredita que, punindo a si mesmo, estaria fazendo penitência de um ato falho. No segundo caso, através de processos hipnóticos, que acabam por provocar o fenômeno de sintonia, o qual ocorre por meio do conhecimento do algoz sobre as fragilidades do hipnotizado — explicou Ineque.

— Hermínio de Miranda é bastante feliz na seguinte explicação: "... o hipnotizador, ou o magnetizador, não pode moldar, à sua vontade, o perispírito da sua vítima, mas ele sabe como movimentar as forças naturais e os dispositivos mentais, de forma que o Espírito, manipulado com perícia, acaba por aceitar as sugestões e promover, no seu corpo perispiritual, as deformações e condicionamentos induzidos pelo operador das trevas que funciona como agente da vingança, por conta própria ou alheia. Nessas condições, a vítima acaba por assumir formas grotescas, perde o uso da palavra, assume as atitudes e as reações típicas dos animais e é segregado, por tempo imprevisível, de todo o convívio com criaturas humanas normais e equilibradas" — completei o raciocínio.

— De acordo com essa linha de pensamento, podemos deduzir que precisa haver afinidade vibratória entre o hipnotizador e o hipnotizado, para que haja a sintonia necessária à concretização do fenômeno; assim, podemos entender que todo processo obsessivo se inicia na auto-obsessão — concluiu Ana.

— Exatamente, minha querida amiga. Essa é a beleza do livre-arbítrio. Através dele escrevemos nossa história, e só ficamos à mercê de outrem quando aceitamos esse vínculo.

— Dessa forma, podemos entender que não existem vítimas nem algozes, não é mesmo? — falou Demétrius, que se juntava novamente ao nosso grupo.

— Seja bem-vindo. Como foram os estudos sobre a manipulação de fluidos espirituais? — perguntei ao amigo.

— De grande valia a esse espírito ainda ignorante, mas que teima no processo de evolução moral e intelectual — respondeu Demétrius sorrindo.

— Você se juntará novamente a nosso grupo de trabalho? — perguntou Ineque.

— Tive autorização para isso, e espero que os amigos me permitam essa felicidade — respondeu Demétrius com humildade.

— Que maravilha de notícia! Ficamos muito felizes com isso! Estávamos aqui falando sobre o fenômeno da zoantropia. Há, no acampamento de Salas, um ser que sofreu esse processo. Temos planos de ajudar esse irmão sofredor — informei a Demétrius.

— Acreditem e tenham fé. É fato que trazê-lo para nosso lado é bastante fácil, visto que o espírito ali presente não mais goza da sua identidade. Por isso, permite que o levem para um lado e para o outro, sem se opor à ação. Ao mesmo tempo, após serem socorridos, a recuperação desses irmãos é bastante difícil e dolorosa, pois, de uma forma ou de outra, eles se consideram merecedores desse sofrimento — respondeu Demétrius.

— André Luiz, no livro *Nos Domínios da Mediunidade*, relata uma fala de Aulus sobre o assunto: "Não basta arrancar o joio. É preciso saber até que ponto a raiz dele se entranha no solo com a raiz do trigo, para que não venhamos a esmagar um e outro" — falei comovido.

— Hermínio de Miranda coloca a seguinte ideia sobre o assunto: "O trabalho de resgate desses pobres irmãos, que chegam até a perder a consciência da sua própria identidade, é tão difícil quanto doloroso, e jamais poderá ser feito sem a mais ampla cobertura espiritual. Eles se voltam contra o grupo mediúnico, que precisa estar preparado, resguardado na prece e em imaculada pureza de intenções". No trabalho de auxílio a esses irmãos, as terapias espirituais são muito importantes, o passe, a prece, a água fluidificada e os estímulos de espíritos melhores, que os auxiliam a rever a si mesmos, além de outros cuidados — falou Ineque.

— Acredito que teremos oportunidade de aprender muito com esse trabalho de bênçãos. Esperemos em Deus; fortalecimento e paz em nossos corações — falei com carinho.

Artur chegou à casa ao raiar do novo dia e encontrou Anísio à sua espera.

— O que faz aqui fora a essa hora, homem?

— Preciso falar com você antes que entre em casa. Dona Camila passou muito mal, parece que teve uma nova crise, e dona Selma a levou para o hospital. Tentei entrar em contato com você e não o achei em lugar nenhum, nem mesmo no celular da Glória.

— Dei um descanso a Glória, ela está ficando muito chata e velha, fez vinte e cinco anos a semana passada, então cobra o que não quero dar e que não prometi a ela. A coisa está se tornando séria, então é hora de cair fora. Com isso, arrumei outra, uma menina muito bonita e com fé irrestrita em mim; parece que conta uns dezesseis anos, a mesma idade que tinha a outra quando a tomei para mim — respondeu Artur, visivelmente alterado.

— Você andou usando drogas de novo? Se algum repórter o pegar desse jeito, pode dar adeus a seus planos.

— Você é bobo mesmo, eu posso fazer qualquer porcaria que ninguém fala nada. Esse povo está de mente embotada, não percebeu ainda? Estamos na época certa para dominar esse mundo, e é o que vamos fazer. Já temos um bom pessoal nos lugares certos e interessantes para controlar a situação. Querido amigo, o mundo será nosso, ainda não se deu conta disso? E, se alguém questionar meu comportamento, sempre posso dizer que estava preenchido pelo Espírito Santo.

— Vocês estão muito crentes em si mesmos; os ensinamentos espíritas ganham força. Precisamos ficar atentos e menos seguros diante da defesa de nossas verdades. Chegará a hora em que não mais teremos argumentos lógicos, aí vai ser duro. E essa postura prepotente é que nos derrubará um dia.

— Os espíritas? — Artur riu com deboche. — Vão todos para a fogueira de novo, a fogueira santa.

— Vejo que você está irredutível naquilo que defende, apesar de acreditar que não possui elementos intelectuais para compreender do que falo; mas deixemos isso para depois. Você ouviu o que eu disse sobre sua esposa?

— Ouvi sim. Agora vou tomar banho e dormir um pouco, depois vou até a clínica visitar minha melindrosa esposa. O bebê está bem, não é?

— Parece que sim.

— Então é o que importa. Daquela lá, só quero a barriga, depois damos um jeito nela. Pode começar a pensar em algo bem dramático para usarmos a nosso favor.

Camila, adormecida, sonhava que estava no colo de sua avó materna. Protegida e amparada, sentia que nada de mal poderia lhe acontecer. Suspirou e se acalmou. Mexeu-se na cama e abriu os olhos devagar; o doutor Evandro estava à sua frente, exibindo um sincero sorriso:

— Bom dia, dona Camila. Como está se sentindo?

— Eu estou no hospital?

— Está sim, lembra-se que já esteve aqui e ficou internada alguns dias?

— Lembro sim, e eu gosto daqui.

— Que bom! Você tem consciência de por que está aqui?

— Acho que sim — respondeu a moça abaixando os olhos, envergonhada, e continuou: — Eu estou grávida e isso me assusta muito, não sei se conseguirei viver essa história. Quando acordei, vi que dona Selma estava dormindo, então me preparei para dar fim a essa gravidez.

— E o que a impediu?

— Em minha cabeça começaram a passar umas ideias horríveis. Eu me via morta dentro da banheira, ensanguentada. Entrei em pânico e gritei muito. Depois não lembro mais nada. Minha ideia de morrer parece que criou vida própria e percebi que também tenho muito medo da morte.

— Foi bom ter acontecido assim. Afinal, graças a essa experiência difícil, você chegou a uma importante conclusão. Conclusão que pressupõe outras ideias, as quais precisam ser trabalhadas; como a vinda do seu filho, por exemplo.

Camila fechou os olhos com força e cerrou os punhos; sem controle, começou a vomitar. Evandro a ajudou, apoiando seu corpo e amparando seu espírito com suaves palavras de carinho. Aos poucos a moça foi se acalmando, então ele a chamou baixinho e disse:

— Camila, perceba que está tudo bem, uma vida depende de sua acolhida, assim como um dia uma mulher forte e meiga a aceitou em seu ventre.

— Minha mãe morreu para eu nascer, eu a matei.

— Não, você não a matou; mas ela exemplificou o amor mais puro e sincero, aquele que renuncia a si mesmo em benefício daquele que mais amamos. Você precisa viver esse amor dentro de seu coração, assim demonstrará o valor que dá à escolha que, um dia, sua mãe fez em seu benefício.

— Isso é tão complicado para mim!

— Você está gerando um filho, ame-o como sua mãe a amou, e nem precisará morrer por ele, mas sim viver para criá-lo e vê-lo crescer.

— É um menino?

— Não sabemos ainda, é muito cedo. Mas, seja o que for, é um presente de Deus em sua vida.

Camila estendeu as mãos em direção ao médico e pediu num fio de voz:

— Ajude-me a acariciar meu ventre. Por favor, conduza minha mão.

Evandro, emocionado, tomou as mãos de Camila entre as suas, e a conduziu num afago sincero e amoroso. Camila, esgotada pela emoção, fechou os olhos e adormeceu.

Artur, parado na soleira da porta entreaberta, pensou com raiva: "Esse idiota está de olho em minha mulher, ele que se cuide, senão vai encontrar o Criador antes da hora".

Virou-se e foi embora, sem ao menos mostrar à esposa que estava ali para visitá-la. Dona Selma também presenciou a cena e, emocionada, orou por esse momento de aceitação de Camila.

Olhou para a porta e viu o ódio estampado no rosto do pastor. Amedrontada, chamou pelo nome de Evandro e pediu que o psiquiatra a acompanhasse até a varanda.

— Doutor, vou pedir para o senhor tomar cuidado. O pastor é um homem venal e vingativo. E eu acho que ele interpretou terrivelmente mal a cena que acabou de presenciar. Por favor, tome cuidado! Ele estava na porta agora, mas, quando viu o que acontecia entre o senhor e Camila, voltou sobre os próprios passos, demonstrando muita raiva.

— Ela é minha paciente, dona Selma.

— É sua paciente. Mas não é apenas isso não, doutor. Seu semblante muda quando olha para ela. Não deixe que ninguém mais desconfie disso.

O médico se retirou do quarto e, admirado, percebeu que dona Selma tinha razão; o que ele sentia por Camila era diferente do sentimento que nutria pelos outros pacientes. Sentado atrás da mesa do consultório, o rosto entre as mãos, chorou sentido. Evandro sabia que estava amando a moça, como também sabia ser esse um amor impossível de ser vivido em toda a sua plenitude. O que faria de agora em diante? Precisava racionalizar e controlar seus sentimentos e suas ações, pelo bem de Camila.

Orou com fé e pediu intuição a Deus para conduzir sua vida. Unimo-nos ao rapaz nas bênçãos da prece humilde e amorosa.

CAPÍTULO V

OPORTUNIDADES

731. Por que, ao lado dos meios de conservação, a Natureza colocou ao mesmo tempo os agentes destruidores?
— *O remédio ao lado do mal; já o dissemos, para manter o equilíbrio e servir de contrapeso.*

(*O Livro dos Espíritos* — Livro III — Capítulo VI, Lei de Destruição — Item I, Destruição Necessária e Destruição Abusiva)

Havia três dias que o acampamento estava instalado nos arredores da Casa Espírita Caminheiros de Jesus. Eles nos observavam à distância, e alguns grupos se aproximavam no horário dos trabalhos de estudo.

— Algo bom está acontecendo; esses irmãos se aproximam durante a leitura e estudo das obras básicas, que depois é comentada pelos participantes dos grupos. Poderíamos utilizar uma grande tela no exterior da casa, assim todos os envolvidos nesse trabalho teriam a oportunidade de presenciar os comentários saudáveis de nossos amigos, principalmente quando relacionam os ensinamentos evangélicos com o seu cotidiano. Acredito que será uma visão diferente da filosofia espírita — falei bastante animado com a ideia.

— Você tem razão, meu amigo. Eles estudam a Doutrina dos Espíritos com objetivos bem definidos, como desacreditar os conceitos cristãos nos ensinamentos de Jesus, distorcendo valores para que se encaixem nas necessidades que manifestam, ou seja, a não evolução da humanidade — completou Demétrius.

— Apesar de os objetivos desses irmãos não serem saudáveis, estão adquirindo conhecimentos sobre esta amável filosofia de responsabilidade pessoal. Haverá o momento adequado à reestruturação de diretrizes comportamentais através da necessidade de ser livre e alcançar a verdadeira felicidade. Nesse momento, essas verdades serão aprendidas teoricamente, relembradas e adaptadas a um novo ser que renascerá — comentou Ineque.

— Essa é a melhor maneira de ver a vida. Por meio da esperança no futuro, sabemos que nada acontece por acaso, mas, sim, numa incrível e lógica sucessão de fatos, que somente têm como função a nossa melhoria como espíritos — falou Maurício sorrindo.

— Isso mesmo, meu jovem — concordei com alegria.

— Eu sou uma prova disso, não tenho mais como questionar a veracidade desse fato — enfatizou Maurício.

Sorrimos diante da expressão de encantamento pela vida que Maurício sempre demonstrava diante das experiências que vivenciava no adorável mundo dos espíritos.

Um trabalhador de nossa casa veio nos avisar que haviam instalado, nas paredes laterais do prédio espiritual da casa espírita, telas que projetavam as maravilhas ocorridas em nossos trabalhos espirituais, enfatizando que alguns curiosos já se aproximavam.

Era quinta-feira, dia destinado a um grupo de jovens iniciantes no entendimento da Doutrina dos Espíritos.

Alguns trabalhadores já estavam na casa espírita, preparando-se para a reunião que em breve teria início. Procederiam ao estudo de *O Evangelho segundo o Espiritismo*, e em seguida *O Livro dos Espíritos*.

Havia um clima de amor e alegria genuínos entre os participantes daquele trabalho. Aos poucos, o salão destinado aos estudos foi tomado pela presença de amigos dos dois planos.

Todos acomodados, foi iniciado o estudo com prece intercessória, feita por uma jovem senhora.

— Pedimos ao Pai que nos fortaleça e ampare nesses benditos momentos, nos quais temos a oportunidade de avaliar a nossa conduta através dos olhos de nosso Mestre Jesus. Peço lucidez e paz no coração para assimilar esses conceitos universais de amor e perdão, como também peço que me seja concedida a força necessária para exercitar esses ensinamentos. Que assim seja!

Um rapaz, encarregado da lição evangélica do dia, passou à leitura do texto "Superiores e inferiores", encontrado em *O Evangelho segundo o Espiritismo*, Capítulo XVII:

9. A autoridade, da mesma forma que a fortuna, é uma delegação, de que se pedirão contas a quem dela foi investido. Não creias que ela seja dada para satisfazer ao fútil prazer do mando, nem tampouco, segundo pensa falsamente a maioria dos poderosos da TERRA, mas como um

direito ou uma propriedade. Deus, aliás, tem demonstrado suficientemente que ela não é nem uma nem outra coisa, desde que a retira quando bem lhe apraz. Se fosse um privilégio inerente à pessoa que o exerce, seria inalienável. Ninguém pode dizer, entretanto, que uma coisa lhe pertence, quando lhe pode ser tirada sem o seu consentimento. Deus concede autoridade a título de missão ou de prova, conforme lhe convém, e da mesma forma a retira.

O depositário da autoridade, de qualquer extensão que esta seja, desde a do senhor sobre o escravo até a do soberano sobre o povo, não deve esquivar-se à responsabilidade de um encarregado de almas, pois responderá pela boa ou má orientação que der aos seus subordinados, e as faltas que estes puderem cometer, os vícios a que forem arrastados em consequência dessa orientação ou dos maus exemplos recebidos, recairão sobre ele. Da mesma maneira, colherá os frutos de sua solicitude, por conduzi-los ao bem. Todo homem tem, sobre a Terra, uma pequena ou uma grande missão. Qualquer que ela seja, sempre lhe é dada para o bem. Desviá-la, pois, do seu sentido, é fracassar no seu cumprimento.

Se Deus pergunta ao rico: Que fizeste da fortuna que devia ser em tuas mãos uma fonte espalhando a fecundidade em seu redor? Também perguntará ao que possui alguma autoridade: Que uso fizeste dessa autoridade? Que males impediste? Que progressos impulsionaste? Se te dei subordinados, não foi para torná-los escravos da tua vontade, nem dóceis instrumentos dos teus caprichos e da tua cupidez; se te fiz forte e te confiei os fracos, foi para que os amparasses e os ajudasses a subir até mim.

O superior que guardou as palavras do Cristo não despreza a nenhum dos seus subordinados, porque sabe que as distinções sociais não subsistem diante de Deus. O Espiritismo lhe ensina que, se eles hoje o obedecem, na verdade já podem tê-lo dirigido, ou poderão dirigi-lo mais tarde, e que então será tratado como por sua vez os tratou.

Se o superior tem deveres a cumprir, o inferior também os tem de sua parte, e não são menos sagrados. Se também este é espírita, sua consciência lhe dirá, ainda mais fortemente, que não está dispensado de cumpri-los, mesmo que o seu chefe não cumpra os dele, porque sabe que não deve pagar o mal com o mal, e que as faltas de uns não autorizam as de outros. Se sofre na sua posição, dirá que sem dúvida o mereceu, porque ele mesmo talvez tenha abusado outrora de sua autoridade, devendo agora sentir os inconvenientes do que fez os outros sofrerem. Se for obrigado a suportar essas posições, na falta de outra melhor, o Espiritismo lhe ensina a resignar-se a isso, como a uma prova de sua humildade, necessária ao seu adiantamento. Sua crença o guia na sua conduta: ele age como desejaria que os seus subordinados agissem com ele, caso fosse o chefe. Por isso mesmo é mais escrupuloso no cumprimento das obrigações, pois compreende que toda negligência no trabalho que lhe foi confiado será um prejuízo para aquele que o remunera, e a quem deve o seu tempo e os seus cuidados. Numa palavra, ele é guiado pelo sentimento do dever que a sua fé lhe infunde, e a certeza de que todo desvio do caminho reto será uma dívida, que terá de pagar mais cedo ou mais tarde.

Enquanto a lição era comentada pelos presentes, mais e mais espíritos demonstravam interesse pelo que era exibido nas grandes telas; e a equipe de socorristas trabalhava entre os irmãos necessitados.

Aproveitamos a ocasião benéfica e nos aproximamos do acampamento de Salas. Logo à entrada uma entidade nos convidou a segui-la; fomos conduzidos, novamente, à presença do irmão sofredor.

— Entrem! — ordenou o comandante.

De cabeça baixa e em prece nos aproximamos com suavidade.

— Vejo que passaram a uma ação efetiva. Já contava com isso. Dessa forma, podemos estar seguros da qualidade de nosso exército; esses que recolhem atrás de suas forças de contenção não nos servem, apenas enfraquecem os companheiros combatentes. Queria que soubessem de minha gratidão. Agora podem ir!

Ineque deu um passo à frente e, ainda de cabeça baixa, solicitou autorização para falar. Salas o olhou com sarcasmo e disse:

— Sua pretensa pose de submissão não me agrada e muito menos me convence. Pelo contrário, subestimar a minha inteligência é uma ofensa, uma afronta; então, se tem algo a dizer, diga-o como um homem, enfrentando-me olhos nos olhos.

Ineque levantou os olhos suavemente e, olhando o rosto de Salas, falou:

— Peço perdão se de alguma forma o ofendi, não é nossa intenção afrontá-lo em suas crenças. Estamos aqui em nome de nosso Pai Amado para que seja oferecida a toda a comunidade que comanda o socorro caridoso de amor e perdão, que nosso Mestre nos ensinou.

— E quem você pensa ser para falar em nome de Deus? Não o vejo paramentado como um dos seus filhos prediletos. Sua pretensão é desafiar a Deus e encontrar guerra? Então, acaba de iniciar terrível batalha que arrebatará essas criaturas inferiores e as lançará ao fogo purificador. A história da humanidade está repleta de provas da ira de Deus, e vocês ainda não creem em sua força purificadora. Preciso lembrá-los de que Deus usa os seus filhos mais sábios para executar suas leis e suas punições? Lembrem que Tito, filho do rei Vespasiano, honrou o nome de seu pai e aceitou a missão em nome de Deus de tomar a cidade de Jerusalém, destruindo os pecadores e os hereges. Sua história nos conta que Deus puniu os pecadores de Sodoma e Gomorra, destruindo a perdição moral. O que esperam que suceda nos dias de hoje?

— Os tempos da crueldade ignorante estão chegando ao fim, é hora de exercitar nossa inteligência em benefício de uma nova era, de paz, amor e perdão. O que propõe o irmão é que a barbárie continue a dominar nossos sentimentos inferiores, que continuemos a moldar Deus a nossa imagem imperfeita, que não nos esforcemos para buscar, em nossas mentes imortais, a beleza da criatura divina.

— Herege! Olhe à sua volta, precisamos ser firmes em nossos propósitos e punir os pecadores. Somente o castigo mantém a humanidade sob o domínio de Deus. Deus castiga todos aqueles que não seguem as suas leis. Preciso adverti-los para o fato de que estou aqui, por enquanto, apenas observando e avaliando. Assim que achar que é chegado o momento, determinarei o que deve ser feito contra a sua prática perniciosa. Assim como sua casa está sob nossa observação, outros lugares semelhantes estão sob a tutela dos outros dragões. Então, pensem bem antes de decidir seus próximos passos. Agora vão e levem meu recado aos seus superiores. Ou cedem às minhas exigências ou voltaremos a caçar aqueles que usam a magia das trevas.

— Eu desejo ardentemente que o comandante possa entender e repensar os valores da vida, apenas isso.

Voltamos à casa de oração. A noite seria bastante proveitosa, por meio do horário destinado à educação mediúnica para os encarnados; e, também, das oportunidades de socorro para aqueles que aceitassem adentrar os portões da liberdade para a consciência espiritual.

À entrada do salão principal, vários espíritos sofredores se amontoavam — uns por curiosidade; outros, percebendo que algo de importante acontecia com aqueles que aceitavam adentrar aquele prédio que abrigava a esperança; outros tantos apenas insistiam em provocar tumultos, com o objetivo de atrapalhar os trabalhos da noite.

Demétrius olhou-nos sorridente e falou bem-humorado:

— Ah! A vida! Como nos surpreende a cada dia. Nosso irmão Salas se aproxima de nossa amável casa de oração. Pressinto uma oportunidade de mostrar a ele que a tristeza e a dor são opcionais em nossas vidas.

CAPÍTULO VI

PERPLEXIDADE

732. A necessidade de destruição é a mesma em todos os mundos?

— *É proporcional ao estado mais ou menos material dos mundos e desaparece num estado físico e moral mais apurado. Nos mundos mais avançados que o vosso as condições de existência são muito diferentes.*

(*O Livro dos Espíritos* — Livro III — Capítulo VI, Lei de Destruição — Item I, Destruição Necessária e Destruição Abusiva)

Salas, cercado de toda pompa, aproximou-se de nosso magnífico campo vibratório. Observava a expressão facial do amigo, que ia se transformando conforme a sensação de bem-estar e paz que o envolvia. Ele nos olhou com sarcasmo e falou com voz firme e estridente:

— Não se enganem com as sensações que sinto neste momento, sensações essas provocadas por essa avalanche de mentiras que construíram para enganar os ignorantes das metas divinas. Sei do meu legado e não cedo minha vontade por migalhas. Sou um dos nove dragões, isso já me dá o direito de escolher a escrita que terá a história do futuro. Não se enganem, estou aqui em causa própria, e não para capitular minhas razões.

— Seja qual for o motivo que traz o irmão até nossa presença, será bem-vindo — respondeu Demétrius.

— Por favor, entre! Podemos conversar em um ambiente mais confortável e ameno — convidou Ineque.

Salas olhou-nos com desdém e, voltando-se aos seus acompanhantes, escolheu duas entidades de aspecto belicoso e os instruiu a segui-lo. Observando tudo ao seu redor, andava a passos curtos e lentos. Acomodamo-nos no jardim espiritual da casa. Ele olhou à sua volta e questionou:

— O que esperam de mim nesse momento? Que os agradeça pela acolhida e por me acomodar nesse espaço? Nada do que possam me oferecer fará com que mude o meu pensamento.

— Não esperamos nada do irmão, apenas que aproveite esses momentos de paz junto à comunidade que nos acolhe amorosamente. Apenas aceite esse momento; caso não queira conversar, ficaremos aqui em silêncio — respondeu Ineque.

— Por que me convidaram então? — perguntou ressabiado.

— Para agradecer o seu convite. E mostrar ao amigo que nada tem a temer de nossa parte. Nosso objetivo é sempre auxiliar da forma correta — falou Ineque.

— Irmão, amigo são palavras utilizadas por vocês com muita facilidade, não é mesmo? — perguntou, analisando atentamente cada um de nós.

— Uma forma carinhosa de tratamento para com nossos semelhantes. O que molda nossas atitudes é a certeza de que somos parte de um todo, e isso é valorizado conforme entendemos essa maravilha de família universal — respondi com carinho.

— Quanto ao temor a que se refere, não insista nessa bobagem; mostra apenas a sua ignorância a respeito de quem sou realmente. Tenho mais conhecimento e vivência como seguidor do Cristo do que qualquer um de vocês. Então, saibam que não são algumas balelas sem fundamento algum que colocarão a minha fé em dúvida — sentenciou Salas.

— Não queremos de forma alguma impor nossas ideias ao irmão. O aprendizado somente acontece quando estamos preparados para ele. As transformações do pensamento somente terão alguma lógica quando forem compreendidas. Até que chegue esse momento, estaremos em busca de algo que nos facilite a compreensão caridosa de nossa evolução intelectual e moral — propôs Ineque.

— Pensamentos vazios, desprovidos de argumentos lógicos. As escrituras são bem claras: Deus punirá os infiéis, assim é e assim sempre será. Poderia citar passagens do Velho e do Novo Testamento que provariam minhas convicções, mas não perderei meu precioso tempo com isso. Já vi o que queria. Vocês nada têm que possa dominar ou derrotar o meu mundo. Realmente, você tem razão, nada tenho a temer de criaturas tão fracas. Tenho um exército à minha disposição! E vocês? Pelo que vejo, somam meia dúzia de fracos, com teorias loucas sobre Deus. Somos muitos e somos fortes. Nossa crença evangélica dominará novamente o mundo. E aqueles que se opuserem à nossa ascensão serão sacrificados e purificados pelo fogo sagrado. Assim foi no passado e assim será novamente. E isso apenas prova a nossa força que vem de Deus. Saio daqui tranquilo, muito mais forte e com maior convicção em minhas crenças.

Dizendo isso, levantou-se do confortável banco onde estava sentado e, olhando com desdém a sua volta, riu alto. Por fim, com ferocidade nos olhos, questionou:

— Entenderam com quem estão lidando?

Ineque, com mansuetude, dirigiu-se a ele e carinhosamente o abraçou, dizendo com amor:

— Deus o abençoe e fortaleça o seu espírito eterno, meu amado irmão.

— Essa ideia de eternidade, como professa a sua fé, não tem sentido algum para nós. Não há oportunidades de viver a cada ciclo uma vida diferente, isso é uma tola invenção; o que os espera será sempre definitivo, o céu ou o inferno — vociferou o infeliz.

— E como o irmão definiria esse momento que vivemos agora? Segundo a sua crença, nós já morremos, mas estamos aqui mais vivos do que nunca. O irmão poderia explicar-me esse fenômeno de outra forma? — indaguei com compaixão.

— Isso, isso é heresia, apenas heresia.

Então olhou-nos nos olhos e, desconcertado, saiu da casa espírita, voltando ao acampamento. Assim que adentrou seus aposentos, ordenou aos seus serviçais que desmontassem tudo; voltariam à cidade umbralina imediatamente. Também providenciou para que um de seus soldados levasse uma mensagem aos outros dragões, convocando-os para uma reunião de emergência.

Ficamos em prece, agradecendo ao Pai a oportunidade de permitir ao irmão Salas momentos de paz. Com certeza, em um abençoado futuro, esse sentimento em forma de bem--estar voltaria à sua mente e floresceria como luz, iluminando as trevas em que estava envolvido.

Camila, ainda internada no hospital, melhorava dia a dia. Seu semblante já não demonstrava amargura, parecia até mesmo feliz com a gestação. Evandro a examinava diariamente; procurava assumir uma postura profissional, carinhoso como sempre fora com seus pacientes.

Dona Selma acompanhava cada segundo dessa convivência e orava para que ambos, médico e paciente, não perdessem o controle sobre suas emoções.

Artur aparecia esporadicamente para visitar a esposa. Entrava no quarto, ficava por ali alguns minutos, e logo ia embora alegando compromissos inadiáveis. Camila não se importava com o comportamento do marido. Sentia até mesmo algum alívio com essa distância.

Equilibrada emocionalmente, ciente da necessidade de manter as medicações aconselhadas pelo psiquiatra, finalmente ela recebeu autorização para voltar a sua casa.

No trajeto sentiu certa angústia. Preocupada, dividiu suas inseguranças com dona Selma, que se tornava a cada dia mais uma querida amiga e companheira da jovem mãezinha.

— Dona Selma, estou angustiada por ter de voltar para casa. Quando lembro como é aquele lugar luxuoso e sem vida, não me sinto voltando para um lar; tudo é estranho para mim.

— Hoje as coisas estão diferentes, minha filha. Você não é mais aquela jovem despreocupada e sem responsabilidades. Você aceitou a ideia da maternidade; seus valores e prioridades também se modificaram. Faz dias que não a vejo diante do espelho criticando a própria aparência.

Camila olhou para as próprias mãos e comentou:

— A senhora tem razão. Nem mesmo me preocupei em manter minhas unhas perfeitas, meu cabelo bem penteado. Nem mesmo pensei em minhas roupas quando as vesti hoje cedo. Devo estar horrível.

— Você nunca esteve tão bonita. Seus olhos brilham, seu rosto está sereno e feliz. Há uma nova luz em seu semblante que a faz brilhar para o mundo.

— Nossa! Dona Selma, que palavras lindas! Obrigada, mas tenho consciência de que estou longe de estar curada.

Sei que tenho um problema psíquico sério, e que sempre precisarei de tratamento.

— Isso não quer dizer que você não pode viver bem, em equilíbrio e com a possibilidade de alcançar um estado de alma feliz. Além do mais, sabemos que você tem apenas alguns períodos depressivos; o diagnóstico anterior foi contestado pelo doutor Evandro. Ademais, nos dias de hoje, quem não é afetado por todo esse mal que assombra a humanidade?

— Eu nunca a ouvi falar assim. E, ultimamente, não a vejo mais citar a Bíblia ou falar dos conselhos de Artur. Aconteceu alguma coisa que tenha contribuído para essa sua mudança?

— Algumas, mas ainda não sei a que conclusão chegarei. Sei apenas que a fé cega e sem questionamentos que eu professava antes não existe mais. Ando precisando de algumas respostas e estou vendo que a crença evangélica, como nos tem sido apresentada, não mais satisfaz a minha curiosidade.

— A senhora deixou de ser evangélica?

Dona Selma tomou as mãos de Camila entre as suas, fazendo um sinal com os olhos em direção ao motorista. Camila entendeu a mensagem da amiga e acrescentou sorrindo:

— Com certeza, não.

As duas mulheres chegaram à mansão. Assim que Camila foi acomodada em sua cama para descansar, Artur adentrou o aposento.

— E aí? Como você está?

— Bem melhor.

— Vamos ver! Espero que não prejudique meu filho com suas frescuras. Vou avisando que, se suas atitudes começarem a prejudicar a gestação, já tenho uma ideia de como controlar a situação.

— Do que você está falando? Por que me ameaça dessa forma? — perguntou Camila com lágrimas nos olhos.

— Não pense que me importo com suas lágrimas fingidas, o que importa agora é meu herdeiro, meu filho, que será o homem mais importante no futuro da humanidade. Você sabe muito bem que tenho planos para ele, e não será uma desmiolada como você quem irá impedir-me de realizá-los — esbravejou Artur com raiva.

— O que você pretende fazer, Artur? — perguntou Camila, demonstrando certa insegurança.

— Você é apenas a barriga que gera o meu filho, o que farei não interessa a você. Trate de controlar-se, porque, qualquer deslize seu, eu posso dar um jeito de mantê-la isolada do mundo até o momento do nascimento. Depois disso, quem sabe o que poderá acontecer a você — falou o homem com crueldade.

Dona Selma deu um passo à frente e falou entredentes:

— Desculpe, pastor, mas o senhor está saindo do controle. Dona Camila sofreu muito por esses dias e não precisa dessas ameaças. Ela precisa de sossego, paz e carinho para que a gravidez transcorra de forma saudável.

— E, quanto à senhora, voltará a ser apenas uma enfermeira. Já contratei outra pessoa para vigiar Camila, a senhora não é mais de minha confiança. Amanhã mesmo, Priscila, uma amiga muito querida e fiel, virá substituí-la. E se me atormentar pode ter a certeza de que estará no olho da rua, sem emprego e sem casa para morar — vociferou o homem, demonstrando grande desequilíbrio.

Camila levantou da cama e, enfrentando Artur, com firmeza falou:

— Saia de meu quarto neste momento! Caso contrário, quem dará um jeito nessa situação sou eu. Quem você pensa que é para me ameaçar? Pensa que sou boba? Que passei esses anos todos com você sem, realmente, descobrir suas falcatruas e suas traições? Tenho provas de sua desonestidade e das relações que mantém com jovens meninas recém-saídas da puberdade. Sei até de alguns crimes hediondos, dos quais foi executor ou mandante. Suportei tudo isso em silêncio por medo, mas agora acabou. O que você pode fazer? Mandar me matar? Mande e, no dia seguinte a qualquer violência sofrida por mim, ou mesmo uma morte prematura que pareça natural, tudo será entregue a uma pessoa que anda atrás de você há muito tempo e está doido para colocá-lo atrás das grades. Então, faça algo contra mim, que estarei do outro lado e não sossegarei até vê-lo enlouquecido na lama. Faça, desgraçado, faça! E não mexa com dona Selma, entendeu?

Enquanto falava, Camila o empurrava para fora do aposento. Assim que ele passou pela porta, ela a bateu com força, trancando-a com raiva. Encostou-se e permitiu que seu corpo trêmulo escorregasse para o chão. A senhora correu em seu socorro e a amparou em seus braços. Camila agarrou-se à amiga e chorou de alívio.

Observávamos a cena com a intenção de fortalecer a jovem mãezinha. Após o ocorrido, passamos a dispersar a densa energia que envolvia o ambiente, o que auxiliou o retorno da calma.

— Camila, você, realmente, tem esses documentos com você?

— Há uns meses, um senhor muito distinto me interpelou enquanto fazia compras no shopping. Ele explicou que era promotor público e contou-me sobre alguns crimes em que Artur está envolvido, inclusive usando a igreja como fachada. Ele pediu que eu o ajudasse a conseguir provas. No começo, eu recusei. Então, um dia, eu fui até o escritório que Artur ocupa no templo e o vi com três jovenzinhas. Eu fiquei escondida, com medo e nojo. Ele as obrigava a fazer coisas horríveis enquanto as ameaçava de várias formas. Quando terminou toda aquela nojeira, entregou a cada uma delas uma pílula para tomar no dia seguinte e evitar a gravidez indesejada. Elas saíram em silêncio, amedrontadas e traumatizadas. Continuei escondida, temerosa do que ele pudesse me fazer. Então, aquele infeliz que o segue como um cachorrinho entrou e disse a ele que o problema estava resolvido. E, pela sequência da conversa, entendi que eles haviam dado fim a um senhor, pai de uma jovem, que havia descoberto as maldades dele e ameaçava denunciá-lo.

— Camila, ele é um monstro, um bandido perigoso! O que vamos fazer agora? Ele pode fazer muito mal a nós duas! Quem sabe, até mandar matar-nos.

— Vou entrar em contato com o promotor e pedir ajuda a ele. Se precisar fugir, a senhora vai comigo?

— Claro que vou, minha filha, claro que vou.

Voltei à casa espírita, Ana e Maurício ficaram ao lado das duas mulheres. Pedi aos amigos para nos reunirmos. Fazia-se urgente uma ação mais clara e efetiva para auxiliarmos os envolvidos nessa trama hedionda.

CAPÍTULO VII

RADIOSA ESPERANÇA

733. A necessidade de destruição existirá sempre entre os homens?

— A necessidade de destruição diminui entre os homens à medida que o Espírito supera a matéria; é por isso que ao horror da destruição vedes seguir-se o desenvolvimento intelectual e moral.

(O Livro dos Espíritos — Livro III — Capítulo VI, Lei de Destruição — Item I, Destruição Necessária e Destruição Abusiva)

❉

No submundo espiritual, as falanges ligadas ao movimento comandado pelos Dragões de Cristo estavam agitadas. Podíamos sentir no ar vibrações nefastas que ameaçavam a evolução da humanidade.

Entristecido, dirigi-me à Praça da Paz. Sabia que nesse momento jovens se reuniam por ali em busca da oração coletiva que produz a mais pura energia de amor e paz — energia essa que atua com o firme propósito de auxiliar a todos nós, encarnados e desencarnados, que visam à evolução planetária.

Chegando ao local, emocionado, senti a doce manifestação do amor que constrói. Um rapaz de beleza angelical, assessorado por um grupo de jovens socorristas, adentrou a magnífica praça. Com a humilde postura dos mais sábios, subiu a um pequeno e singelo palco. De frente para a multidão que o esperava com ansiedade, levantou os olhos, sorriu com mansuetude, acenou a todos com carinho e começou a falar. Sua voz firme e cristalina nos encantou a todos.

— Somos jovens espíritos do Senhor, caminhantes pela vida eterna, ainda em busca de nossa verdade. Tentamos, trôpegos, acertar o caminho da redenção. Num dia grandioso e radioso de nossas vidas, acordamos e desistimos do pesadelo tenebroso que é viver nas trevas da ignorância; descobrimos que existiu nesse planeta de bênçãos um homem que veio nos abençoar com a mais bela de todas as verdades, a verdade do amor e do perdão. Emergimos da escuridão como criaturas divinas; ainda ofuscados pela claridade da nova vida, decidimos sair ao mundo e auxiliar nossos irmãos. Juntamo-nos às fileiras de trabalhadores da última hora. Aqui e agora, iniciamos uma caminhada cristã em busca daqueles que se mantêm presos ao passado doloroso da ignorância. Não devemos sair em busca de retaliação, ou mesmo de afrontar aqueles que insistem na dor e no desequilíbrio. Mas devemos caminhar de olhos baixos e pensamentos elevados, sorrindo diante da felicidade de sermos, hoje, melhores do que ontem. Ter a clareza do pensamento no bem e entender que a mão estendida deve estar revestida da mais pura compaixão. Nossos desejos só triunfarão se estiverem fortalecidos pela alegria de servir ao Mestre dos Mestres. Abracemos a causa planetária e nos preparemos para enfrentar nossos limites e nossas fraquezas. E que nosso objetivo maior seja o amor infinito. Um dia, não muito distante, alguém nos estendeu a mão amorosa e compreensiva, sem julgar nossas falhas. Oferecendo apenas a sublime boa vontade, nos trouxe a um porvir de felicidade. Este é o momento da redenção através do trabalho fraterno; sempre seremos os mais beneficiados por nossos melhores sentimentos e intenções.

O jovem elevou os olhos aos céus, estendeu as mãos em direção à multidão e tornou emocionado:

— Sigamos as instruções de nosso amado Mestre Jesus. Procuremos na instrução a clareza de pensamento para que a movimentação de cada um de nós pelo mundo abençoado que habitamos nos conduza ao supremo aprendizado de amarmo-nos uns aos outros. Deus nos abençoe nessa caminhada de retorno à casa do Pai.

O local foi invadido por uma luz indescritível que envolveu a todos. Eu olhava para aqueles jovens e sentia doce encantamento, a expressão de seus olhos era da mais pura esperança e fé no futuro.

Admirado, percebi que acima de nossa abençoada Praça da Paz uma população de espíritos mais evoluídos juntava-se à caravana de amor. Cedi à emoção e permiti que meus joelhos se dobrassem. Elevei meus pensamentos a Deus, agradeci a experiência que vivia no mundo dos espíritos. Provei a mim mesmo, ainda ignorante das maravilhas da vida mais plena e perfeita, que a vida é, em si, sempre felicidade.

Senti-me envolvido por todos num grato abraço fraterno. E, mais uma vez, aprendi a confiar e a crer no futuro da humanidade. Então, veio-me à mente excelente trecho de um texto elaborado por Emmanuel, pela psicografia de Francisco Cândido Xavier: "Educa e transformarás a irracionalidade em inteligência, a inteligência em humanidade e a humanidade em angelitude".

Olhei à minha volta e encontrei os olhos amigos de Ineque, que sorriu com doçura. Aproximei-me do amigo e o abracei.

— Esses momentos nos transformam para melhor, não é, meu amigo? — perguntou Ineque.

— Sempre! Estava entristecido pelos momentos dolorosos que a humanidade deverá viver, antes de acordar do pesadelo da materialidade sem limites. Vim para cá, desanimado e descrente do futuro mais próximo, e acabo por viver essa experiência de magnífico amor. Fiquei até mesmo envergonhado das reticências que ainda alimento em minha mente, para no momento seguinte ser receptáculo da mais pura esperança e crença na felicidade — respondi ao amigo.

— Ah! É assim mesmo! Vivemos em intenso conflito entre o eu antigo, ainda bastante precário em sua fé, e o eu de hoje, sobrevivente num mundo de paixões materiais. E não podemos esquecer-nos de mencionar sobre o eu futuro, aquele que deve ser o projeto para a feliz redenção de nosso passado — falou Demétrius, que se juntava a nós.

— Que bom que o amigo veio se juntar a nós. Gostaria de comentar sobre as vivências que Artur anda experimentando. Parecem-me muito parecidas com as histórias de Albério[1] — comentei com os amigos.

— A vida é uma repetição de situações semelhantes. Se compararmos o que vivenciamos em outras oportunidades com experiências atuais, descobriremos que há semelhanças incríveis. O que difere de uma para outra são as reações que temos, as quais, por sua vez, acabam produzindo novas consequências — respondeu Ineque.

— Albério sofreu um desencarne prematuro. Fato decidido por espíritos superiores, para que ele não se comprometesse mais e mais, a ponto de chegar à demência, estado bastante

---

1 Albério é personagem do livro O silêncio de um olhar.

doloroso e difícil de ser revertido. Hoje, sofre as consequências de seus enganos num excelente processo de aprendizagem, que, por finalidade, o acordará para sua origem primária — completou Demétrius.

— Percebo, pelas experiências vividas e observadas, que os descontroles emocionais e psicológicos, derivados principalmente da riqueza e do poder, quando não estamos preparados para superar essas provas com dignidade, acabam por gerar, ou melhor dizendo, acordar falhas e vícios ainda latentes na mente de cada um — comentei com os amigos.

— E sabemos que as provas mais difíceis de serem superadas, no estágio evolutivo intelectual e moral em que nos encontramos, ainda são a riqueza, o poder e a beleza física — falou Ineque.

— Falemos de *O Livro dos Espíritos*, mais especificamente a pergunta 815, momento em que Kardec questiona sobre a prova mais difícil, se é a riqueza ou a pobreza, e obtém a seguinte resposta: "Tanto uma quanto a outra. A miséria provoca a lamentação contra a Providência, a riqueza leva a todos os excessos". E, na pergunta 816, questiona: "Se o rico sofre mais tentações, não dispõe também de mais meios para fazer o bem?" Em seguida, a resposta: "É justamente o que nem sempre faz; torna-se egoísta, orgulhoso e insaciável; suas necessidades aumentam com a fortuna e julga não ter o bastante para si mesmo". Segue ainda um comentário bastante oportuno de Kardec: "A posição elevada no mundo e a autoridade sobre os semelhantes são provas tão grandes e arriscadas quanto a miséria; porque, quanto mais o homem for rico e poderoso, mais obrigações terá a cumprir, maiores são os meios de que dispõe para fazer o bem e o mal. Deus experimenta o pobre pela resignação e o rico pelo uso que faz de seus bens e do seu poder. A riqueza e o poder despertam todas as paixões que nos prendem à matéria e nos distanciam da perfeição espiritual. Foi por isso que Jesus disse: 'Em verdade vos digo, é mais fácil um camelo passar pelo fundo de uma agulha do que um rico entrar no reino dos céus.'" — argumentou Demétrius.

— Lembrando que ninguém manifesta vícios materiais caso seja esclarecido e dotado de moral ilibada — sugeri a ideia com alegria.

— Além disso, a humanidade caminha para a perfeição. De uma forma ou de outra, todos são amparados pelo Pai e passam pelas vivências necessárias para atingir esse feito maravilhoso. Mas voltemos a atenção ao trabalho de socorro que ora vivemos — falou Ineque.

— Maurício e Ana ainda estão ao lado de Selma e Camila, mas Artur está furioso com as ameaças sofridas. E seu padrão mental obsessivo acabou sendo agravado. Salas e os outros dragões movimentam-se em suas tristes lides, cada um na região que lhe foi destinada. Há alguma programação de nossos superiores em relação a esse problema? — perguntei a Demétrius.

— Há, sim, Vinícius. Inclusive, fomos informados de que os diversos grupos de trabalhadores do Senhor deverão ser visitados por amigos do plano superior, os quais irão nos instruir sobre as medidas que devem ser adotadas em defesa do planeta — falou Ineque.

— E Salas? Temos notícias recentes da movimentação de seu grupo? — perguntei aos amigos.

— Estão na cidade umbralina, que insistem em chamar de Sagrado Coração de Jesus — informou Demétrius.

— Esperemos as informações necessárias à continuidade desse atendimento fraterno. Fico aqui matutando sobre as barbaridades e a gravidade das ações que andam acontecendo dentro destes templos ditos evangélicos, que usam o nome de Jesus para conduzir uma massa crédula e ignorante — falei.

— A realidade se manifesta de formas diversas, não somente nos templos evangélicos, mas em todos os segmentos religiosos. Mesmo dentro das casas espíritas encontramos seres ainda em busca de prazeres e que justificam seus atos desequilibrados como verdades — disse Ineque.

— Mas não é fato que as comunidades evangélicas apresentam, atualmente, mais e mais desequilíbrios morais? — comentei.

— É verdade. E esse fenômeno se explica pela fé fácil e pela movimentação de troca entre o divino e seu seguidor. Alguns irmãos se prepararam de maneira equivocada e premeditada para se aproveitar da fragilidade humana de seus seguidores e, então, conduzi-los de forma a atender seus próprios interesses, em nome de Deus. Devemos lembrar sempre que o que conta é a intenção com que nossos atos são praticados, e as falhas deverão ser compensadas no futuro, num constante movimento de aprendizado. Além do mais, meu amigo, se essas situações persistem sobre o planeta é porque aqui ainda há lugar para elas.

Continuamos nossa conversa numa animada troca de impressões, quando Ana veio ao nosso encontro e pediu ajuda. Artur estava a cada minuto mais irritado. E, naquele momento, estava à espera da visita de um rapaz que andava prestando serviços escusos para ele.

— Precisamos da ajuda dos amigos. Artur está enraivecido e planeja vingar-se de Camila. Desconfia dos sentimentos de Evandro e, por sua cabeça, já passa até a ideia de que o filho que Camila espera não é dele, mas sim do médico. Ele mandou chamar um rapaz, o Celso, um criminoso que presta serviços a ele.

— Que tipo de serviço? — questionei.

— Tudo o que estiver relacionado à violência física. Geralmente é Anísio quem resolve as confusões criadas pelo pastor. Mas, quando resolve agir por esse lado, Artur prefere não envolver seu braço direito. Acredito mesmo que Anísio não saiba desses casos. Ele é corruptível, mas parece não apoiar esse tipo de comportamento — informou Ana.

— E por onde anda Anísio? — perguntou Ineque.

— Artur mandou-o até o templo evangélico para resolver alguns problemas com a reforma do prédio, mas acreditamos que é mais para afastá-lo da mansão — falou Ana.

— Apesar do papel que Anísio exerce na vida de Artur, parece que podemos tentar uma interferência benéfica dele junto ao pastor. O que vocês acham da ideia? — perguntou Demétrius.

— Ótimo! Você poderia tentar essa ação. Pelo que pude perceber, esse senhor manifesta a dupla vista, de maneira rudimentar e sem controle algum, mas poderá perceber sua aproximação e talvez perceber a sua manifestação em seu campo vibratório — sugeri ao amigo.

— Está bem. Enquanto isso, vocês seguem no auxílio a Maurício e Ana — respondeu Demétrius.

Deslocamo-nos para a casa de Artur. A mansão estava envolta em densas nuvens energéticas. O cenário lembrava a aproximação das grandes tempestades. O ar carregado por energias deletérias vibrava de forma assustadora, produzindo intenso mal-estar. Fomos atingidos por uma sensação de peso e necessidade de despender mais esforço para vencer os espaços físicos enquanto adentrávamos o ambiente. Ouvia-se um sibilar constante, como uma forte ventania a açoitar as paredes da residência.

Conseguimos alcançar o escritório, onde Artur permanecia sentado numa grande e confortável poltrona. Dividia seus pensamentos com outros espíritos. Admirados, percebemos que sua relação com o mundo dos espíritos era bem clara. Consciente e bastante lúcido, o pastor travava discussão acirrada com seus companheiros afins. Um espírito, que parecia ser o líder daquele grupo, interpelou o encarnado e falou:

— Cuidado! Eles estão em maior número.

— Sei! Não se preocupe que já entendi o que devo fazer, não colocarei nosso plano em risco por nada.

Ineque se aproximou do campo vibratório de Artur, mas foi repelido com agressividade. O pastor manifestou-se em voz alta:

— Já sei que estão aqui, e sei que não posso fazer nada para impedi-los de invadir minha casa. Mas não tentem me envolver, ou mesmo anular a minha vontade. Eu sei o que quero e a quem devo fidelidade. E podem acreditar que minha crença não tem nenhuma relação com a precária fé espírita.

Ainda tentamos argumentar com o irmão sobre as verdades da vida eterna e suas responsabilidades, mas não havia como atingir a mente fechada para qualquer informação que diferisse daquilo em que acreditava. Continuamos em oração ao lado do necessitado.

Enquanto isso, Demétrius se aproximou do campo vibratório de Anísio. Menos fanático pelos conceitos religiosos defendidos por Artur, permitiu que nosso amigo o intuísse a voltar para a mansão. Incomodado por seus pensamentos, Anísio falava consigo mesmo:

— Estou achando tudo isso muito esquisito. O pastor está aprontando alguma coisa mais grave. Não há necessidade alguma de minha presença por aqui. Sinto que preciso voltar imediatamente, ele anda fazendo besteira atrás de besteira. Tenho certeza de que tem algo a ver com a menina Camila e o médico, o doutor Evandro. Ele nem mesmo gosta da esposa, ela é apenas um bibelô para ele exibir. Além do mais, quando o orfanato a entregou aos cuidados de Artur, ela era uma criança, medrosa e insegura. Depois que ficou grávida mudou bastante, parece outra pessoa. Sinto que irá lutar pela segurança do filho com todas as suas forças. Estou até propenso a dar uma força a ela e a dona Selma, visto que a senhora também se apegou à menina e parece ter acordado para a verdade de quem é Artur.

Anísio deu meia-volta e retornou para a mansão.

Alguns minutos se passaram. Uma empregada, vestida com um uniforme impecável, adentrou o escritório de Artur e avisou ao pastor que Celso estava esperando para ser atendido.

— Mande o homem entrar agora! E não quero ninguém perto deste escritório, entendeu? Se eu desconfiar que tem gente escutando atrás da porta, eu mesmo enforco o infeliz — respondeu com voz ríspida e avançando sobre a moça.

A funcionária amedrontada apenas acenou com a cabeça e saiu correndo. Em instantes, Celso estava sentado em frente a Artur, que ria de forma debochada, divertindo-se com o susto que pregara na empregada.

— O que manda, chefe? Parece feliz hoje.

— Eu me divirto com a ignorância desses lacaios que estão ao meu serviço. Mas temos assuntos sérios a tratar aqui. Vamos ao que interessa. Preciso de um daqueles serviços que só você é capaz de executar. Tenho que aliviar um pouco a pressão e os riscos em situações cuja natureza não é de seu interesse. A você cabe apenas dar conta do serviço, está bem?

— O que o senhor mandar. Tem o nome e o endereço do doente terminal? — falou o meliante com deboche.

— Tenho sim, mas tem que ser feito de acordo. Não pode sobrar nada para contar a história. Entendeu, não é?

— Sumir com o corpo é serviço que fica muito caro, o senhor sabe, não é?

— Dinheiro não é problema, você sabe disso.

— Sei sim! O senhor gasta e os crentes pagam!

— É bem por aí. Mas, se eu souber que anda comentando essas coisas com quem quer que seja, mesmo de gozação, eu mesmo darei um jeito definitivo em você.

— Calma, meu amigão! Ninguém mata a galinha dos ovos de ouro.

Os dois riram alto e passaram a debochar um do outro. A energia do ambiente se tornava mais e mais densa, dificultando nosso trabalho.

Nesse instante, Anísio abriu a porta de uma só vez e entrou no ambiente, seguido pela empregada apavorada que tentava impedir a sua entrada.

— O que está acontecendo aqui? — Celso perguntou aflito, olhando para os dois homens.

— Eu não mandei você tomar conta da reforma do templo? — esbravejou Artur.

— E eu desconfiei de que algo estava errado e que você ia aprontar alguma. Pelo que vejo, não me enganei — respondeu Anísio, olhando para Celso.

— Eu não tenho nada com os arranjos de vocês dois. Estou aqui apenas matando saudades de um velho amigo — falou Celso com cinismo, levantando as duas mãos em sinal de defesa.

— Eu espero que seja só mesmo a saudade o que você veio matar aqui. Porque, se algo de errado acontecer com alguém, eu deduzirei que foi serviço seu. Aí, eu tomarei minhas providências e punirei os dois. Entenderam?

Anísio olhou para as mãos de Artur e viu que ele tentava esconder um pedaço de papel. Rápido, tomou-o das mãos do pastor, abriu e leu. Ao tomar ciência de seu conteúdo, empalideceu. Olhou diretamente para Artur e disse:

— Com você eu converso depois. — E, dirigindo-se a Celso, tornou: — Saia já deste escritório e me espere junto da fonte no jardim da frente. E, se eu o encontrar de novo de conversa com o Artur, seja onde for... — Interrompeu a frase e avançou em direção ao meliante, que se levantou da cadeira rapidamente e saiu correndo da sala.

Anísio fechou a porta do escritório e falou entredentes:

— Você ia mandar matar o médico? Enlouqueceu de vez? Estou cansado de limpar sua sujeira! Saiba que, da próxima vez, deixo você se enforcar sozinho, seu imbecil.

Dizendo isso, Anísio saiu do escritório batendo a porta com força, deixando atrás de si Artur, com os olhos arregalados de ódio e o coração disparado.

Chegando ao jardim, logo avistou Celso, que o encarou de forma agressiva.

— Nunca mais fale assim comigo, porque eu sou capaz de te botar dentro de um caixão — falou o marginal de maneira ameaçadora.

Anísio avançou sobre ele e, com firmeza, enfrentou-o, olhando direto em seus olhos.

— Olhe bem para mim! Veja se tenho medo de você e desse pastorzinho de araque. Eu mando aqui, e acredito que você ainda não sabe disso, por isso vou te dar um desconto. Se eu imaginar que anda metido nas sujeiras desse idiota, eu mesmo tomo as providências necessárias para que nunca mais veja a luz do dia. Entendeu?

Celso levantou as mãos em sinal de que havia se rendido às ameaças de Anísio e dirigiu-se ao carro que estava estacionado em frente à casa. Voltou-se e falou com cinismo:

— Se pagar bem, estou sempre à disposição!

— Saia daqui imediatamente e nunca mais volte!

Felizes com o desenrolar daquela trama, oramos ao Pai, agradecendo a oportunidade do trabalho redentor.

CAPÍTULO VIII

DESENCONTROS

734. No seu estado atual o homem tem direito ilimitado de destruição sobre os animais?

— *Esse direito é regulado pela necessidade de prover à sua alimentação e à sua segurança; o abuso jamais foi direito.*

(*O Livro dos Espíritos* — Livro III — Capítulo VI, Lei de Destruição — Item I, Destruição Necessária e Destruição Abusiva)

Depois daquele dia em que Anísio enfrentou Artur, este passou a mostrar-se dócil ao comando do outro.

Camila estranhou o comportamento do marido, que passou a se interessar por sua saúde e a tratá-la bem, com delicadeza e até mesmo carinho. Ao mesmo tempo, começou a oferecer a dona Selma tratamento cordial e respeitoso. Desconfiadas, procuravam não ficar a sós com ele.

Evandro ainda a atendia como médico. E não economizava esforços para manter-se discreto em relação a seus sentimentos. Apesar da vigilância de Anísio sobre o pastor, este conseguia se comunicar com Celso. O bandido havia cobrado uma fortuna para satisfazer os desejos de posse de Artur sobre o filho ainda em gestação. O plano do homem em desequilíbrio emocional era que Camila morresse logo após o parto, assim ele ficaria com a criança só para si.

Celso havia sugerido a Artur comprar os médicos que fariam o parto, mas desistiram dessa intenção ao perceberem que tal plano só lhes traria problemas, visto que Evandro acompanhava de perto todos os movimentos de Camila.

Aos sete meses de gestação, Camila passou mal. Sua pressão arterial estava muito alta e ela foi levada à clínica médica. Artur e dona Selma a acompanharam. Durante a consulta, Celso apareceu e fez sinal para o pastor, orientando-o a se afastar para conversar com ele.

— O que foi? Por que me procura aqui, Celso?

— Aquele desgraçado do Anísio não está por aqui, não é? — perguntou o meliante.

— Qual é? Está com medo do velhote? Pois fique sabendo que quem manda sou eu! Só tolero esse idiota porque posso perder a franquia da igreja sem o apoio dele, só por isso.

— Franquia de igreja, não é? Sempre achei isso uma boa. Dinheiro fácil, limpo e sem impostos. Vê se arranja uma boquinha dessas para mim.

— Você só pode estar brincando. Não tem cultura nem classe para comandar esse povo ignorante. Mas vamos ao que interessa. Camila vai ser internada e pode ter a criança prematuramente. Então, trate de ficar por aqui e descubra algum funcionário dessa espelunca que tenha o preço certo para ficar do nosso lado. Assim, poderemos resolver essa pendenga logo.

— Seu filho pode morrer também, não é?

— Se morrer, eu arrumo outro. Mas esse já está encaminhado, seria um desperdício perdê-lo. Quanto antes ele nascer, melhor. Assim, crescerá logo e eu poderei prepará-lo para ser o dono do mundo e dar-me muito lucro.

— E o preço do serviço? Precisamos tratar, tudo que é tratado não sai caro para ninguém.

— Não se preocupe com isso. Se fizer tudo direitinho, nunca mais vai precisar trabalhar.

Eles não perceberam que Fábio, amigo de Evandro, escutava toda a conversa. Admirado e revoltado, foi encontrar o amigo e o colocou a par da situação.

— O que vamos fazer? — perguntou Fábio.

— De imediato não podemos nos descuidar de Camila nem de dona Selma; não podemos deixá-las sozinhas. Vou tomar algumas providências e já volto. Já esperava por algo desse tipo, então preparei algumas saídas de emergência.

— Vou colocar um enfermeiro de plantão ao lado da moça, está bem?

— Fábio, prefiro que seja você a protegê-las. O pastor pode tentar comprar a boa vontade de qualquer um. E nesse momento não podemos bobear.

— Está bem. O dia está sossegado, e vou ligar para o Fred. Se ele puder, peço que venha trabalhar.

— Obrigado, meu amigo! Não saia de perto delas, eu já volto.

Evandro saiu para a rua, pegou um táxi e se dirigiu à casa de sua irmã, Vanda.

— O que aconteceu para você aparecer cedo assim?

— Lembra-se do caso daquela moça, a esposa do pastor mau-caráter?

— Lembro sim. Mas não o chame de pastor mau-caráter. Esse tratamento acaba por trazer um entendimento errado sobre o assunto. O sujeito é mau-caráter e pronto; não virou mau-caráter por ser pastor. Eu frequento uma igreja evangélica cujo pastor, e também sua família, têm comportamento bondoso e irrepreensível.

— Desculpe, Vanda! Você tem razão. Estou assim transtornado porque hoje Camila precisou ser internada na clínica; ela não está nada bem. E Fábio escutou uma conversa entre o pastor e seu capanga. Os dois estão tramando a morte dela assim que o bebê nascer.

— Meu Deus! Que coisa horrível!

— Preciso que entre em contato com seus amigos daquela comunidade fora do país. Preciso que Camila parta, antes do nascimento da criança; creio que é o único jeito de salvá-la.

— Vou entrar em contato com eles ainda hoje e à noite te dou a resposta, está bem? Eu ligo para o seu celular.

— Não, eu passo por aqui. É mais seguro.

— Você está com muito medo, Evandro! Tenha fé em Deus e tudo sairá a contento e da forma como deve ser; a Providência Divina tudo pode.

— Maninha, Jesus nos disse: "Faça da sua parte, que eu farei da minha". Precisamos agir para modificar e transformar nossa própria vida. Deus nos provê de instrumentos para que possamos trabalhar pelo bem de nosso espírito.

— Está bem, você tem certa razão. Em minha opinião, é um posicionamento muito racional; não se esqueça de incluir nessa sua fórmula a confiança em nosso Pai.

— Você está certa também — respondeu Evandro sorrindo. O médico abraçou a irmã com carinho, depositou um beijo amoroso em sua testa e continuou: — Mesmo assim, eu passo por aqui, ou peço ao Fábio para passar, está bem?

No plano espiritual, nossa equipe de trabalho acompanhava a movimentação dos encarnados. Percebemos que, ao lado de Artur, uma entidade de grande porte se aproximava mais e mais de seu campo vibratório. Ineque nos pediu que ficássemos atentos; pressentíamos que em breve veríamos a sua identidade revelada.

Demétrius nos convidou para uma reunião na casa espírita que nos acolhia como trabalhadores do Senhor, a Casa Espírita Caminheiros de Jesus.

— Boa tarde, amigos! A situação de Camila se agrava e nos parece que Artur está a cada dia mais desequilibrado. Intentamos descobrir os motivos que o impulsionam a esse comportamento. Amigos superiores nos permitiram acessar algumas informações importantes para que possamos ter sucesso nesse resgate de amor — elucidou Demétrius. — Sabemos da ligação de nosso tutelado Artur com a comunidade umbralina que se autodenomina Sagrado Coração de Jesus, e que é dirigida por um grupo de antigos inquisidores. Camila, naquela época, foi alvo de uma paixão doentia por parte de um famoso verdugo da verdade divina; vamos chamá-lo de Diego. Ele a aprisionou em magnífico palácio de propriedade de um amigo, que hoje conhecemos como Artur; este também se encantou com a beleza da menina. Nasceu ali uma terrível rivalidade, assentada no ciúme e na fúria assassina — acrescentou aquele espírito iluminado.

— Você disse menina? Quantos anos Camila tinha? — perguntei.

— Ela contava doze anos, apenas. Foi vendida ao cardeal por seu pai, um mercador ambicioso e desonesto; a moeda de troca foram favores que lhe renderam lucros inimagináveis. Apesar de ser ainda uma criança, o verdugo não se apiedou da menina e, logo que chegou, roubou-lhe a ingenuidade e a esperança em dias melhores. Ela se tornou uma criatura apática, que obedecia sem questionar todas as vontades de seu carcereiro. Os encontros carnais acabaram por se tornar um vício para o homem fraco, que desenvolveu sentimentos obsessivos de posse sobre a menina. Ele temia perdê-la e essa ideia o perseguia dia e noite. Como confiava em Artur, colocou-o como seu guardião.

"Artur era um homem bonito e sedutor, logo conquistou a confiança da menina; ele a cercava de todos os mimos e atenção. Camila via-o como seu salvador e passou a venerá-lo e a amá-lo. Entregou-se a ele de corpo e alma. Dominada por esse sentimento que a fortalecia, passou a resistir às investidas de Diego, que se sentia mais e mais inseguro. Desconfiado do comportamento de seu amigo, mandou vigiá-lo e não demorou a descobrir que estava sendo traído. Possuído por sentimentos de ódio e desejo de vingança, arquitetou ardiloso plano para acabar com o rival, bem diante dos olhos de Camila. Artur, que era muito astuto, percebeu que Diego o tratava de forma polida, porém parecia conter a fúria que o dominava. Então corrompeu a guarda, retirou Camila de seu cárcere luxuoso e a levou para longe."

— Então ele também a amava? — perguntei angustiado com a história tenebrosa.

— A seu modo, sim. Após levar Camila embora, descobriu que ela estava grávida. A gravidez causou-lhe repulsa. A partir de então, a menina perdeu o encanto a seus olhos. Ele apenas a tolerava. Resolveu se casar com ela para que seu filho não fosse um bastardo. Fragilizada pela rejeição e desilusão por parte do homem que amava, Camila voltou ao estado depressivo, que dia a dia lhe roubava a vontade de viver e reagir. Nem mesmo a chegada próxima de seu filho conseguia animá-la. Enfraquecida, desencarnou ao dar à luz um menino forte e viçoso. Nunca mais Artur tocou em seu nome, tampouco se interessou pelo filho. O cardeal, inconformado com a perda de Camila, não desistiu de encontrá-la. Até que um dia um viajante trouxe informações de seu paradeiro e da localização de seu inimigo. Diego, pessoalmente, reuniu um pequeno exército e rumou para a vingança cruel. Matou todos que viviam dentro do pequeno castelo e ateou fogo em toda a propriedade. Descobriu o túmulo de Camila, deitou-se sobre ele e ali ficou até o momento de seu desencarne, sob os olhos abismados de seus comandados.

Desde então, dedica toda sua determinação na perseguição, sistemática, aos dois: Camila e Artur.

— Oremos por nossos irmãos ainda presos a um passado doentio, para que possam enxergar além da dor e do desequilíbrio emocional — comentei.

Unimos nossos pensamentos em oração, pedindo ao Pai de Amor e Perdão força e paz em nossos corações para entender a limitação de nossos assistidos, podendo, desta forma, levar alento e serenidade a essas mentes ainda tão envoltas na escuridão.

CAPÍTULO IX

IRA E SOLIDÃO

735. Que pensar da destruição que ultrapassa os limites das necessidades e da segurança; da caça, por exemplo, quando não tem por objetivo senão o prazer de destruir, sem utilidade?

— *Predominância da bestialidade sobre a natureza espiritual. Uma violação da lei de Deus. Os animais não destroem mais do que necessitam, mas o homem, que tem o livre-arbítrio, destrói sem necessidade. Prestará contas do abuso da liberdade que lhe foi concedida, pois nesses casos ele cede aos maus instintos.*

(*O Livro dos Espíritos* — Livro III — Capítulo VI, Lei de Destruição — Item I, Destruição Necessária e Destruição Abusiva)

Evandro voltou ao hospital e colocou o amigo Fábio a par de seu plano para proteger Camila e seu filho.

— Minha irmã conhece algumas pessoas de confiança que moram fora do Brasil; pertencem a uma comunidade evangélica bastante séria, são dissidentes de um grupo que andava saindo fora do que nos propõe Jesus. Um dos participantes tem uma fazenda aqui no Brasil, onde se reuniu a irmãos de afinidade filosófica, junto dos quais fundou uma igreja evangélica de propósitos religiosos e assistenciais.

— E você pretende levar Camila para lá?

— Essa é minha ideia. Conheço uma pessoa que tem um pequeno avião e que se propôs a nos ajudar; precisamos apenas distrair Artur e Anísio.

— Posso chamá-lo para conversar no consultório. Enquanto isso, você trata de acomodar dona Selma e Camila em uma ambulância.

— Ainda sobra Anísio, mas pensarei em algo para tirá-lo daquele corredor. Vou ligar para meu amigo e te informo de tudo.

— Vanda vai com Camila?

— Vai sim, mas volta em seguida com meu amigo. Fábio, percebo há algum tempo seu interesse por minha irmã. Por que não fala sobre isso com Vanda?

— Tenho receio de que ela me rejeite.

— Já pensou que ela pode estar esperando que você tome a iniciativa?

— Ela comentou algo com você?

— Não. Mas, se você continuar fazendo de conta que ela não te interessa, e se ela estiver interessada em você, pode desistir de esperar, acreditando que não tem interesse por ela.

— Será que você me daria folga no dia em que elas forem viajar?

Evandro olhou para o amigo e sorriu; ele estava rubro de vergonha.

— Está certo, você será o guarda-costas das meninas, está bem?

Fábio retribuiu o sorriso do amigo e agradeceu a confiança depositada nele.

Evandro foi até o quarto ocupado por Camila, procurando falar o mais baixo possível. Colocou a moça e dona Selma a par das medidas que seriam tomadas.

— Desculpe, mas acredito que isso não vai resolver o problema; ele irá atormentar vocês, não nos dará um minuto de paz. Além do mais, ele vai revirar o mundo até me achar, pois o que ele quer, na realidade, é meu filho.

— O que você propõe? Você tem outra ideia? — perguntou Evandro.

— Sinto que meu filho irá nascer em breve, apesar de estarmos apenas com trinta e quatro semanas de gestação. Sei que virá ao mundo antes do tempo normal. Tenho um plano ainda vago para uma saída diferente. Você acha que podemos esperar um pouco? — perguntou Camila.

— Não demore muito, as coisas estão ficando complicadas — respondeu Evandro.

— Como assim? — perguntou a moça, demonstrando preocupação.

— Apenas pense no que você gostaria de fazer e me comunique, está bem? — disse Evandro, antes de se despedir e sair do quarto.

Camila olhou para dona Selma e perguntou:

— Dona Selma, a senhora me faria um favor?

— Claro, querida, é só pedir.

— Vá atrás de Evandro e descubra o que está acontecendo. Ele estava muito preocupado. Sinto que algo está sendo tramado por Artur, e sei que ele é capaz de qualquer coisa. Não sei como tive coragem de permanecer ao lado desse infeliz por tanto tempo, parecia estar envolta em uma nuvem de escuridão. Por favor, dona Selma, vá atrás dele.

O mesmo espírito que víramos anteriormente ao lado de Artur encontrava-se agora naquele ambiente; olhou-nos com ódio e falou com voz rouca:

— Não adianta quererem nos atrapalhar, esse menino será nosso. É assim que será; um filho de Deus a serviço da Santa Igreja Católica.

— Não entendo o irmão, afinal ele estará reencarnado junto à comunidade evangélica. Servirá a um templo religioso, que inclusive combate as outras formas de manifestação da fé.

— Isso não importa, é apenas um meio de continuar a servir em nome de Deus. O nome não importa, somos todos fiéis a Deus. Vocês não entendem o que nos é caro, debocham de nossa fé.

— Você está equivocado, meu irmão querido. Já compartilhamos o amor por Deus em diversas ocasiões, apenas a maneira que professamos essa fé se modifica com o tempo, com a compreensão de maneiras mais lúcidas de vivermos nossa origem divina. Neste momento, peço apenas que sinta o amor que dedicamos a você — suplicou Ineque com docilidade.

Amável vibração alcançou nosso companheiro de jornada. Ele olhou-nos confuso e ressentido. Por fim, passou a proferir impropérios e saiu do ambiente.

Dona Selma encontrou Evandro conversando com Fábio. Pediu licença e se juntou aos dois.

— Doutor Evandro, o que está acontecendo? Camila ficou muito nervosa, sabe que algo está errado. Acredito que seria melhor contar a ela toda a verdade.

— Fábio ouviu uma conversa entre Artur e aquele sujeito que o serve, parece que andam tramando contra ela. Não sabemos o que farão ao certo, mas ele conta com o nascimento prematuro da criança. Depois disso, a vida de Camila corre perigo.

— Senhor Deus! Que coisa horrível! E esse homem ainda ousa proclamar-se religioso e um servidor do Pai — comentou dona Selma.

Evandro recordou o comentário feito por sua irmã e falou com serenidade:

— O problema não é a posição dentro da igreja que ele ocupa, dona Selma, mas, sim, a postura irrefletida do próprio Artur; ele ainda não compreende as Leis Divinas.

— O senhor é espírita?

— Sou sim, dona Selma. Admiro a filosofia espírita, porque nos faz compreender a responsabilidade que temos sobre o todo. Faz-nos entender que cada um de nossos atos e pensamentos produz inevitáveis consequências.

— Gostaria de conversar mais sobre esse assunto com o senhor, quando as coisas estiverem mais calmas.

— Será um prazer, dona Selma.

Fábio informou a Vanda que esperariam mais um pouco para tomar a decisão correta sobre o que fazer naquela situação.

Ao amanhecer, Anísio, que ainda não havia dormido nem um minuto, saiu de casa e foi confrontar Celso. Em seu íntimo, sabia que algo terrível poderia acontecer com Camila e a criança. Angustiado, pensava consigo mesmo: "Sei que não sou lá essas coisas. Ando passando muito por cima daquilo que acredito ser certo, mas sempre em defesa da minha crença. Agora, matar uma mãe após ela dar à luz uma criança, e ainda deixar o bebê nas mãos daquele louco, isso não vou fazer; nem deixarei que aquele idiota dê prosseguimento a esse plano macabro. Onde vou encontrar esse marginal? Talvez nas dependências do hospital. Ontem notei que ele fica por lá, tomando conta de tudo".

Anísio chegou à clínica e, como desconfiava, logo avistou Celso vagando por ali. Aproximou-se dele:

— O que você faz por aqui, Celso?

— Um amigo está internado e pediu que eu fizesse a segurança. E eu não lhe devo satisfações, já que você não tem nada a ver com a minha vida.

— Está certo. Mas fique esperto, porque, se eu souber que anda de conchavo com Artur, terá de se ver comigo. Para convencer o amigo de minhas intenções e convencê-lo de que sei de muita sujeira, trouxe aqui um documento. Trata-se da cópia de um relatório encomendado a mim por nosso grupo diretor. Eu ainda não a entreguei. Mas estou pensando seriamente em entregar. Basta que você ou Artur deem um passinho em falso. E fique sabendo que eles não brincam em serviço.

Anísio entregou ao meliante uma grossa pasta e entrou no hospital. Assim que chegou ao quarto, notou que Artur estava ao telefone. Assim que desligou, sorrindo, abraçou Anísio e se desculpou:

— Perdoe-me, mas o amigo mal chegou e eu já preciso sair. Tenho problemas a serem resolvidos na igreja. E foi bom você estar por aqui, fico mais sossegado com a segurança de minha família.

Cínico, riu alto e saiu do quarto. Camila, que estava adormecida, acordou assustada com o barulho da estranha conversa.

— Anísio! O que aconteceu? Você estava discutindo com Artur?

— Nada não, menina. Fique sossegada, ficarei aqui cuidando de vocês.

O dia transcorreu com alguma calma. Artur não voltou mais ao hospital. No final da tarde telefonou para Anísio e o convidou para um encontro no templo religioso.

— Não mesmo. Não sairei daqui sob nenhum pretexto! Se quiser falar comigo, será aqui mesmo, na lanchonete do hospital.

— Está com medo de mim? Do que eu possa fazer contra você?

— Não temo nada vindo de você, está em minhas mãos. O relatório que entreguei a Celso é apenas uma das muitas cópias que possuo. Inclusive tenho uma guardada na Nuvem. Se não sabe do que se trata, procure se informar. Este arquivo, em especial, está programado para ser jogado na rede a cada sete dias, e somente meu comando pode impedir sua divulgação automática. Então tenho mais valor vivo do que morto para você.

— Acalme-se, homem. Nós dois bem sabemos que todo mundo tem um preço. Basta que me diga qual é o seu.

— Você não tem dinheiro suficiente para comprar minha consciência.

— Também tenho um dossiê comigo. Acredito que gostará de vê-lo. É justamente para entregá-lo a você que quero esse encontro. Mas seja como você prefere; vamos nos encontrar na lanchonete do hospital, daqui a uma hora. Afinal, não precisaremos nem conversar. Quero apenas entregar um envelope em suas mãos. E posso adiantar que ele está bem recheado.

Rindo com deboche, Artur desligou o telefone. Anísio, preocupado, murmurou:

— O que será que esse maluco está aprontando?

Na hora marcada, os dois se encontraram. Artur chegou acompanhado de Celso. Sorriu com desfaçatez, apenas entrou na lanchonete, aproximou-se de Anísio, entregou o envelope e saiu.

Anísio voltou para sua casa, entrou no escritório, abriu o envelope e passou a ler e tomar ciência do conteúdo. O homem empalidecia à medida que virava as páginas. No final, debruçou-se sobre a escrivaninha e chorou como uma criança.

Sua esposa, Arlinda, que estava preocupada desde o momento em que o marido havia chegado ao lar, entrou no ambiente e perguntou aflita:

— Homem de Deus! O que houve para você estar neste estado?

Anísio rapidamente tentou guardar os documentos, mas a mulher foi mais rápida e tomou-os de suas mãos. À medida que lia, também empalidecia. Sentou-se numa poltrona, com os olhos arregalados.

— Não queria que você visse essas coisas.

— Onde você arrumou isso, homem de Deus?

— Artur me entregou. Tentei confrontá-lo numa situação terrível, tentando impedi-lo de cometer um crime hediondo.

Bem vi que ele não estava se importando com minhas atitudes, sempre me afrontando e ignorando as minhas opiniões.

— O que você vai fazer?

— Não sei ainda. A situação é muito grave. As provas que tenho para detê-lo parecem brincadeira de criança mimada diante disso tudo — falou o homem, apontando os documentos espalhados sobre a mesa.

— Nós não temos como enfrentar essa ameaça! Muito menos temos como enfrentar o Artur. Esse homem está fora do nosso controle. Essa gente é muito má, são bandidos. Precisamos desaparecer sem deixar rastros. Ou eles podem até nos matar.

Aproximamo-nos da mesa e observamos os documentos que tanto haviam perturbado Anísio. Havia muitas fotos documentando atos atrozes contra pessoas e até mesmo contra crianças.

Salas se aproximou e nos afrontou com expressão de ódio em seu rosto patibular :

— Sabem o que isso significa, não é? Nem mesmo vocês têm coragem para mexer nesse vespeiro. Então, saiam daqui, imediatamente. Já avisei que sou o dono dessa situação. Vão e nem pensem em voltar!

Olhei para o irmão equivocado com carinho. Aproximei-me devagar e com muita serenidade acariciei seu rosto triste, falando com mansidão:

— Não se preocupe, querido amigo. O sofrimento está findando. A solidão em sua mente não mais existirá e somente ansiará pela volta ao caminho da Casa do Pai. Não se preocupe que em breve estará tudo bem!

Ele fechou os olhos. Por um instante infinito, seu rosto descansou da ira insana, respirou devagar e, assustado com as sensações que visitavam sua mente, saiu em disparada emitindo um som rouco.

Apenas unimos nossas mentes em prece de agradecimento; percebíamos que Salas começava a ansiar por outra forma de conduzir a própria vida.

CAPÍTULO X

UMA VIDA
QUE SE INICIA

737. Os povos que levam ao excesso o escrúpulo no tocante à destruição dos animais têm mérito especial?

— *É um excesso, num sentimento que em si mesmo é louvável, mas que se torna abusivo e cujo mérito acaba neutralizado por abusos de toda espécie. Eles têm mais temor supersticioso do que verdadeira bondade.*

(*O Livro dos Espíritos* — Livro III — Capítulo VI, Lei de Destruição — Item I, Destruição Necessária e Destruição Abusiva)

＊

Anísio ligou para Evandro, colocando-o a par do que interessava sobre os últimos acontecimentos. Aconselhou o médico a tomar medidas severas para proteger Camila e dona Selma. Informou, ainda, que se ausentaria por tempo indeterminado, pois precisava resolver assuntos muito graves.

Evandro chamou Fábio e Vanda para conversar:

— As coisas estão cada vez mais complicadas. Não sei mais o que fazer. Anísio ligou e nos aconselhou a resolver o problema logo. Inclusive parece que Artur quer tirar Camila daqui e levá-la a outro hospital que conta com um quadro médico que se sujeita ao controle desse marginal. É bem capaz de apressarem o nascimento do bebê e ainda darem um jeito de matar Camila.

— Meus amigos continuam à espera de Camila e dona Selma — informou Vanda.

— Precisamos conversar com Camila urgentemente e colocá-la a par do que está acontecendo — sugeriu Fábio.

— Está bem, creio que você tem razão, Fábio. Vou pedir um exame de ultrassom para Camila, assim poderemos falar com ela sem correr o risco de Artur aparecer de surpresa — falou Evandro.

Assim foi feito. Camila foi encaminhada a uma sala de espera, onde já a aguardavam os três amigos. Assim que entrou no ambiente, a moça percebeu que algo estava errado.

— O que está acontecendo?

Vanda ajoelhou-se diante da cadeira de rodas onde Camila se encontrava sentada e falou:

— Precisamos resolver com urgência o que faremos. Artur está se movimentando para conseguir o que quer. Planeja ficar apenas com o bebê. Para tanto, cogita a sua remoção para outro hospital, onde tem amigos que farão tudo o que quiser.

— Ele pretende me matar, não é? Sonhei esta noite com isso, estava numa sala de cirurgia e eles tiraram meu bebê de minha barriga e o levaram embora. Depois Artur entrava na sala e me esfaqueava sem parar. Acordei gritando e em pânico.

— Já falamos a você sobre a alternativa que temos. O que você decide? — perguntou Evandro.

— Seria uma solução passageira, mas tenho certeza que, com os contatos que ele tem, logo me encontraria. Precisamos de algo mais drástico e definitivo — falou Camila chorando.

— O que você sugere? — perguntou Fábio.

— Se meu bebê nascer hoje, qual o risco que ele corre? — questionou Camila.

— Você está de trinta e quatro semanas. Podemos te dar alguns medicamentos para ajudar o sistema respiratório do bebê, no amadurecimento dos pulmões. Mas precisamos de pelo menos vinte e quatro horas para que os medicamentos comecem a fazer efeito. Qual é sua ideia?

— Não sei como realizar isso, mas podemos dizer que o bebê nasceu morto. Vocês o levam embora, para essa comunidade de que falam, e eu fico aqui. Quando for seguro, vou encontrá-lo.

— Mas e o corpo? Artur vai querer ver. E, se o conheço bem, fará toda uma encenação diante da comunidade evangélica que dirige — falou Vanda.

— Calma, Vanda! A ideia de Camila é boa. Vamos começar a administrar a medicação e depois veremos o que fazer — ponderou Fábio.

— Meu Deus! Apressar o nascimento de uma criança é contra tudo o que acreditamos — argumentou Evandro em agonia.

Camila segurou suas mãos e falou com carinho:

— Precisamos salvar a vida de meu filho. Se ele ficar com o pai, será criado para ser um monstro e, hoje, eu sei que não há nada pior que isso. Não quero esse futuro para meu filho.

Evandro acariciou o rosto da moça, e lágrimas escorreram por sua face. Pensou agoniado o que seria de Camila após a notícia da morte da criança, qual seria a reação de Artur.

— Vamos fazer o ultrassom e depois veremos como dar andamento a nosso plano — comentou Fábio.

Vanda se despediu dos amigos e saiu pela porta lateral, evitando encontros desnecessários.

Fábio iniciou o exame, olhou preocupado para Evandro e comentou:

— Precisamos fazer uma punção do líquido amniótico com urgência.

— O que está acontecendo? — perguntou Camila.

— Parece que iremos precisar mesmo retirar a criança antes do tempo. A placenta está com problemas e isso não é bom — respondeu Artur.

Camila estendeu as mãos aflitas em direção a Evandro. O médico as segurou com carinho e falou com serenidade:

— Não se preocupe, descobrimos o problema a tempo de evitar qualquer risco maior, está bem?

A moça acenou com a cabeça em sinal afirmativo e lágrimas sentidas escorreram pelo seu rosto.

Os procedimentos necessários logo foram iniciados. Enquanto aguardavam os resultados dos exames feitos, Fábio entrou no quarto e perguntou:

— E Artur? Ainda não apareceu?

— Não. Nós tomamos a decisão de não o avisar sobre o que está acontecendo — respondeu Evandro.

Então, Fábio fez um sinal para o amigo encontrá-lo no corredor.

— Ontem à noite recolhemos uma indigente, bastante alterada por uso de drogas, grávida de trinta e seis semanas, nos parece. Tentamos tudo para salvar mãe e filho. No entanto, hoje pela manhã ela morreu, então tiramos o bebê para tentar salvá-lo, mas ele não resistiu.

Evandro olhou para o amigo e admirado falou:

— Você está sugerindo que usemos o corpo do bebê para convencer Artur de que o filho morreu? Mas como iremos justificar termos somente o corpo da mãe indigente?

— Já falei com meu amigo que é responsável pelo IML, ele nos ajuda e nem quer saber os motivos.

— Meu Deus! O que estamos fazendo?

— Evandro, estamos salvando a vida de Camila e do bebê.

— É uma menina, você sabia?

— Eu vi no ultrassom. Mais um motivo para fazermos isso. Quando Artur souber que é uma menina, você imagina a reação dele? Ele nem questiona o sexo da criança, dá como certo que nascerá um menino. Vai rejeitar a filha e maltratar Camila ainda mais do que já maltrata.

— Você tem razão!

Nesse momento, uma enfermeira se aproximou dos médicos e entregou a eles o resultado dos exames esperados.

— Precisamos fazer o parto com urgência — alertou Fábio.

— Apenas nós dois na sala, está bem? — orientou Evandro.

— Sem dúvida! Vanda já está a caminho. E ela irá nos ajudar — informou Fábio.

— Ela nunca exerceu a profissão de instrumentadora cirúrgica. Você está ciente disso, não é, Fábio? — comentou Evandro, preocupado.

— Mas hoje precisamos dela, não é? Tenha confiança, meu amigo. Tudo há de correr bem!

Evandro concordou e logo estavam dentro do centro cirúrgico. Em poucos minutos nascia uma linda menina. Apesar de recém-nascida, lembrava os traços fisionômicos da mãe. Emocionada, Camila a recebeu em seus braços, depois a entregou a Vanda, que procedeu aos primeiros cuidados, enrolou-a em um cobertor e levou-a embora. Camila adormeceu sob o efeito de um calmante.

O pequeno corpo do bebê natimorto substituiu a filha de Camila. Evandro o abraçou com carinho, agradecendo o auxílio que recebiam do alto. Emocionado, chorou, embrulhou o corpo frio e o entregou a Fábio.

Artur foi avisado dos últimos acontecimentos; tudo corria como haviam planejado. O infeliz chegou ao hospital furioso,

EM CADA LÁGRIMA HÁ UMA ESPERANÇA | 99

ofendia a todos que encontrava pelo caminho. Celso, que o acompanhava, o alertou:

— Se eu fosse você me controlaria, esse não é o comportamento digno de um pastor. E, como você disse... logo você faz outro.

O homem se calou. Olhou para o comparsa e, em sua perturbação, riu alto. Em seguida falou em tom de ordem:

— Você está certo! Quero que fique ao meu lado e que substitua Anísio de hoje em diante. Tem toda razão! Com muita facilidade eu faço outro, alugo ou compro. Só mais uma coisa: não quero ver a cara dessa incompetente nunca mais. Trate de dar um jeito de ela não receber nem um tostão, está bem? E, se ela der trabalho, sabe muito bem o que fazer.

Celso esboçou um sorriso cínico e pensou: "Pode deixar, essa é a chance de ficar podre de rico e não vou desperdiçar mesmo".

— E providencie um bode bem gordo. Vou fazer um sacrifício e agradar a quem preciso — falou Artur.

— Pode considerar feito.

Acompanhados de espíritos ignorantes e ainda maldosos em suas atitudes, formavam um séquito tenebroso. Salas nos olhou com sarcasmo e falou:

— Eu os avisei. Não podem fazer nada contra a natureza que determinamos para nós mesmos.

Demétrius se aproximou do infeliz e, olhando em seus olhos, falou com ternura:

— Nada há de natural no mal. A natureza de todos nós, filhos de Deus, é o bem, e isso não há como negar. O mal é apenas reflexo da nossa confusa escolha na direção de nosso caminho. Porém, mais cedo ou mais tarde, acabamos nos cansando de lutar contra nossa origem divina e nos alinhamos com o bem. Veja o seu caso. Já percebemos, felizes, que você está sendo tocado pelo amor do Pai. Não se canse, apenas ceda à bondade que, latente em seu coração, luta por se manifestar.

— Vocês são loucos! Sou um representante de Deus na Terra! Ele me elegeu como um de seus filhos prediletos, eu faço cumprir sua lei. E, nesse momento, os excomungo; serão condenados a vagar pela eternidade, banidos padecerão no inferno. São amaldiçoados pela Santa Igreja em nome de Deus.

Enquanto Salas falava, seu corpo se avolumava, sua voz ribombava pelo ambiente, semelhante ao som de um trovão. Algumas entidades, travestidas como um tribunal eclesiástico, foram se aproximando e se posicionando à nossa volta. A vibração energética foi se transformando em energias densas e viciosas. Entidades que perambulavam por aquela área foram se aproximando curiosas.

Oramos em benefício daquele momento de luz e oportunidades. Uma equipe de socorristas se juntou ao nosso grupo e, felizes, passamos a exercer a função de filhos do Senhor. A densa energia foi transformada em pequenas e iluminadas gotículas de luz que, ao tocar as faces desfiguradas pela dor, traziam a paz e o amor de Deus por cada um de seus filhos amados. Em instantes, entidades de luz os transportavam para planos de refazimento, onde encontrariam a esperança e a paz.

O ambiente foi modificado. Em alguns instantes estávamos apenas na companhia de nosso irmão Salas. Ele olhou à sua volta e sentiu extrema solidão. Encarou-nos em fúria e disse entredentes:

— Amanhã! Esperem só para ver o que acontecerá amanhã!

CAPÍTULO XI

TRISTEZA PROFUNDA

737. Com que fim Deus castiga a Humanidade com fla-gelos destruidores?

— Para fazê-la avançar mais depressa. Não dissemos que a destruição é necessária para a regeneração moral dos Espí-ritos, que adquirem em cada nova existência um novo grau de perfeição? É necessário ver o fim para apreciares os resulta-dos. Só julgais essas coisas do vosso ponto de vista pessoal, e as chamais de flagelos por causa dos prejuízos que vos cau-sam; mas esses transtornos são frequentemente necessários para fazer com que as coisas cheguem mais prontamente a *uma ordem melhor, realizando-se em alguns anos o que necessitaria de muitos séculos.*

(Ver item 744.) — (*O Livro dos Espíritos* — Livro III — Capítulo VI, Lei de Destruição — Item II, Flagelos Destruidores)

Celso saiu do hospital, voltou ao estacionamento, entrou no carro e esperou pacientemente. De hora em hora ligava para saber se Camila já havia saído da sala de recuperação. Quando recebeu resposta afirmativa, seguiu para o quarto que a moça ocupava. Esperando por ele estava Evandro, que contava com alguma ação nefasta de Artur e adiara a liberação da moça.

— Ah! Deveria ter imaginado que o doutorzinho estaria aqui para proteger sua amada — falou cínico.

— O que você quer? — perguntou Evandro.

— Nada de mais, só ver como anda a menina — respondeu com acidez.

— Fale logo o que você quer — insistiu Evandro.

— Está bem, também não quero perder meu precioso tempo. O pastor não quer ver essa mulher nem morta; estou indo buscar, no escritório do advogado, os papéis do divórcio para ela assinar. Se ela falar em dinheiro, a história vai feder. Deu para entender? — falou com agressividade.

— Traga os papéis que entrego para ela assinar, depois você some. Ninguém aqui quer dinheiro, só paz — retrucou Evandro.

— Se conheço bem o homem, isso ela nunca vai ter.

Celso saiu do quarto rindo alto. Evandro passou as mãos pelo rosto; sua expressão era de preocupação.

Camila saiu da recuperação, mas Evandro achou melhor mudá-la de quarto; sentia que algo maior estava por vir.

Alguns dias se passaram. Camila seguia hospedada na casa de Vanda, que ainda não havia retornado da viagem.

Vanda também não havia feito nenhum contato, conforme haviam combinado. Preocupada, a moça chorava muito, sentia falta da filha que fora retirada de seus braços. Por mais que Evandro tentasse alegrá-la, não adiantava. A moça definhava a olhos vistos; não conseguia dormir ou mesmo se alimentar. Preocupado, o médico pediu ajuda a um amigo também psiquiatra. Contou apenas que a moça estava com sintomas de depressão pós-parto. O psiquiatra prontificou-se a examiná-la em casa. Terminada a consulta, receitou alguns medicamentos; Evandro os adquiriu e a fez ingerir os comprimidos.

Vanda voltou depois de dez dias. Feliz, contou que a criança estava bem, sendo amamentada por uma ama de leite. Crescia saudável e segura.

— Camila, ela é a sua cara; até o cabelo é da mesma cor. Ela é muito boazinha, só resmunga quando chega a hora de mamar. Minha amiga está com um bebê de três meses e tem bastante leite, então ela amamenta os dois. Eles não estão mais naquela comunidade. Para a segurança da criança, resolveram voltar ao Brasil e morar numa fazenda de sua propriedade no litoral. Conversamos bastante e chegamos à conclusão de que quanto menos gente souber da existência dela melhor.

— Como eu gostaria de estar com minha filha — falou a moça com lágrimas nos olhos.

— Logo vocês estarão juntas; mas, para que isso aconteça, precisa se cuidar. Meu irmão disse que você anda dando trabalho; não dorme e não se alimenta direito. Como você quer, no futuro, cuidar de sua menina? Vai acabar doente e limitada para tomar conta de uma criança.

— Você tem razão. Mas eu não consigo engolir nada, não passa em minha garganta, parece que fecha e eu vou morrer.

— Você está medicada, logo a medicação começará a surtir efeito; mas também precisa de um tratamento espiritual. Você pode escolher ir ao centro espírita com meu irmão ou ao templo evangélico que frequento.

— Desculpe, Vanda, mas não acredito mais na religião evangélica. Eles só querem dinheiro das pessoas, nada mais.

— Você é que sabe, respeito sua posição. Mas saiba que nem todos são assim. Frequento uma casa séria, é uma congregação pequena. O pastor trabalha pesado o dia todo, não só se preparando para os cultos, mas também em obras sociais junto aos necessitados. Nós cooperamos, sim, com o dízimo, mas sabemos exatamente onde cada centavo é gasto. Nosso templo é simples e humilde; não temos luxo algum, porque a renda arrecadada é destinada a socorrer aqueles menos afortunados. Assim também é feito na casa espírita frequentada por Evandro. Não importa aonde você irá, importa que cuide também da parte espiritual e não só da matéria.

— Desculpe, Vanda, eu não quis ser indelicada com você, tem me ajudado muito; mas só de pensar num templo evangélico eu sinto náuseas.

— Eu compreendo, minha querida! Você está traumatizada, mas um dia vai entender tudo que anda vivendo e as coisas entrarão nos eixos, pode acreditar.

Camila a abraçou e beijou o rosto da amiga. Depois de alguns instantes, falou emocionada:

— O que sei é que, não importa em que lugar eu esteja, sempre serei grata a você. E, no dia em que minha filha voltar, eu quero que você seja também responsável por ela.

Vanda emocionada devolveu o abraço e prometeu cuidar da criança.

— Vanda, qual o nome que deram a ela?

— Esperamos que você escolha seu nome. Adelaide a chama de Branca porque ela é muito branquinha; não tem nenhuma marquinha pelo corpo de cor diferente — respondeu Vanda rindo.

— Você tirou alguma foto dela?

— Tirei sim e vou mostrar a você. Mas depois precisamos apagar, por segurança. Então, grave bem a imagem de sua filhinha em seu coração, está bem?

Vanda pegou o celular dentro da bolsa, digitou uma senha, acessou a foto e a mostrou a Camila. A moça chorava emocionada contemplando a imagem da filha. Evandro entrou na sala e se aproximou. Ela estendeu o aparelho para ele e disse com a voz embargada:

— É Branca, nossa filha!

Evandro a abraçou emocionado e falou, também chorando e tocado pela emoção:

— É sim, meu amor, é nossa filha. E logo estaremos com ela em nossos braços.

Fábio, que havia entrado junto com Evandro, olhou para Vanda e estendeu os braços para a moça, que se aninhou junto ao peito de seu amado.

— Senti saudades de você e não quero mais ficar longe, nem mesmo por um dia — sussurrou o rapaz ao ouvido de Vanda.

O restante do dia correu em harmonia e com os quatro amigos felizes e fazendo planos para o futuro.

Salas os observava à distância. Enraivecido, percebia que perdia o controle da situação. Por precaução, resolveu agir imediatamente.

Dirigiu-se ao templo evangélico onde se encontrava Artur. Encontrou-o acomodado em seu luxuoso escritório, em uma cadeira giratória, que fazia rodar de um lado a outro.

O obsessor se aproximou do campo vibratório do pastor e com facilidade conseguiu sintonia, sugestionando-o a entrar em estado de transe profundo. Artur, parcialmente desdobrado, logo identificou seu parceiro.

— Mestre, no que posso ajudar?

— Preste atenção! Você foi enganado por Camila e por aqueles canalhas que a rodeiam. Roubaram sua filha, esconderam-na, fingindo que estava morta. Vá atrás deles e traga sua menina de volta.

— Filha? Eu não tive nem quero uma filha; o meu filho era homem! — respondeu irritado.

— Está querendo me contestar e me desobedecer? Digo a você que é uma filha, não duvide de mim! É uma menina, que deverá ser criada para assumir nossa causa; neste momento não importa mais o sexo. Se Deus quis que fosse uma mulher é hora de aceitar esse desígnio e pronto. Não os quero felizes. Eu exijo que sejam punidos por tentar me ludibriar. Vá e não erre mais, pois, caso contrário, eu mesmo o punirei. E você bem sabe quanto posso ser cruel.

Artur voltou a si, suando frio e acometido de estranho mal-estar. Subitamente foi tomado por uma profunda desconfiança. Sentiu que algo estava muito errado. Estranhamente, logo se lembrou de Camila e se questionou sobre seu silêncio.

— O que será que aquela miserável anda aprontando? Por que aceitou todas as exigências que fiz, sem questionar? E se meu filho não morreu e foi apenas um embuste para me enganar? Estou me enganando; eu vi o corpo da criança morta. O sonho de hoje não passou de uma confusão mental. Tenho certeza, acho que é mais um aviso para que tente descobrir o que há de errado comigo. Já peguei muita mulher por aí, querendo fazer filho, e não consegui engravidar nenhuma, só mesmo aquela miserável, e assim mesmo depois de tomar um monte de remédios. Vou ao consultório do médico, essa história de espermatozoide fraco não me convence. E se eu estiver com algum problema de verdade? Já peguei tanta doença venérea que perdi a conta. Preciso resolver isso antes que seja tarde. Vou dar um tempo, descobrir uma menina boa para parir e aí vou atrás do problema.

Entristecidos, percebemos que novamente a situação se agravaria. Apesar da negação de Artur, sabíamos que Salas não desistiria de seu plano maligno para trazer Branca de volta. Precisávamos alertar nossos amigos sobre a gravidade do assunto.

— Vinícius, hoje à noite Evandro deve ir à Casa Espírita Caminheiros de Jesus, onde fará uma palestra. Camila irá acompanhá-lo. Procure por Sandra; penso que uma psicografia de alerta seria o ideal. Uma mensagem breve que seja sutil. Apenas o suficiente para que fiquem atentos — orientou Ineque.

— Está certo! Vou ao encontro da médium, imediatamente. Neste horário já deve estar por lá, posto que sempre chega mais cedo para se preparar.

Chegando à casa espírita que nos acolhia, logo localizei a irmã querida, entretida em resolver a parte administrativa, tão necessária. Aproximei-me e a cumprimentei:

— Boa tarde, Sandra!

— Boa tarde, Vinícius! Posso ajudá-lo de alguma forma?

— Por favor, preciso que escreva uma mensagem simples dirigida ao amigo Evandro.

— Estou à disposição.

Dito isso, Sandra pegou caneta e papel, colocando-se à disposição do amigo espiritual. Em instantes passou a escrever a necessária mensagem:

> Orientamos o amigo para que fique atento aos sinais e aos acontecimentos que virão; sem esquecer que o Pai nos auxilia sempre, sem nunca esquecer as necessidades de evolução de cada filho.
>
> Nem sempre acontece o que almejamos, mas exatamente o que necessitamos para aprender a despertar nossas virtudes latentes.
>
> O exercício da paciência é vital neste momento, apenas confiem no futuro, talvez não tão próximo como sonhavam, mas que virá a seu devido e seguro tempo.
>
> Nunca duvidem do amor de nosso Pai.
>
> Deus os abençoe,
>
> Vinícius

— Obrigado, minha filha, Deus a abençoe.

— Eu que agradeço a oportunidade de trabalho. Deus o abençoe!

Logo ao anoitecer, com a chegada de outros trabalhadores e frequentadores amigos, as portas da Casa Espírita Caminheiros de Jesus foram abertas. Um simpático trabalhador recepcionava aqueles que chegavam ao local. Já instruído por

Sandra, assim que Evandro adentrou o ambiente, foi orientado a procurar a médium.

— Boa noite, doutor Evandro.

— Boa noite, Sergio!

— A dona Sandra pediu ao senhor para procurá-la assim que chegasse; ela está no escritório.

— Obrigado, amigo. Vou até lá! Venha comigo, Camila.

Dirigiu-se então aonde estava a trabalhadora da casa.

— Boa noite, Sandra! Esta é Camila, minha namorada.

— Boa noite, Evandro! Boa noite, Camila, seja bem-vinda à nossa casa.

— Obrigada! Eu que agradeço. Estou ansiosa, essa é a primeira vez que entro numa casa espírita.

— Isso é muito bom, sei que gostará de nossa amável Doutrina dos Espíritos. Evandro, estava aqui envolvida com questões administrativas da casa, quando Vinícius me procurou, solicitando a psicografia de uma mensagem dirigida a você. Aqui está!

Evandro tomou a mensagem nas mãos e emocionado leu o conteúdo. Em seguida, estendeu-a a Camila dizendo:

— Aqui temos a nossa resposta.

Camila leu a mensagem, olhou para o namorado e começou a chorar.

Sandra convidou-os a acompanhá-la até a sala de atendimento fraterno:

— Venham comigo, ainda temos meia hora antes da palestra. Dê-me seu equipamento, vou pedir ao Sergio para instalar o Datashow e o notebook, assim fica mais fácil para você.

Assim feito, os três adentraram uma pequena sala de atendimento, onde havia apenas quatro cadeiras.

— Sentem-se, por favor. Eu posso ajudá-los de alguma forma?

— Acredito que sim, vou resumir a história para você.

Evandro contou a Sandra o que tinha acontecido, desde a gravidez de Camila, passando pelo nascimento de Branca e a maneira como as coisas haviam terminado, e continuou:

— Hoje já tem dois meses que Branca nasceu. Estávamos esperançosos de poder viajar em breve e iniciar um processo de adoção da criança, visto que não podemos trazê-la para cá com sua verdadeira identidade. Mas, hoje, depois de todo esse tempo sem notícias de Artur, ele procurou por Camila. Mandou seu capanga na clínica onde trabalho. Esse bandido fez ameaças, afirmando ter certeza de que o bebê não morreu. Quando neguei veementemente o fato, Celso ficou meio em dúvida e até chegou a resmungar que o pastor deveria estar ficando louco e inventando histórias.

— Parece que de alguma forma essa informação chegou a Artur, acredito mesmo que através de seus companheiros espirituais. A mensagem espiritual, enviada a vocês, é bem clara. Diante dos fatos recentes, Vinícius os aconselha a ter paciência. Vou ler para vocês uma passagem de *O Evangelho segundo o Espiritismo*, Capítulo 9, Item II:

> A dor é uma bênção que Deus envia aos seus eleitos. Não vos aflijais, portanto, quando sofrerdes, mas, pelo contrário, bendizei a Deus todo-poderoso, que vos marcou com a dor neste mundo, para a glória no céu.
>
> Sede paciente, pois a paciência é também caridade, e deveis praticar a lei de caridade, ensinada pelo Cristo, enviado de Deus. A caridade que consiste em dar esmolas aos pobres é a mais fácil de todas. Mas há uma, bem mais penosa, e consequentemente bem mais meritória, que é a de perdoar aqueles que Deus colocou em nosso caminho para serem os instrumentos de nossos sofrimentos e submeterem à prova a nossa paciência.
>
> A vida é difícil, bem o sei, constituindo-se de mil bagatelas que são como alfinetadas e acabam por nos ferir. Mas é necessário olhar para os deveres que nos são impostos, e para as consolações e compensações que obtemos, pois então veremos que as bênçãos são mais numerosas que as dores. O fardo parece mais leve quando olhamos para o alto, do que quando curvamos a fronte para a terra.
>
> Coragem, amigos: o Cristo é o vosso modelo. Sofreu mais que qualquer um de vós, e nada tinham de que o acusar, enquanto tendes a expiar o vosso passado e de fortalecer-vos

para o futuro. Sede, pois, pacientes, sede cristãos: essa palavra resume tudo.

— Estava tão feliz contando que em breve teria minha filha comigo — falou Camila chorando.

Sandra pegou as mãos da moça entre as suas e falou com carinho:

— Camila, tenha paciência. Sei que ainda não entende, completamente, tudo que anda acontecendo em sua vida; mas esses acontecimentos, de uma forma lúcida, estão modificando sua maneira de se movimentar nesse mundo. Há um ano, por exemplo, como era a sua vida, a maneira como valorizava determinadas coisas, e hoje o que importa mais a você?

— Eu era horrível, e isso me mostra quanto sou responsável pelo que ando vivendo. Sou culpada por estar longe de minha filha e não poder desfrutar deste início de sua vida de perto. Estou sofrendo muito, mas também reconheço que coisas boas aconteceram; eu me livrei de Artur, ou melhor, eu achei que havia me livrado dele.

— Se essa situação ainda não terminou, é porque algo a mais deve ser aprendido. E, pela gravidade do assunto, respeitar, neste momento, o afastamento da criança é prova de seu amor. Procure dentro de seu coração, e no exercício de sua inteligência, os meios necessários para superar essa prova da melhor forma possível. Somente assim conseguirá criar a harmonia necessária para que tudo se resolva da melhor forma.

— Não sei explicar como, mas entendo o que me diz e vou fazer o melhor para mim e para minha filha. Tudo que ouço de Evandro, e agora de você, faz muito sentido; parece que sempre soube que as coisas eram assim.

— Que bom! Agora precisamos ir, o horário da palestra se aproxima e precisamos aproveitar um pouco da boa vontade de Evandro. Qual será o assunto desta noite?

— A Lei de Destruição, o item sobre Flagelos Destruidores. Um tema que virá ao encontro do que precisamos ouvir hoje, você verá, Camila.

CAPÍTULO XII

FÉ E LIBERDADE

738. Deus não poderia empregar, para melhorar a Humanidade, outros meios que não os flagelos destruidores?

— *Sim, e diariamente os emprega, pois deu a cada um os meios de progredir pelo conhecimento do bem e do mal. É o homem que não os aproveita; então, é necessário castigá-lo em seu orgulho e fazê-lo sentir a própria fraqueza.*

(*O Livro dos Espíritos* — Livro III — Capítulo VI, Lei de Destruição — Item II, Flagelos Destruidores)

＊

A partir daquele dia, Artur colocou detetives para seguir e investigar a vida de Camila, Evandro, Fábio e Vanda. Aonde iam lá estava alguém para vigiá-los.

Até mesmo o contato de Vanda com seus amigos precisou ser cortado. Por meio de uma rápida conversa telefônica, Evandro explicou à irmã a iminente necessidade do futuro silêncio de todos, em nome da segurança da menina e de Camila.

Camila, no início, ficou muito mal. Depois, aos poucos, mais conformada pelas razões que a levaram a tomar essa decisão, foi voltando à tranquilidade, dentro do possível. Dona Selma, que havia viajado com a finalidade de auxiliar uma irmã doente, voltou para junto de Camila, o que ajudou bastante.

Dois anos se passaram, mas o cerco de Artur sobre eles só fazia piorar. Apesar disso, Evandro e Camila resolveram se casar numa cerimônia simples. Apenas um almoço, com a presença da família e de uns poucos amigos. Sandra fez uma belíssima palestra exaltando a presença de Deus em nossas vidas e orientando para o fato de que, quando o amor é verdadeiro, constrói pontes entre a fé e a liberdade.

Salas, enfurecido, reforçou seu propósito de vingança, procurou nas regiões umbralinas o mais terrível dos hipnotizadores e recrutou seus serviços. Precisava ter controle sobre a vida de Camila. Seus planos de vingança não poderiam terminar assim.

Naquele mesmo dia, o algoz incumbido de assediar Camila começou o cerco maligno.

Urich, o nome pelo qual era conhecido, passou a observar a moça, assim como todos que faziam parte de seu convívio. Mentalmente anotava o que lhe interessava para colocar em prática seu terrível plano. Ainda não havia se aproximado o suficiente para que Camila percebesse sua presença, apenas esperava paciente o momento adequado; aquele instante de insegurança, de medo, de sofrimento que permitiria a sua ação maléfica.

Evandro percebeu algo diferente na atmosfera fluídica de sua casa; não era mais prazeroso voltar ao lar. Sentiu que precisava de auxílio, não sabia identificar a razão; passou a questionar a si mesmo, pois estava tudo bem. Não viria dele mesmo alguma insegurança ou insatisfação pessoal?

Resolveu ir à casa espírita; precisava conversar com um atendente fraterno. Sabia que a amiga Sandra chegava sempre bem antes do horário marcado, então pediu à secretária para remarcar algumas consultas e saiu.

Chegou junto com Sandra à casa espírita, ela o cumprimentou feliz e falou animada:

— Pensei em você e na Camila o dia todo; se não viesse hoje, ligaria para marcarmos um horário.

Evandro sorriu e falou animado:

— Só por sua fala, já me sinto melhor; essa é a prova de que nunca estamos sós.

Os dois amigos entraram na casa espírita, e Sandra o conduziu direto ao atendimento fraterno. Após uma prece de amor iniciaram a conversa necessária:

— O que está acontecendo, meu amigo?

— Sinceramente, eu não sei. Você sabe quanto amo minha esposa; quanto gosto de voltar para minha casa e ajudar nos afazeres domésticos, visto que Camila também trabalha bastante. Mas, ultimamente, fico enrolando na clínica ou no hospital, adiando a hora de voltar.

— Vocês estão bem?

— Estamos sim, não consigo imaginar minha vida longe de Camila; ela é a mulher que amo, não duvido nada disso. Nossa vida é perfeita, somente a distância que precisamos manter de Branca nos entristece muito, mas também encontramos algumas maneiras de conviver com isso.

— Quais são essas maneiras, Evandro?

— Somos voluntários no orfanato Flores da Vida, e estamos pensando em adotar um rapazinho de dois anos que nos é muito familiar emocionalmente. Já conversamos com a assistente social e parece que não será muito difícil.

— Que maravilha! Mas me fale mais de suas sensações.

— Está difícil entrar em casa, a atmosfera psíquica parece ter sido invadida por energia mais densa; sinto que estamos sendo observados.

— Você consegue identificar a origem?

— Não, não é algo próximo, que eu consiga ver; parece que está distante, mas presente.

— Sei... — Sandra fechou os olhos, concentrada, e sentiu certo mal-estar, uma tontura forte; a sensação foi de desmaio, precisou fazer um esforço extraordinário para controlar sua própria mente.

— O que foi?

— Nada que esteja distante do poder do auxílio de Deus, pode acreditar!

— Essa crença é que anda me ajudando a manter um padrão mental aceitável. Você conseguiu identificar a origem dessa energia?

— Isso na realidade não importa, qualquer mente que abriga o mal só consegue nos atingir se permitirmos. Vamos nos concentrar em modificar essa situação, pois ela somente se resolverá, em definitivo, quando ajudarmos esses irmãos. Oração sempre, pensamentos otimistas e despertar a crença de nossa capacidade de superar qualquer problema, afinal, estamos amparados por Deus e seus trabalhadores abnegados. Lembrando que o sofrimento é transitório e tem sua função em nosso processo de evolução. Então, vamos agradecer a Deus essa oportunidade de auxiliar os mais necessitados.

Sandra abriu *O Evangelho segundo o Espiritismo*, Capítulo 5, Item I — Bem Sofrer e Mal Sofrer:

> Quando Cristo disse: "Bem-aventurados os aflitos, porque deles é o Reino dos Céus", não se referia aos sofredores em geral, porque todos os que estão neste mundo sofrem, quer estejam num trono ou na miséria, mas, ah, poucos sofrem

bem, poucos compreendem que somente as provas bem suportadas podem conduzir ao Reino de Deus. O desânimo é uma falta; Deus vos nega consolações, se não tiverdes coragem. A prece é um sustentáculo da alma, mas não é suficiente por si só: é necessário que se apoie numa fé ardente na bondade de Deus. Tendes ouvido frequentemente que Ele não põe um fardo pesado em ombros frágeis. O fardo é proporcional às forças, como a recompensa será proporcional à resignação e à coragem. A recompensa será tanto mais esplendente quanto mais penosa tiver sido a aflição. Mas essa recompensa deve ser merecida, e é por isso que a vida está cheia de tribulações.

O militar que não é enviado à frente de batalha não fica satisfeito, porque o repouso no acampamento não lhe proporciona nenhuma promoção. Sede como o militar, e não aspires a um repouso que enfraqueceria o vosso corpo e entorpeceria a vossa alma. Ficai satisfeitos, quando Deus vos envia à luta. Essa luta não é o fogo das batalhas, mas as amarguras da vida, onde muitas vezes necessitamos de mais coragem que um combate sangrento, pois aquele que enfrenta firmemente o inimigo poderá cair sob o impacto de um sofrimento moral. O homem não recebe nenhuma recompensa por essa espécie de coragem, mas Deus lhe reserva os seus louros e um lugar glorioso. Quando vos atingir um motivo de dor ou de contrariedade, tratai de elevar-vos acima das circunstâncias. E, quando chegardes a dominar os impulsos da impaciência, da cólera ou do desespero, dizei, com justa satisfação: "Eu fui o mais forte"!

Bem-aventurados os aflitos pode, portanto, ser assim traduzido: Bem-aventurados os que têm a oportunidade de provar a sua fé, a sua firmeza, a sua perseverança e a submissão à vontade de Deus, porque eles terão centuplicado as alegrias que lhes faltam na Terra, e após o trabalho virá o repouso.

— Nunca esqueça, Evandro, que Deus nos dá os instrumentos necessários para superarmos nossas limitações, e a crença neste fato indiscutível fará muita diferença em nossa caminhada. Vou pedir a você que traga Camila mais vezes aqui. Ela ainda está muito frágil.

— Vou falar com ela e com certeza ela virá.

Evandro se dirigiu ao hospital, pois estava perto da hora de seu plantão. Aquela noite não dormiria em casa e estava preocupado com Camila. Intuía que o que andava percebendo tinha um único objetivo: desestruturar psiquicamente a moça. Há dias tinha percebido a presença de Salas; pela primeira vez conseguira enxergar seu perispírito e, realmente, a figura grotesca o havia assustado.

Pegou o celular e ligou para Vanda:

— Querida, você me faz um favor?

— Claro, Evandro. Do que você precisa?

— Preciso que faça companhia à Camila essa noite.

— Ela não está bem?

— Está sim, mas ando com sensações bem esquisitas. Acredito que algo se movimenta nos mundos sombrios para atacá-la. Hoje conversei com Sandra, conseguimos identificar algo, mas ainda bastante confuso. Camila permanece bastante suscetível às influências negativas, então não gostaria que ficasse sozinha lá em casa.

— Fábio está para chegar, vou falar com ele, mas tenho certeza de que não se incomodará. Vamos para lá e pedimos uma pizza.

— Obrigado, Vanda! Você me deixa mais tranquilo. Ah! E quando será o casório?

— Isso incomoda você? Vivermos juntos sem casar?

— Não, mas gostaria de acompanhá-la pela igreja até o altar, assim realizaria o sonho de papai.

— Bom... Acho que será logo, afinal estou grávida e queremos que esse bebê tenha uma família legalizada dentro das leis dos homens — falou Vanda rindo.

— Grávida? Vou ser tio?

— Tio e padrinho.

— Vou ser tiooooo! — gritou Evandro bastante alto, tirando sorrisos dos transeuntes que passavam ao lado de seu carro estacionado no meio-fio.

— Sabia que ficaria feliz! Não sabia que faria plantão hoje. Pretendia ligar para vocês mais tarde para nos encontrarmos. Mas assim mesmo já ficou bom. Quero ver a cara de Camila quando contar.

— Ela ficará exultante. Ainda mais quando souber que será a madrinha. Agora preciso ir, senão chegarei atrasado. Dê um beijo no meu cunhado e parabéns, minha linda! Eu amo muito você, e esse bebê que cresce em seu ventre será um amor maior em nossas vidas.

— Obrigada, meu irmão abençoado, eu também amo muito você, você sabe disso, não é?

— Sei sim, barrigudinha linda.

— Nossa! Nem tem barriga ainda, mas estou doidinha para ela crescer logo.

Os irmãos se despediram e ficamos felizes com o desenrolar dessa história. Ineque e Demétrius nos convidaram para uma visita à cidade umbralina Sagrado Coração de Jesus.

CAPÍTULO XIII

LUZ E TREVAS

738.a. Nesses flagelos, porém, o homem de bem sucumbe como os perversos; isso é justo?

— Durante a vida, o homem relaciona tudo a seu corpo, mas, após a morte, pensa de outra maneira. Como já dissemos, a vida do corpo é um quase nada; um século de vosso mundo é um relâmpago na Eternidade. Os sofrimentos que duram alguns dos vossos meses ou dias nada são. Apenas um ensinamento que vos servirá no futuro. Os Espíritos que preexistem e sobrevivem a tudo, eis o mundo real. (Ver item 85.) São eles os filhos de Deus e o objeto de sua solicitude. Os corpos não são mais que

119

disfarces sob os quais aparecem no mundo. Nas grandes calamidades que dizimam os homens, eles são como um exército que, durante a guerra, vê os seus uniformes estragados, rotos ou perdidos. O general tem mais cuidado com os soldados do que com as vestes.

(O Livro dos Espíritos — Livro III — Capítulo VI, Lei de Destruição — Item II, Flagelos Destruidores)

Camila chegou a casa, abriu o portão da garagem, entrou com seu carro, fechou o portão e parou por alguns instantes, junto ao bem cuidado jardim de rosas. Ficou a observar, encantada, as flores de várias cores, os botões ainda fechados; aproximou-se de uma linda roseira trepadeira, carregada de pencas de minúsculas rosas, e pensou feliz sobre a bondade de Deus que nos permite a visão de algo tão perfeito. Voltou ao estreito caminho de pedras que levava à varanda, a qual circundava a casa. Parou extasiada diante de uma enorme rosa branca; era a primeira vez que essa roseira, plantada em homenagem à sua filha distante, dava flor. Pensou enternecida que sentia muitas saudades da menina que nem mesmo conhecia. Lágrimas vieram aos seus olhos; sentou no chão e chorou sentida.

Anoitecia e esfriava, era o mês de abril, que já prenunciava o inverno rigoroso daquela região montanhosa. Camila se levantou com certa dificuldade e entrou em casa.

Estava tudo escuro. Sentiu medo, mas tentou racionalizar suas sensações. Então, ouviu o barulho de coisas caindo na cozinha. Assustada, subiu os degraus da escada que levava à parte de cima da casa; tentou chegar ao interruptor de luz, quando sentiu um vento gelado no rosto e o odor fétido de algo podre. Urich se aproximou, percebendo prepotente que dominava a situação, e falou ao seu ouvido:

— Estou indo agora matar a pequena Branca, vá lá embaixo e observe com seus próprios olhos a força do meu poder. Comecei pela rosa branca em seu jardim.

Apavorada, Camila deixou-se cair encostada à parede do corredor. Ficou imóvel, com medo até mesmo de mexer as mãos. Sentia muito medo e frio; ouviu o telefone tocar e não conseguia se mexer.

Vanda ficou extremamente preocupada. Depois de várias tentativas frustradas de falar com a cunhada, ligou para Evandro.

— Mano, você tem certeza de que Camila ia para casa direto?

— Tenho sim, falei com ela há mais de duas horas e estava na padaria ali perto de casa.

— Estranho, estou tentando ligar no telefone da casa e no celular dela e nenhum dos dois atende.

— Você sabe como Camila é distraída. O celular fica na bolsa e o fixo pode estar mudo; outro dia ficamos sem telefone, o serviço anda péssimo. E dona Selma foi visitar a irmã.

— Bom, eu tenho a chave de sua casa, vou direto para lá. Fábio já está aqui, sairemos já.

— Chegando lá me ligue, está bem?

Evandro, preocupado com a esposa, tentou ligar várias vezes, mas foi interrompido por uma enfermeira avisando que chegaria um paciente acidentado e que ele estava bastante desequilibrado.

Vanda e Fábio chegaram à casa de Camila e perceberam que estava tudo escuro. Entraram com o carro na garagem e alcançaram o jardim. Vanda percebeu a rosa branca toda destruída, como se alguém a houvesse despetalado com violência. Sabendo do amor de sua cunhada por aquelas plantas, estranhou o fato e alertou Fábio.

Abriram a porta da casa e percorreram o ambiente com cuidado. Vanda subiu as escadas e por pouco não tropeçou em Camila encolhida a um canto, de cócoras, com o rosto enterrado entre as mãos. Aflita, abaixou-se, abraçou a moça e falou com carinho:

— Venha, querida. Sou eu, Vanda. Tudo ficará bem.

O corpo retesado, por conta de tanto medo e tensão, não obedecia ao comando mental de Camila; ela entrou em pânico e começou a gritar desesperada. Fábio subiu as escadas correndo e passou a ajudar Vanda, mas Camila não conseguia se acalmar.

Evandro, preocupado com a segurança da esposa, sentiu forte mal-estar. Pressentia que algo estava errado. Telefonou para Sandra pedindo ajuda a um colega para substituí-lo por algumas horas; correu para casa. Ao estacionar o carro na frente da residência, ouviu os gritos de Camila. Neste momento, Sandra e seu amigo de trabalhos espirituais, Vitor, chegavam ao local.

Todos entraram correndo para acudir a pobre moça. Sandra e Vitor logo identificaram a presença de Urich. Este se aproximou do campo vibratório dos médiuns e mentalmente os instruiu a irem embora. Sandra tomou em suas mãos *O Evangelho segundo o Espiritismo*, Capítulo 5, Item VII, e disse mentalmente ao infeliz irmão que tanto sofria a ignorância de sua origem:

— Escute, meu irmão, estas palavras de amor. Palavras de alguém que se importou com o sofrimento da humanidade. Escute com carinho, porque nós nos importamos com o seu sofrimento e a sua solidão:

> Todos falam da desgraça, todos a experimentaram e julgam conhecer o seu caráter múltiplo. Venho dizer-vos, porém, que quase todos se enganam, pois a verdadeira desgraça não é, de maneira alguma, aquilo que os homens, ou seja, os desgraçados supõem. Eles a veem na miséria, na lareira sem fogo, no credor impaciente, no berço vazio do anjo que antes sorria, nas lágrimas, no féretro que se acompanha de cabeça descoberta e coração

partido, na angústia da traição, na privação do orgulhoso que desejava vestir-se de púrpura e esconde sua nudez nos farrapos da vaidade. Tudo isso, e muitas outras coisas ainda, chamam-se desgraça na linguagem humana. Sim, realmente é a desgraça, para aqueles que nada veem além do presente. Mas a verdadeira desgraça está mais nas consequências de uma coisa do que na própria coisa.

Dizei-me se o mais feliz acontecimento do momento, que traz funestas consequências, não é, na realidade, mais desgraçado que aquele inicialmente aborrecido, que acaba por produzir o bem? Dizei-me se a tempestade, que despedaça as árvores, mas purifica a atmosfera, dissipando os miasmas insalubres que poderiam causar a morte, não é antes uma felicidade que uma desgraça?

Para julgar uma coisa, é necessário, portanto, ver-lhe as consequências. É assim que, para julgar o que é realmente feliz ou desgraçado para o homem, é necessário transportar-se para além desta vida, porque é lá que as consequências se manifestam. Ora, tudo aquilo que ele chama desgraça, de acordo com a sua visão, cessa com a vida e tem sua compensação na vida futura.

Vou revelar-vos a desgraça sob uma nova forma, sob a forma bela e florida que acolheis e desejais, com todas as forças de vossas almas iludidas. A desgraça é a alegria, o prazer, a fama, a fútil inquietação, a louca satisfação da vaidade, que asfixiam a consciência, oprimem o pensamento, confundem o homem quanto ao seu futuro. A desgraça, enfim, é o ópio do esquecimento, que buscais com o mais ardente desejo.

Tendes esperanças, vós que chorais! Tremei, vós que rides, porque tendes o corpo satisfeito! Não se pode enganar a Deus: ninguém escapa ao destino. As provas, credoras, mais impiedosas que a malta que vos acossa na miséria, espreitam o vosso repouso ilusório, para vos mergulhar de súbito na agonia da verdadeira desgraça, daquela que surpreende a alma enlanguescida pela indiferença e pelo egoísmo.

Que o Espiritismo vos esclareça, portanto, e restabeleça sob a verdadeira luz a verdade e o erro, tão estranhamente desfigurados pela vossa cegueira. Então, agireis como bravos soldados que, longe de fugir ao perigo, preferem a luta nos combates arriscados à paz que não oferece nem glória nem progresso. Que importa ao soldado perder as armas, o equipamento e a farda na refrega, contanto que saia vitorioso e coberto de glória? Não importa, àquele que tem fé no porvir, deixar a vida no campo de batalha, sua fortuna e sua veste carnal, contanto que sua alma possa entrar, radiosa, no reino celeste.

Enquanto Sandra realizava a leitura do texto, Evandro se juntou a Vanda e Fábio em sentida oração. Aos poucos, Camila foi se acalmando e, assustada, atirou-se nos braços do marido.

— O que aconteceu, querida?

— Não sei, estava tudo bem. Cheguei aqui em casa, fiquei um pouco no jardim olhando minhas rosas. Quando estava quase entrando, vi uma enorme rosa branca naquela roseira que plantei para Branca. Aquela que nunca deu flores. Juro que hoje pela manhã a olhei com atenção amorosa. E, curiosa, perguntei a Deus por que ela não dava flores e por que não havia nenhum botão ali. Quando entrei em casa, tudo ficou confuso, não consegui acender nenhuma luz. Pensando agora, não sabia nem mesmo onde estavam os interruptores. Foi quando ouvi uma voz horrível em meus ouvidos dizendo que iria matar minha filha e começaria com a rosa lá fora. Senti muito frio e um cheiro de podre.

— Agora passou, estamos aqui com você. Venha! Sandra também está aqui, vamos nos juntar a ela e fazer uma prece.

Vanda tocou o braço de Evandro e fez um discreto sinal para que ele permanecesse onde estava. Fábio, percebendo a intenção de Vanda, ajudou Camila a se levantar e a encaminhou para a sala.

— O que foi, Vanda?

— A rosa branca da qual Camila falou.

— Sim, o que tem?

— Quando passei pelo jardim, eu a vi toda destruída e achei estranho. Camila nunca faria isso, ainda mais com essa roseira. Até mostrei ao Fábio.

— Deus do céu, o que está acontecendo?

— Isso é coisa do demônio! — falou Vanda.

— Demônio não, Vanda. Trata-se de um irmão ainda infeliz e ignorante do bem.

— Eu não consigo pensar assim. Como Deus pode permitir que alguém bom seja atingido pelo mal dessa forma?

— Deus permite porque somente através do sofrimento conseguimos questionar nossos atos e aprendemos a fazer melhor.

— Mas o mal em que esse... Espírito escolheu viver está trazendo sofrimento a Camila, que não tem nada com isso.

— Aí é que entra o conceito das múltiplas encarnações. Não fez nesta vida, mas em outras oportunidades pode ter aprontado, até — respondeu Evandro sorrindo. — Mas agora vamos nos juntar aos outros; apesar de todos sermos espíritas, menos você, o que nos importa sempre é a intenção, e eu sei que você ama Camila.

— Ainda bem, né, seu bobo?

Os amigos se reuniram em volta de Sandra, que terminava a leitura do texto evangélico.

Urich olhava diretamente nos olhos de Sandra; sabia que a médium possuía dupla vista e tentava induzi-la a um quadro de hipnose. A moça, percebendo as intenções da entidade, pensou com carinho: "Sei o que estou fazendo e por que estou fazendo; creio em Deus, um pai bondoso de oportunidades. Então, não perca tempo tentando me desequilibrar. Hoje, sei que estou em posição melhor que antes; hoje eu posso auxiliar irmãos que vivem conflitos terríveis entre o que ainda consideram atraente e o que a sua origem divina os impulsiona a modificar. Estou aqui, querido irmão, oferecendo auxílio. Sei que irá considerar isso uma afronta, mas não é; é apenas amor entre as criaturas divinas".

Urich sorriu entredentes e pensou com desdém: "Você tem certeza do que é? Veremos!"

Sandra sorriu feliz e falou aos amigos:

— Preciso de um copo de água. E, depois, já que estamos todos juntos, podemos pedir uma pizza. O que acham?

Vanda, sorrindo, falou:

— Você leu meus pensamentos, afinal, agora preciso alimentar dois.

— Dois? — perguntou Camila admirada. — Dois? Dois?! Dois!! Você está grávida?

— Sim! Estou, sim! E você está madrinha.

Todos se abraçaram desejando felicidades ao casal de jovens pais.

Evandro começou a anotar os sabores de pizza que pediriam. Vanda falou:

— Acho que Sandra não come carne, então é melhor ver com ela primeiro, assim não a deixaremos constrangida.

— Por que você acha isso, Vanda? — perguntou Sandra sorrindo.

— Ah, eu deduzi! Você é espírita, não é? Ouvi dizer que vocês acham errado comer carne.

— Desculpe, mas quem te deu essa informação estava equivocado. Seu irmão e sua cunhada também são espíritas; então, essa regra se aplicaria a eles também, certo?

— Bem, eles comem carne, mas é diferente; você é espírita de verdade. Sei lá, eu é que acho isso. Na verdade, eu estou falando do que não sei, mas você poderia explicar para mim? — pediu Vanda, meio sem graça.

Sandra sorriu, abraçou a amiga e disse bem-humorada:

— Então vamos lá. Mas, veja, o que vou lhe dizer é apenas a minha opinião. De fato, cada um interpreta as informações que nos chegam de acordo com a sua evolução intelectual e moral.

— Interessante! — comentou Fábio.

— Em *O Livro dos Espíritos*, na questão 723, Kardec pergunta aos espíritos superiores: "A alimentação animal, para o homem, é contrária à lei natural?" E a resposta é a seguinte: "Na vossa constituição física, a carne nutre a carne, pois do contrário o homem perece. A lei de conservação impõe ao homem o dever de conservar as suas energias e a sua saúde para poder cumprir com a lei do trabalho. Ele deve alimentar-se, portanto, segundo o que exige a sua organização. Enquanto nosso corpo material exigir e sentir falta de determinados alimentos, não será errado consumi-los, mas o excesso de qualquer tipo, sim, é o que nos mantém presos ao vício".

— Então, se um hábito alimentar não se transformar num vício e apenas atender a nossa necessidade não é errado? — perguntou Camila.

— Exatamente. Na questão de número 724, Kardec procura esclarecer melhor a dúvida sobre o assunto e pergunta: "A abstenção de alimentos animais ou outros, como expiação, é meritória?" E a resposta é a seguinte: "Sim, se o homem se priva em favor dos outros, pois Deus não pode ver modificação quando não há privação séria e útil. Eis por que dizemos que os que só se privam em aparência são hipócritas".

— O que conta é a intenção, não é? — perguntou Evandro.

— Isso mesmo! E, se voltarmos às questões... "720. As privações voluntárias, com vistas a uma expiação igualmente voluntária, têm algum mérito aos olhos de Deus? Fazei o bem aos outros e tereis maior mérito. 720.a. Há privações voluntárias que sejam meritórias? Sim: a privação dos prazeres inúteis, porque liberta o homem da matéria e eleva sua alma. O meritório é resistir à tentação que vos convida aos excessos e ao gozo das coisas inúteis; é retirar do necessário para dar aos que o não tem. Se a privação nada mais for que um fingimento, será apenas uma irrisão" — esclareceu Sandra.

— Então, podemos deduzir que, se não houver aprendizado nem transformação, o valor de nossas manifestações não sairá da superfície, e isso nos mantém presos aos mesmos vícios mentais — concluiu Vitor, que se mantivera em silêncio até o momento.

— Compreendi, isso não tem nenhuma relação com a fé que vocês professam. Mas, sim, com a interpretação que cada um faz de sua crença e como consegue manifestá-la — falou Vanda.

— Isso mesmo, Vanda. E, quanto à pizza, eu não como carne vermelha porque não gosto do sabor, mas não tenho nada contra. E meu voto é pela pizza de aliche, que adoro.

A reunião entre pessoas que se harmonizam só produz bons frutos. Urich, percebendo que nada mais conseguiria naquele momento, saiu do ambiente.

Então atendemos ao chamado de nossos amigos e nos reunimos na casa que nos acolhia no plano dos espíritos.

CAPÍTULO XIV

COMPENSAÇÃO E SOFRIMENTO

738.b. Mas as vítimas desses flagelos, apesar disso, não são vítimas?

— Se considerássemos a vida no que ela é, e quanto é insignificante em relação ao infinito, menos importância lhe daríamos. Essas vítimas terão noutra existência uma larga compensação para os seus sofrimentos, se souberem suportá-los sem lamentar.

Comentário de Kardec: Quer a morte se verifique por um flagelo ou por uma causa ordinária, não se pode escapar a ela quando soa a hora da partida: a única diferença é que no primeiro caso parte um grande número ao mesmo tempo.

Se pudéssemos elevar-nos pelo pensamento de maneira a abranger toda a Humanidade numa visão única, esses flagelos tão terríveis não nos pareceriam mais do que tempestades passageiras no destino do mundo.

(*O Livro dos Espíritos* — Livro III — Capítulo VI, Lei de Destruição — Item II, Flagelos Destruidores)

— Bom dia, amigos! Antes de nossa reunião, gostaria de convidá-los à prece matinal na Praça da Paz. Nossa adorável amiga, Adelaide, tomou para si a incumbência dessa tarefa nesta manhã radiosa.

Eu, Maurício, Ana, Demétrius e Ineque nos dirigimos à maravilhosa praça. Pelo caminho encontramos outros grupos de amigos socorristas e, entre abraços e cumprimentos calorosos, percorremos o caminho radioso. A presença de lindas flores e de raios dourados do sol, que nos aqueciam, também encantava nossos sentidos.

Quando chegamos à Praça da Paz, Adelaide já estava presente. Com um sorriso bem-humorado, sempre tranquila e feliz, nos acenou de longe, como fazia com todos que se aproximavam.

— Queridos companheiros, quero agradecer ao Pai Amado pela oportunidade de estarmos aqui. Juntos, nos unimos num propósito único, que é abraçar todos aqueles que ainda sofrem na ignorância da dor. Temos a felicidade de estar vivendo histórias mais salutares, através de escolhas conscientes, que enriquecem o espírito com a compreensão do amor e do perdão.

"Lembremos sempre das inspiradas vivências de nosso Mestre Jesus quando nos visitou abrigado num corpo material. Apesar do sofrimento ao qual foi submetido, preso a uma cruz, por nossa ignorância, ainda conseguiu rogar ao Pai pelo povo que o crucificava, dizendo: 'Pai perdoe-os, pois eles não sabem o que fazem'.

"Hoje, vos pergunto, quanto aprendemos por meio de seus ensinamentos e exemplos? Quanto conseguimos entender a respeito do amor e do perdão?

"Rogo a vós, irmãos de caminhada, o exercício constante destes excelentes sentimentos, para que se tornem virtudes ativas para nosso espírito. Necessitamos, urgentemente, de amor e perdão. E é do trabalho árduo, de cada um de nós, que depende a chegada da era da libertação.

"Temos muito a realizar. Ainda veremos a disseminação da dor e do desequilíbrio. Irmãos ainda presos ao seu lado tenebroso lutam para que a Terra não evolua. O ranger de dentes dos sentimentos de vingança persiste à nossa volta e dentro de nós. Por isso, hoje, eu os alerto sobre o excelente conselho de nosso irmão: Orai e vigiai!

"Antes da chegada da luz inextinguível do bem, ainda veremos nosso orbe envolto nas mais terríveis trevas da dor. Não esmoreçam. O trabalho é nosso. Somos assistidos por Deus e por Jesus. Então, creiam, não há por que duvidar de nossa era de luz.

"Oremos por nós mesmos e por todos aqueles que habitam nossa Terra prometida, oremos à luz da lição de paz que nos foi recitada e ensinada por Jesus!"

Emocionados, oramos todos juntos em benefício de um mundo melhor. A praça parecia um lugar encantado tamanha a luminosidade e o bem-estar que sentíamos. Gotículas minúsculas que se assemelhavam a pequenas pétalas de flores multicoloridas e leves nos tocavam o rosto, as mãos e os sentidos. Senti-me fortalecido e amparado. Sabia que, por mais difícil que fosse a caminhada, ela aconteceria, pois a única fatalidade na qual acredito plenamente é a própria evolução da vida.

Voltamos a nossa casa e nos reunimos no jardim que a circundava. Sentados na relva fresca, ouvindo a belíssima melodia dos pássaros, pedimos a Ana que fizesse uma prece.

Ela nos olhou sorrindo e começou a cantar a "Oração de São Francisco", então juntamos a nossa voz em um coro de louvor ao Pai:

Senhor, fazei-me instrumento de vossa paz
Onde houver ódio, que eu leve o amor
Onde houver ofensa, que eu leve o perdão
Onde houver a discórdia, que eu leve a união
Onde houver dúvida, que eu leve a fé
Onde houver erro, que eu leve a verdade
Onde houver desespero, que eu leve a esperança
Onde houver a tristeza, que eu leve alegria
Onde houver trevas, que eu leve a luz
Ó mestre, fazei que eu procure mais consolar
que ser consolado
Compreender que ser compreendido
Amar que ser amado
Pois é dando que se recebe
É perdoando que se é perdoado
E é morrendo que se vive para a vida eterna.

Sorrimos uns para os outros, sentíamos grande felicidade. Já conseguíamos entender o valor da amizade que acontecia entre nós de forma singela, simples e verdadeira. Confiávamos uns nos outros, e esse sentimento amoroso também nos fortalecia.

— Agora, precisamos conversar sobre o que anda acontecendo com nossos assistidos. Salas está a cada dia mais irascível; não aceita que a vida de seus perseguidos esteja seguindo de maneira harmônica e serena. Decidiu que irá reunir todos os seus esforços para resolver o caso da maneira como considera correta. Retirou membros da falange que dirige, de outros tristes labores, para concentrar toda ação sobre a vida de Camila e Evandro. Inclusive recorreu ao companheiro Fernando, outro dirigente de uma grande falange, o qual enviou a ele um exímio hipnotizador de nome Urich.

— Nós o vimos em ação na casa de Camila. Prevejo uma grande dificuldade para essa menina. Está muito fragilizada emocionalmente, devido ao afastamento de sua filha — falou Ineque.

— E quanto a Artur? Como ele está? — perguntei ao amigo.

— Bastante desequilibrado, inclusive parece que Salas está planejando alguma ação contra ele — respondeu Ineque.

— Parece que ele anda introduzindo alguns conceitos bastante perigosos, como sacrifícios de animais e rituais cabalísticos. Assim, seguem deturpando o que consideram herança do antigo catolicismo — respondeu Demétrius.

— O que seriam esses rituais? Originam-se de alguma religião ou culto? — questionou Maurício.

— Eles buscam no pior da humanidade algumas práticas ritualísticas antigas, como formas de agradar a Deus. No entanto, sabemos que esses sacrifícios são mais para o homem bárbaro do que para as divindades. Não podemos permitir que desvios culturais e morais definam essas manifestações religiosas, mesmo sendo baseadas em rituais que são derivados da própria cultura de determinados grupos. Se assim o fizermos, estaremos também relegando a inexistência de manifestações amorosas, que têm como objetivo chegar ao mundo do Divino — alertou Ineque.

— Você poderia falar sobre a umbanda, o candomblé e outras práticas afins? Isso é muito importante porque há muito preconceito sobre isso, justamente por falta de conhecimento — pediu Maurício.

— A história do candomblé é dividida de acordo com a distribuição dos escravos no território brasileiro. Antes da abolição da escravatura, o candomblé já existia, mas não com esse nome. Eram religiões tradicionais africanas trazidas pelos negros contrabandeados da África e, clandestinamente, praticadas nas senzalas ou em lugares ermos, no meio da mata. Eram chamadas de batuque de negros, que tanto podia ser o batuque de roda como roda de capoeira. E estas práticas ritualistas tinham também uma filosofia para conduzir a vida de maneira harmônica.

— Lembro-me de um trabalho que realizei, logo no início de minha prática socorrista. Uma história que foi contada através do livro *Para superar a dor*. Na ocasião, discorremos bastante sobre a capoeira, visto que um dos atendidos era mestre capoeirista, e a filosofia praticada por aquele grupo auxiliou Marco Aurélio a compreender melhor seu comportamento desequilibrado — lembrou Maurício.

— Acredita-se que os escravos trazidos do continente africano começaram a chegar ao Brasil a partir de 1540. Trouxeram consigo suas crenças e costumes. À noite, reunidos nas senzalas em volta de uma fogueira, cantavam e dançavam embalados pelo ritmo do adufe, instrumento musical da época semelhante ao pandeiro. Essa prática era chamada pelos escravos de "Dança da Zebra". A insegurança gerada pelos acontecimentos infelizes que viviam deu origem à necessidade de se protegerem contra os feitores. Assim, aplicavam golpes giratórios e violentos com os pés; alguns eram, até mesmo, fatais. Acredita-se que dessa fusão de dança e golpes surgiu a capoeira, que foi aperfeiçoada com o passar dos anos. Deduz-se que a capoeira surgiu por volta de 1600 — explanei, animado com nossa conversa.

— E a filosofia religiosa, como foi inserida na capoeira? — perguntou Ana.

— Há uma relação direta entre a capoeira e o candomblé, afinal, a religião trazida pelos negros bantus era essa. Precisamos definir bem o que é religião e religiosidade. A religião é a maneira concreta da manifestação da religiosidade; assim podemos concluir que a religião é uma forma que o homem criou para manifestar sua religiosidade, que é abstrata. Por essa razão, não raras vezes, modificamos a forma de conduzir o concreto. Isto é, mudamos de religião, pois modificamos a forma de entender a movimentação dos sentimentos em relação à nossa humanidade — respondeu Demétrius.

— Alguém poderia falar um pouco sobre o candomblé? — perguntou Maurício.

— A palavra "nação" é usada no candomblé para distinguir seus segmentos, organizados por meio do dialeto utilizado nos rituais, pelo toque dos atabaques ou pela liturgia. A nação também indica a procedência dos escravos, suas origens e, ainda, as das divindades por eles cultuadas. As três principais nações do candomblé são a Ketu, a Jeje e a Bantu. A primeira casa de candomblé Ketu do Brasil foi fundada em Salvador, o famoso Candomblé da Barroquinha. A primeira casa de candomblé Jeje foi fundada em Cachoeira e São Félix, por Ludovina Pessoa, natural da cidade Mahi, daomeana, que foi escolhida pelos Voduns para fundar três templos na Bahia, entre eles, a Roça do Ventura. A primeira casa de candomblé Bantu também surgiu em Salvador, chamada de Raiz do Tumbensi. É uma casa de Angola, considerada a mais antiga da Bahia, fundada por Roberto Barros Reis, um escravo angolano, por volta de 1850. Após seu falecimento, passou a ser comandada por Maria Genoveva do Bonfim, mais conhecida como Maria Neném — falou Demétrius.

— Por que você disse que essas nações são as principais? — questionou Maurício.

— São as que mais se desenvolveram ao longo do tempo, sobrevivendo até os dias atuais. E essas nações são divididas de acordo com o território africano de origem assim: as civilizações sudanesas são representadas pelo grupo iorubá ou nagô, que se divide nas nações Ketu, Efan, Ljexá, Nagô Egbá, Batuque do Rio Grande do Sul e Xambá de Pernambuco. Os daomeanos são representados pelas nações Jeje, que são os Fon, Éwé, Mina, Fanti, Krumans, Agni, Nzema, Timini e Ashanti. O candomblé Bantu é representado pelas nações Angola, Congo e Cabinda. Há outras nações menores, mas sua sobrevida não foi significativa — explicou Demétrius.

Ineque esclareceu:

— Conta a história que, com as batidas policiais nos terreiros de candomblé e a perseguição e prisão dos adeptos e objetos de culto, algumas ialorixás resolveram migrar para o Rio de Janeiro em busca de mais tranquilidade para cultuar os Orixás.

"A prática do candomblé está fundamentada na cultura trazida pelos nossos irmãos africanos. Naquela época, havia sacrifícios de animais, especialmente porque eles ofereciam o sangue dos animais às entidades que os assistiam; eram oferendas que consideravam divinas. Por meio deles, os sacrifícios, invocavam os deuses e os Orixás para que livrassem os inocentes da morte, da doença e das injustiças cometidas pelos homens que tinham poderes sobre os desvalidos da sorte.

"Esses cultos eram reservados apenas aos filhos de 'Santo', como eram chamados seus adeptos. Aos poucos, as casas de candomblé foram se abrindo para ajudar o povo, e os rituais começaram a ser mostrados. Quando isso aconteceu, os historiadores começaram a pesquisar o assunto e descobriram que o candomblé não era um culto satânico, mas, sim, uma religião que trabalhava defendendo a vida, ensinando aos filhos a ter fé e obediência a Zambi, denominação africana de Deus.

"A história do candomblé do Brasil é extensa. Hoje está espalhado por todo o território brasileiro. Porém alguns estados se destacaram e, até hoje, ainda mantêm um número elevado de casas de candomblé, como a Bahia, o Rio de Janeiro, o Rio Grande do Sul e Pernambuco, sendo que os estados do Nordeste são os que mais desenvolveram essa prática."

— Graças às grandes conquistas alcançadas pelo povo de "Santo", abrindo suas portas para receber os filhos de todas as religiões, muitas coisas mudaram para o benefício de todos. Ainda há muito sofrimento por causa de preconceitos, e não devemos esquecer que a postura preconceituosa está assentada na ignorância. Porém, o candomblé, hoje, não é uma religião apenas para negros, e, sim, para todos os que desejam abraçar a Doutrina dos Espíritos, inclusive incluindo em suas tarefas o estudo salutar — falei com emoção.

— Mas e quanto ao sacrifício de animais? — questionou Maurício com certo receio.

— Nesse processo de evolução, muitas casas, que são denominadas de roças de candomblé, já não utilizam mais o sacrifício de animais. E devemos lembrar que, mesmo quando o faziam, a intenção era das melhores, apesar de essa prática entrar em conflito com os ensinamentos do Mestre, a quem respeitam com desvelo e carinho. A ideia inicial era que o sangue servia para vitalizar os pontos energéticos; e a carne era preparada cuidadosamente, e distribuída entre todos os filhos daquela comunidade e aos famintos que perambulavam pelas ruas. Aliás, essas roças de candomblé cuidam das pessoas que perambulam pelas ruas; os viciados, as pessoas abandonadas, recebem abrigo e cura para suas doenças. Além disso, incentivam esses irmãos a retornar à sociedade como cidadãos, com direitos, deveres e igualdade — explicou Demétrius.

— Os espíritos desencarnados que trabalham nos terreiros de candomblé não são demônios; pelo contrário, são irmãos esclarecidos e iluminados, que se vinculam aos filhos de Deus encarnados, os Zambi, e os tratam como seus filhos, amando, aconselhando, amparando e doutrinando. Esses irmãos trabalhadores realizam feitos fantásticos com os desencarnados que se perderam pelos caminhos da escuridão. São soldados de Cristo que mergulham nas trevas para ajudar os caídos. E fazem tudo isso como fez o Mestre, em silêncio e sem nada pedir em troca. E, não raro, são as mesmas entidades encontradas em casas espíritas kardecistas, afinal, o destino do trabalho cristão é um apenas.

— A falta de entendimento gera o julgamento das atitudes que ainda não entendemos — refletiu Maurício.

Ineque esclareceu:

— Exatamente, meu amigo. Julgamos pela aparência, sem dominar o conhecimento necessário e amplo sobre o que apenas observamos na superfície. Quanto à umbanda, é uma religião que sintetiza vários elementos das religiões africanas, porém, sem ser definida por eles. Em nosso país, sua prática teve início no século XX, na Região Sudeste; mais precisamente, na cidade de Neves, no Rio de Janeiro, no dia

15 de novembro de 1908, pelo médium Zélio Fernandino de Moraes. A umbanda tem raízes em vários movimentos religiosos, como o candomblé, o catolicismo e o espiritualismo. É a única religião brasileira por excelência, com um sincretismo que combina o catolicismo, a tradição dos Orixás africanos e os espíritos de origem indígena.

"Assim como o candomblé, a umbanda foi discriminada pela sociedade; era vista como religião de ignorantes. Em verdade, o trabalho desenvolvido dentro dos Templos de Umbanda era realizado por médiuns que 'incorporavam' os guias, mas sem ter ideia do que acontecia e como acontecia. Apenas ficava comprovada a presença de seres caridosos que praticavam o bem para todos, sem escolher a quem. Atualmente, podemos definir e entender esse fenômeno como mediunidade inconsciente.

"A umbanda vem abrindo as cortinas do invisível e deixando aberta a luz do amor e da verdade, por meio de estudos e aquisição de conhecimento, introduzindo em suas casas as Obras Básicas. Nas sessões, abertas para todos, pois na umbanda não há trabalhos ocultos, as palestras das entidades são feitas para todos os irmãos presentes.

"O atendimento individual é sempre voltado para o aconselhamento espiritual e os tratamentos espirituais que eventualmente se façam necessários.

"Nos terreiros de umbanda, são recebidas diariamente falanges e mais falanges de espíritos de todá sorte, os falangeiros; os socorristas e as equipes de resgate são incumbidos da missão de recebê-los. Ali, eles são tratados, recebem os primeiros socorros e, logo após, são encaminhados a hospitais e escolas espirituais sob a proteção dos mentores de luz que dão assistência ao Templo."

— O terreiro de umbanda funciona como um pronto-socorro; recebe irmãos desencarnados em vários níveis. Acolhe sofredores e doentes, inclusive os que ainda são maldosos e vingativos, espíritos conscientes ou não do que estão fazendo.

Estes são os mais necessitados, segundo o Mestre Jesus. Todos são tratados como irmãos amados e auxiliados sem discriminação — elucidou Demétrius.

— Esses espíritos mais ignorantes são chamados de Quiumbas. Compõem aqueles grupos de irmãos que ainda são maldosos e vingativos. Quando são questionados sobre sua origem, geralmente dão nomes conhecidos e até imitam perfeitamente quem eles dizem ser. Por isso, é muito importante o conhecimento e a experiência do médium de umbanda para perceber esse fato. Os Quiumbas são peritos em se passarem por seres luminosos, mas estão em busca de vingança e do malefício. Andam em grandes falanges e planejam com muito cuidado como e onde atacar suas vítimas. No entanto, quando o tratamento é adequado, e feito com amor, que é o único verdadeiro caminho, esses irmãos sofredores conseguem superar sua afinidade com o mal. Os socorristas sabem exatamente o que querem os Quiumbas e como lidar com eles. Os guias, encarregados dessa tarefa de libertação, procuram trazer a eles a força do amor, pois, mesmo estando nas trevas, todos eles um dia amaram e foram amados. Essas lembranças os auxiliam, fazendo com que fiquem sensibilizados e fragilizados diante dessa luz magnífica. E, quando têm certeza de que poderão voltar a amar e ser amados, ter os seus entes queridos de volta em sua vida, eles acabam se entregando ao poder da luz e do amor. Há uma movimentação interior que os transforma e os conduz ao caminho reto; começam a trabalhar usando os seus conhecimentos e suas experiências para o bem. No livro *Domínios da mediunidade*, psicografia de nosso querido Chico Xavier, André Luiz nos relata o caso de exímio hipnotizador que, após entender o valor do amor, utiliza as práticas aprendidas ainda como espírito ignorante para realizar o bem; o personagem se intitula Saldanha. É aí que reside a maior vitória do trabalhador encarnado; o médium recebe auxílio do trabalhador desencarnado e, juntos, fazem nascer um espírito liberto! — falei com alegria.

— Pelo que estou entendendo, há diferença na aplicação dos conhecimentos que adquirimos, ou seja, na forma como são conduzidos — comentou Ana.

— Isso mesmo, minha amiga. E, além dessas missões de paz, o terreiro de umbanda cuida dos irmãos encarnados, aconselhando, promovendo a união e o amor entre as famílias. Os guias da umbanda afirmam que o maior patrimônio da humanidade é a família, referência que podemos encontrar em *O Livro dos Espíritos* — lembrei aos amigos.

E, como todos estavam envolvidos naquela conversa de aprendizado, continuei com os esclarecimentos:

— Os trabalhos espirituais da umbanda são determinados por vários guias mensageiros de luz; são sete linhas ou sete legiões, sendo todas elas ligadas a Nosso Senhor Jesus Cristo, denominado Oxalá. Os mentores de luz, que são os guias ou entidades, se apresentam nas correntes de trabalho, todos louvando a Jesus, Oxalá e Deus, nosso Pai Criador.

"A umbanda é organizada, trabalha com a direita e com a esquerda; não há diferença nenhuma entre os guias, apenas as tarefas que se fazem necessárias são divididas. Os guias que representam a esquerda são chamados de Exus, espíritos que se manifestam no lado masculino, e Pombasgiras, espíritos que se manifestam no lado feminino.

"Os Exus são como militares, fazem a guarda e a ronda em nossos caminhos, ajudando encarnados e desencarnados. As Pombasgiras fazem o papel de mãe e irmã de caridade; elas cuidam dos espíritos que são resgatados pelos Exus, fazem os primeiros socorros até a determinação e avaliação dos mentores de luz responsáveis pelo encaminhamento futuro de cada resgatado."

— Podemos reflexionar sobre o fato. Mesmo que o espírito seja ignorante das Leis Divinas, nada o impede de fazer o bem. Mesmo que a forma de suas ações ainda seja selvagem, devemos nos conscientizar de que julgar a forma é um ato de preconceito — ponderou Demétrius.

— Confesso que ainda não entendo esse conceito de trabalhar para a direita ou para a esquerda; isso tem relação em fazer o bem e o mal? — questionou Ana.

— Sempre há distorções quando uma história é contada. E sempre há os espíritos inferiores que se ligam a esses falsos conceitos. Eles se aproveitam para atrapalhar e desacreditar o que nos pode auxiliar no processo de evolução moral, tanto em nível pessoal como de comunidades, que podem influenciar na transformação do próprio planeta. Sabemos que a movimentação energética acaba por ter a qualidade que a mente elege para si mesma. E, no admirável processo de sintonia vibratória, há somatória de vibrações afins, gerando a ressonância, não é assim? — esclareceu Demétrius. — E nada há de diferente em outros agrupamentos. Cada comunidade possui características próprias, que são derivadas do estágio evolutivo de seus membros.

"A linha de esquerda é composta por trabalhadores espirituais que se movimentam pelo campo mais denso, mais materializado. São os operários, que na umbanda são conhecidos como Exu e Pomba-Gira, como já dissemos."

— Exu e Pombagira são espíritos que já encarnaram na Terra; na sua maioria, em encarnações anteriores, cometeram vários crimes ou viveram de modo a prejudicar seriamente sua evolução espiritual e a do próximo. Conscientizados desse fato, fizeram uma escolha, que é trabalhar em benefício da humanidade para terem a oportunidade de evoluir através da prática do bem. Na realidade, a compreensão dessas entidades do mal e do bem ainda é bastante precária. Não raras vezes, se ligam a espíritos encarnados ainda maldosos e acabam por se comprometer de forma triste; sua atenuante é a ignorância quanto ao modo de manifestar a bondade. Exu e Pombagira são espíritos neutros, são ferramentas nas mãos dos médiuns. Quem faz o mal é quem os utiliza, direcionando vibrações de maneira desarmônica — comentei com carinho.

— Mas, mesmo assim, com todas as atenuantes, há afinidade entre esses espíritos — refletiu Ana, demonstrando preocupação.

— Com certeza, minha amiga. A lei das afinidades nunca é burlada, mas devemos lembrar que o mais importante neste processo de evolução é a intenção com que praticamos qualquer ato. Essas entidades trazem em seu âmago a necessidade de resgatar falhas do passado; mesmo havendo equívocos, vai ser levada em conta sempre a intenção. Aquele que usa a inocência e a ignorância do outro será cobrado por sua própria consciência, e um dia terá condições de recuperar a luz que já existe em sua mente — falei.

— Então, como ficam os templos que trabalham para o bem ou para o mal no meio de toda essa movimentação de energias? — perguntou Maurício.

— Como tudo que se movimenta no mundo, há escolhas a serem feitas, e cada escolha feita traz consigo as consequências de igual intensidade e qualidade. Assim como em qualquer comunidade, religiosa ou não, toda energia movimentada pela mente possui característica própria; o bem alimenta o bem e o mal alimenta o mal. E, para as duas vertentes, há sempre uma reação de igual valor — respondeu Ineque.

— Esse fenômeno, seguindo as leis de afinidades e sintonia vibratória, traz uma compreensão magnífica e nos auxilia a concluir essa bendita conversa que tivemos hoje. A vida está em constante movimento educacional. De uma forma ou outra, nos transformamos através de todas as informações que nos chegam ao intelecto, lembrando sempre que a evolução não dá saltos e que tudo está da forma que precisamos para modificar nossa estrutura mental — completou Demétrius.

Completei com seriedade e carinho:

— Nos Templos de Umbanda ou Candomblé, encontramos muitos mentores que trabalham nas casas kardecistas. Eles procuram esclarecer que a religião é uma necessidade de nossas limitações, uma forma de nos unirmos em grupos de afinidades e manifestar nossa crença em Deus. E que, diante dessa compreensão, entenderemos o motivo de trabalharem em vários lugares; isto é, onde são necessários e onde Deus os requisita. É comum encontrarmos os mesmos médicos que operam nas casas kardecistas operando nos terreiros de umbanda, trazendo espíritos que foram resgatados em determinada casa e encaminhados para o terreiro de umbanda, e vice-versa. Há um intercâmbio amoroso por meio do qual o socorro aos necessitados é realizado, segundo a compreensão de cada um, ou seja, "fazer o bem pelo bem", sem julgar a evolução moral ou intelectual do outro. Nós sabemos que nossas intenções são definidas por nossos sentimentos verdadeiros.

"A espiritualidade melhor é divina e sábia, e não separa o que precisa ser cada vez mais unido. Ela orienta para a união entre o trabalho dos espíritos encarnados e dos espíritos desencarnados melhores. Os trabalhadores do Senhor fazem parte da frente de tarefa dos renovadores do planeta. Então, concluímos que tudo está correto.

"Mas precisamos entender esta fala: tudo está correto, de forma ativa, auxiliando para que o dia de amanhã seja sempre melhor que o dia de hoje. E é preciso salientar que é somente através do processo de educação de cada um de nós que o trabalho será concluído. Há espaço para todos, para todas as formas de manifestação da fé em direção ao Pai. Mas, desde que essa fé esteja assentada na bondade, no amor e no perdão; caso contrário, estaremos apenas enganando a nós mesmos e nosso próximo.

"O doutor Bezerra de Menezes nos alerta: 'Essa é a ÚLTIMA CHAMADA', precisamos urgentemente derrubar os muros, erguidos por meio de religiões que separam os filhos do Pai. Precisamos estender as mãos uns para os outros, pois só assim teremos a oportunidade de nos elevarmos à nossa digna origem divina."

— Queridos amigos, precisamos nos colocar a caminho! — alertou Ineque.

EM CADA LÁGRIMA HÁ UMA ESPERANÇA | 143

CAPÍTULO XV

ACREDITAR NO FUTURO

739. Esses flagelos destruidores têm utilidade do ponto de vista físico, malgrado os males que ocasionam?
— Sim, eles modificam algumas vezes o estado de uma região; mas o bem que deles resulta só é geralmente sentido pelas gerações futuras.

(*O Livro dos Espíritos* — Livro III — Capítulo VI, Lei de Destruição — Item II, Flagelos Destruidores)

Após a salutar troca de ideias entre nós, nos preparamos para visitar a cidade abençoada denominada de Sagrado Coração de Jesus.

O panorama vibratório da região era composto por densa energia; a sensação que tínhamos, conforme caminhávamos, era de cansaço e tristeza.

Entidades malfazejas nos acompanhavam de perto, vigiando cada movimento que fazíamos. Formavam um cortejo triste e doentio; estavam vestidas como a antiga Guarda Suíça Pontifícia, usando uma malha de cetim em cores fortes, azul-real, amarelo-ouro e vermelho-sangue.

A Guarda Suíça recebeu essa incumbência no ano de 1506, e até os dias atuais são responsáveis pela segurança do Papa, tanto no Vaticano quanto no Castelo Papal de Avignon. Uma curiosidade: o *design* do uniforme é atribuído a Michelangelo. Um cântico triste saía dos lábios ressequidos e deformados; frases aleatórias, sem sentido algum, eram repetidas e repetidas, formando um som monótono e hipnótico.

Ineque nos sugeriu, mentalmente, que ocupássemos nossos pensamentos com algo edificante.

Ana sorriu e nos convidou a acompanhá-la em uma linda canção: "Fascinação". A música original chama-se "Fascination", canção francesa escrita em 1905 por Maurice de Féraudy e Dante Pilade "Fermo" Marchetti. Em 1943, Armando Louzada traduziu a canção para o português, tendo sido ela magistralmente interpretada por Carlos Galhardo. Nossa amiga querida vivia cantarolando essa bela composição; assim, aprendemos a letra e a melodia, e a acompanhamos:

> Os sonhos mais lindos sonhei
> De quimeras mil um castelo ergui
> E o teu olhar, tonto de emoção
> Com sofreguidão mil venturas previ
> O teu corpo é luz, sedução
> Poema divino cheio de esplendor
> Teu sorriso prende, inebria e entontece
> És fascinação, amor

Os sonhos mais lindos sonhei
De quimeras mil um castelo ergui
E o teu olhar, tonto de emoção
Com sofreguidão mil venturas previ
O teu corpo é luz, sedução
Poema divino cheio de esplendor
Teu sorriso prende, inebria e entontece
És fascinação, amor.

Enquanto cantávamos, emocionados, a linda canção, incentivados por nossa amável companheira de trabalhos socorristas, as entidades foram se calando; seu andar nos pareceu mais lento e pesado, cansaço e tristeza ilustravam o seu semblante. Um dos guardas se sentou no chão árido e batido pela seca, característica do terreno da região castigada pelo sol inclemente; seu peito arfava com violência. Admirado, percebi que ele sentia os sintomas de uma grave crise respiratória; seus companheiros o olhavam sem demonstrar qualquer sentimento de compaixão, indiferentes ao sofrimento.

Ineque e eu nos aproximamos com carinho, toquei com delicadeza sua fronte suarenta e fria.

— Calma, meu irmão, ficará tudo bem! Esse mal-estar já vai passar. Acalme seu coração, segure em minhas mãos e respire vagarosamente. Isso, muito bem!

Oramos em benefício do sofredor amigo; quando ele se acalmou e passou a respirar com mansidão, olhou-me com gratidão, levantou-se do chão e perguntou:

— E agora, o que faço?

— Você tem uma escolha importante a fazer neste instante. Pode continuar sua vida como até agora ou aceitar o socorro que oferecemos, dessa forma partindo para lugares melhores em busca de soluções mais acertadas para as suas dúvidas — respondi com carinho.

— Viver como antes vivia antes de encontrá-los, não sei se conseguiria novamente. Sinto meu coração mais leve, parece que consigo pensar e ver tudo de outra forma. Mas será que conseguirei viver como vocês?

— Você não precisa viver como nós, esse caminho que ora trilhamos vem de muitas reflexões e vivências pessoais. O irmão precisa descobrir o que quer e precisa fazer esse esforço em benefício de si mesmo, assim conseguirá trilhar o próprio caminho.

Ele nos olhou com os olhos rasos de lágrimas e falou num fio de voz:

— Eu vou aceitar sim. E eles, os outros? O que será feito deles?

— Seus companheiros têm a mesma oportunidade. Mas só compreenderão isso no momento que tiverem condições. Aceite a sua oportunidade. Este querido companheiro, Demétrius, o levará para um novo lar. Deus o abençoe!

As outras entidades nos olhavam num misto de ódio e admiração. Aquele que nos pareceu ser o capitão daquele pequeno regimento, por sob os cílios, olhou para nosso pequeno grupo com sarcasmo; então, nos convidou a continuar caminhando.

Chegamos à bendita cidade Sagrado Coração de Jesus, morada de espíritos que viviam a caminho do processo de evolução intelectual e moral.

Experimentando situações diversas, e mesmo incomuns, desde que me uni a este adorável grupo de amigos, também modifiquei a maneira de entender as informações que chegavam ao meu intelecto. O respeito à diversidade de estado mental de nossos irmãos hoje me soa natural. Mesmo aqueles que se movimentam no desequilíbrio e alimentando o mal estão apenas vivendo o que entendem por certo naquele momento.

A minha responsabilidade neste caos organizado é contribuir para que a harmonia do universo aconteça de forma equilibrada, por meio da compreensão de nossa origem. Tenho a certeza de que antes dessa compreensão magnífica não haverá transformação no pensar.

Olhei aquelas benditas paragens e agradeci ao Pai de Amor e Oportunidades estar entre aqueles que auxiliam, pois, certamente, também já estive entre os ignorantes do bem e precisei da paciência, da tolerância e do amor de muitos.

Continuamos a caminhada. O chão pedregoso dificultava o progresso das entidades que nos acompanhavam. Olhei à frente e percebi a aproximação de estranha entidade, que se transvestia de verdugo. Uma túnica de tecido grosso e rústico, na cor preta, cobria seu corpo. Pesado capuz cobria parcialmente o rosto patibular. Na cintura, usava um cordão na forma de um rosário que terminava com enorme crucifixo; era Urich.

Aproximou-se de nossa pequena caravana e nos instruiu:

— Já que se atreveram a invadir nossas fronteiras, também deverão se submeter às nossas leis. Eu os quero de cabeça baixa e em silêncio; não pensem que estão lidando com apenas um serviçal sem preparo. Sabem quem sou. Então, tenham cuidado!

Apenas abaixamos nossas cabeças e mantivemos nossas mentes elevadas ao Criador da Vida.

Urich nos encaminhou a luxuoso prédio; havia dois andares. As janelas eram amplas e logo acima da porta de entrada havia um balcão. A construção em U formava um pátio interno; percebi ser uma réplica perfeita do Palácio do Quirinal, ou, como é conhecido na Itália, Palazzo del Quirinale, ou simplesmente Quirinale: um edifício histórico em Roma, a atual residência oficial do presidente da República Italiana. Está localizado no Monte Quirinal, a mais alta das sete colinas de Roma. E abrigou trinta papas, quatro reis e onze presidentes da República Italiana.

— Bem-vindos ao Palazzo Quirinale. Nosso mestre papal, Salas, virá recebê-los em breve.

Fez uma exagerada reverência e saiu do ambiente rindo alto.

Estávamos num amplo salão, mobiliado com esmero e riqueza de detalhes, onde prevaleciam os tons grená e dourado.

Paramos perto de ampla janela que dava para o exterior do edifício. Notamos o contraste gritante entre o luxo daquele prédio e a miséria absoluta em que viviam os "súditos" de Salas.

Nesse momento, alguns companheiros de lide socorrista entraram no ambiente, acompanhados por Demétrius, que voltava a se reunir a nós. Ineque nos instruiu mentalmente ao silêncio absoluto e nos exortou à prece por nossos irmãos em sofrimento.

Urich voltou e trazia consigo um grande número de entidades. Eles se vestiam como a Guarda Suíça que protege o Vaticano; foram instruídos a nos vigiar e, caso algo diferente acontecesse, que o avisassem de imediato.

Algumas horas se passaram. Nossa presença era propositalmente ignorada; sentíamos algum cansaço causado pela densidade energética do lugar. Novamente Ineque nos convidou à prece; neste momento, percebemos sutil luminosidade que nos alcançava o coronário. Sentimo-nos melhores e mais fortalecidos em nossos objetivos.

Oramos em silêncio, percebendo o desconforto que aqueles infelizes sentiam diante da transformação energética que tanto nos beneficiou.

Compadecido pela dor e pelo sofrimento, verti algumas lágrimas de carinho e piedade. Minhas emoções ainda se assemelham muito às respostas de um encarnado através das manifestações físicas. Já consigo ver as transformações através da dor que reequilibra a psique humana, apenas não consigo que minha mente se manifeste com tamanha alegria observando esse processo redentor. Mantenho, ainda, o sentimento de pena do sofrimento alheio; preciso transformar essa sensação em compaixão verdadeira. Estou aprendendo, estou aprendendo!

CAPÍTULO XVI

PACIÊNCIA E RESIGNAÇÃO

740. Os flagelos não seriam igualmente provas morais para o homem, pondo-o às voltas com necessidades mais duras?

— *Os flagelos são provas que proporcionam ao homem a ocasião de exercitar a inteligência, de mostrar a paciência e resignação ante a vontade de Deus, ao mesmo tempo que lhe permite desenvolver os sentimentos de abnegação, de desinteresse próprio e de amor ao próximo, se ele não for dominado pelo egoísmo.*

(O Livro dos Espíritos — Livro III — Capítulo VI, Lei de Destruição — Item II, Flagelos Destruidores)

✳

Há exatos três dias aguardávamos a presença de Salas. Este ordenara a Urich que nos mantivesse em espera, na esperança de contar com sua presença. No início do terceiro dia, mentalmente, fomos instruídos por Ineque a nos deslocarmos até os aposentos de nosso amigo. Exortou-nos à prece e ao silêncio, pois receberíamos auxílio do plano melhor.

Nesse instante, diáfana luminosidade invadiu o ambiente; as entidades que cercavam nosso grupo, a princípio confusas pelas sensações de conforto e bem-estar, olhavam umas para as outras. Após alguns instantes, deslizaram ao chão num movimento leve e harmônico. Receberam a amorosa atenção dos socorristas, que imediatamente passaram a recolher a preciosa carga com afeto e compaixão.

Libertos do aprisionamento, passamos a nos movimentar entre os corredores extensos e sombrios. Urich nos acompanhava de perto, apenas nos observando. Adentramos o aposento de Salas e o encontramos deitado numa cama coberta por um dossel de madeira escura, esculpido a mão e rodeado por pesadas cortinas de tecido grená semelhante ao veludo.

Ele nos pareceu doente e frágil; toda a pompa e arrogância haviam sumido. Urich nos intimou a sair do ambiente pestilento; parecia amedrontado e triste por ver seu mestre naquele estado.

Demétrius se aproximou dele e pediu que o acompanhasse; os dois saíram do ambiente, então nos aproximamos e rodeamos a cama.

Salas entreabriu os olhos e nos fitou com ódio.

— Saiam daqui! Não é porque me veem neste deplorável estado que podem pensar que sou mais fraco. Ainda posso exterminar multidões de hereges como vocês. Sou o escolhido, sou a voz de Deus sobre a Terra, sou o machado e a espada da Santa Igreja Católica. Já os queimei na santa fogueira da Inquisição e posso fazê-lo novamente.

EM CADA LÁGRIMA HÁ UMA ESPERANÇA | 151

Fraco e confuso, repetia sem cessar as mesmas palavras. Oramos ao Pai de Perdão pela recuperação desse irmão de jornada. Ele adormeceu e nós o encaminhamos à casa espírita que nos acolheu com amor e carinho.

Uma equipe de socorristas ficou na cidadela intitulada Sagrado Coração de Jesus, para auxiliar aqueles que ainda transitavam nas trevas de suas mentes confusas.

Agradecemos a Deus a oportunidade de agirmos para que o mundo se torne um lugar de paz e felicidade.

Descansamos por algumas horas e fomos visitar Artur. Ele se encontrava no templo evangélico reunido com a comissão que propunha a ele uma auditoria financeira e administrativa.

— Estamos recebendo muitas denúncias sobre a forma como tem conduzido sua franquia, inclusive sobre abusos sexuais — informou Cássio, responsável pela região onde Artur mantinha a unidade franqueada.

— Esse povo fala demais! Inventam coisas terríveis com a intenção de me derrubar. Não se preocupem com isso, vou dar um jeitinho — esbravejou Artur.

— Já tivemos algumas experiências desagradáveis com situações semelhantes a essa. Fomos até bem compreensivos, mas não deu muito certo, então creia que não aceitamos jeitinhos nestes casos. Daremos prosseguimento à auditoria. Peço que deixe à disposição de minha equipe todo o material financeiro que tiver, livros ou planilhas no computador. Espero que já tenha implantado os sistemas que mandamos instalar. Investigaremos todas as denúncias que chegaram até nós. Faço votos, para o seu bem, que nada proceda!

Artur olhou para Cássio com raiva, levantou de sua cadeira e disse com sarcasmo:

— Sente-se e fique à vontade. Tudo de que precisa encontra-se nesta sala. Quando terminar me avise.

Saiu batendo a porta. Tomou do celular e ligou para Anísio.

— Seu desgraçado, você me denunciou para a cúpula?

— Você está louco? Depois do que me entregou e das suas ameaças? Nem mais estou por aí, mudei até de cidade. Só mantive esse número por sua causa; sabia que, se algo desse errado, iria querer falar comigo.

— Se não foi você, quem pode ter sido, seu inútil?

— Já pensou no seu comparsa? Aquele lá faria qualquer coisa para ficar mais rico ainda. Já pensou que denunciar você para o grupo deve ter valido uma fortuna? Eu te avisei para se livrar daquele marginal.

— Vá para o inferno!

Artur desligou o celular e pensou furioso: "Não é que o advogadinho deve ter razão? Vou ligar para o Celso e preparar uma armadilha para aquele burro".

Celso atendeu o celular:

— Que manda, chefinho? Alguém mais para apagar?

— Tenho um bom serviço para você; encontre-me no lugar de sempre, amanhã bem cedo, cinco horas da madrugada, está bem?

Celso concordou e ficou com uma impressão ruim; a voz de Artur estava diferente. Pensou aflito: "Aquele lá é capaz de tudo, tenho a impressão de que vai aprontar alguma comigo; vou preparado para qualquer coisa, se precisar acabo com a vida dele".

Voltamos à casa espírita. Era segunda-feira, dia do trabalho de atendimento espiritual aos amigos necessitados. Já na segunda fase do trabalho, após uma hora de estudo, iniciamos o horário da desobsessão.

Salas foi levado para assistir os atendimentos do dia. Uma a uma, as comunicações foram sendo concluídas de maneira tranquila e produtiva. Aproximei-me dele e ofereci a oportunidade de algum esclarecimento. Olhou-me com desfaçatez e falou sorrindo com deboche:

— Acredita mesmo que essa palhaçada vai fazer diferença para mim? Você sabe exatamente quem sou, não me perturbe com seu teatrinho de fantoches. Com essa atitude, você ameaça a minha forma de entender minhas obrigações para com Deus; sou um servidor fiel, e não creio em outras formas de demonstrar a minha fé.

— O que poderia ameaçá-lo? Você tem tanta certeza de estar agindo da maneira correta... Sendo assim, nossas ações não fariam qualquer diferença ao seu julgamento, não é assim?

— Isso mesmo. Nada irá corromper a minha fé e meu compromisso com Deus.

— Então o que o assusta a ponto de se recusar a uma simples comunicação?

Ele olhou para mim e disse:

— Não se esqueça, você quis assim!

Nesse momento, Urich adentrou a sala. Apavorado, gritava:

— Não faça isso, meu senhor, é uma armadilha! Eles o prenderão no inferno para sempre! O demônio apenas aguarda esta oportunidade para se livrar de mais um servidor da verdadeira fé.

Urich desabou sobre si mesmo; Demétrius o amparou e falou baixinho em seu ouvido:

— Está tudo bem, meu irmão, apenas observe e passe a entender a própria vida.

Salas se aproximou de Sandra, que já se preparara para esse labor. A médium, com caridade e amor, impôs alguns limites para a aproximação do doente. Urich observava com admiração a energia carinhosa que envolvia a tudo e a todos.

Salas tentava desequilibrar a médium, que se mantinha calma e serena. Mentalmente ligada à mente dele, pensava em como estava feliz por estar ali; pedia a ele que sentisse o bem que era direcionado a ele, que observasse que tudo estava bem, e que não havia solidão entre os filhos de Deus.

Salas teimosamente tentava penetrar a mente de Sandra. No entanto, esta refutava suas investidas e argumentava que aquele tempo, que aquele sofrimento havia terminado; que não temia o retorno a um momento vivido no desequilíbrio das paixões humanas; que esta era uma nova época, um tempo novo com novas oportunidades.

Amorosa, alertou Salas sobre o amor e a fidelidade de seu companheiro Urich, que estava ali para defendê-lo. Salas o olhou com desdém e falou que não precisava de nada nem de ninguém, e que queria que ele apodrecesse no inferno mais profundo.

Urich, admirado da reação daquele a quem servia com desvelo, resvalou ao chão, esgotado pelas emoções que chegavam a ele, modificando sua estrutura mental e a forma de entender a vida. Demétrius mais uma vez o acolheu em seus braços e o levou para um lugar de refazimento.

Indignado, Salas nos olhou e saiu da casa, retornando à cidadela que não mais existia.

O caminho até a cidadela estava bem diferente, ainda sentíamos certa resistência energética, mas nada comparado à nossa visita anterior. Encontramos Salas sentado numa pedra em frente ao que seria o portal de entrada. Ele nos olhou cansado e triste.

— Estou assim só hoje, tenho o direito de me sentir punido injustamente. Mas não pensem que venceram, tenho um destino a cumprir e eu o farei de qualquer forma; estou indo em busca de ajuda.

Levantou-se do tosco assento e sumiu de nossas vistas.

— Para onde ele foi? — perguntei a Ineque.

— Foi em busca de seus companheiros; não se esqueça, eles são nove dragões.

— E será auxiliado por eles?

— Esperemos para ver a sequência dos acontecimentos. Apesar de que, nas relações entre os egoístas, não há fidelidade ou solidariedade. Entretanto tem em comum o fato de acreditarem ser os eleitos pelo Pai para dar sequência à obra do bem maior. Realmente, amigo Vinícius, não saberia chegar a uma conclusão sobre o assunto.

— Você citou o egoísmo como a fonte de tanto desequilíbrio. Por favor, me esclareça sobre o fato.

— Infelizmente, a vaidade e o egoísmo são base forte à movimentação dos espíritos no estágio evolutivo que vivemos.

Mesmo as coisas mais elevadas são revestidas de sentimentos e compreensões distorcidos acerca de determinados conceitos. Para justificar esses desvarios chegamos ao ponto de humanizar Deus, segundo nossa conveniência. Dessa forma, acabamos criando definições confusas sobre as emoções e os sentimentos mais elevados, como o amor e o perdão. Jesus passou por nosso planeta com a intenção de despertar dúvidas sobre a maneira como nos manifestamos dentro de nós mesmos e em relação a nosso próximo. No entanto, dois milênios já se vão, e ainda vivemos intenso conflito entre o bem e o mal que habita nossas mentes.

— O amigo tem razão, vivemos ainda nas sombras densas de nossos desejos e sentimentos. Enquanto não nos dispusermos a modificar essa relação e desenvolver compreensão mais lúcida e clara sobre nossos propósitos e finalidades, ainda permaneceremos na obscuridade e não estaremos caminhando para despertar a nossa luz.

— Aquisição de conhecimento, baseado na ética verdadeira, exercitado à luz das Leis Divinas, é o único caminho para a educação do Espírito.

Ana se aproximou de nós e nos convidou a visitar a família que acolhia a filhinha de Camila.

— Artur conseguiu algumas informações sobre esses amigos de Vanda. Ele colocou vários detetives particulares para encontrar a menina.

— É uma ideia obsessiva de Artur. Ele já tinha tomado a decisão de não ir atrás da criança, principalmente por não ser do sexo masculino; o que mudou? — perguntei aos amigos.

— Ele fez alguns exames de fertilidade no último ano, e o médico constatou que ele secreta uma quantidade muito pequena de espermatozoides. E, mesmo assim, os existentes não são saudáveis. Depois disso, começou a ficar preocupado por não ter herdeiros. Aproveitando-se de sua fraqueza de caráter, Salas o incitou a recuperar a filha, dizendo que ele poderia educar a menina para os objetivos de seu segmento religioso. Ontem, Demétrius informou sobre esse fato, e já havia nos alertado sobre a possibilidade de a criança ser encontrada pelo pai — esclareceu Ineque.

— A criança, a menina Branca, quantos anos tem? — perguntou Ana.

— Já conta quatro anos; fará aniversário na próxima semana — respondeu Ineque.

— E ainda vive longe da mãe. A pobre Camila nem ao menos a conhece pessoalmente. E esse é o motivo de sua tristeza. Mesmo estando com a vida estabilizada, sente muito a ausência de Branca. E sabe que, enquanto Artur estiver vivo, elas correm perigo — falei com emoção.

— A informação que Artur recebeu é verdadeira? — perguntou Ineque.

— É sim, infelizmente. Como Evandro e Camila não saem da cidade e não têm atitudes suspeitas nem amigos que poderiam estar escondendo Branca, Artur decidiu ampliar sua área de busca. Então, mandou os detetives pesquisarem amigos de Vanda e Fábio. Ocorre que um deles veio com o relato de que existe uma família no sul do país, morando em uma fazenda, que acolheu uma criança órfã — informou Ana.

— O que podemos fazer? — questionei.

— Vamos intuir Sandra para um alerta aos amigos — respondeu Ineque.

Mais uma vez recorremos à querida amiga psicógrafa para uma pequena mensagem:

> Querido amigo, nunca devemos estar tão seguros de determinadas situações, mas sempre alertas. Precisamos acreditar em nossa intuição e nos acontecimentos mais simples do dia a dia. A movimentação constante do princípio inteligente sempre nos beneficia no aprendizado.

Já era noite alta. Por isso, Sandra se comprometeu a entregar a missiva no dia seguinte, tão logo amanhecesse.

CAPÍTULO XVII

AFLIÇÃO NECESSÁRIA

741. Dado é ao homem conjurar os flagelos que o afligem?

— Em parte, é; não, porém, como geralmente o entendem. Muitos flagelos resultam da imprevidência do homem. À medida que adquire conhecimentos e experiência, ele os vai podendo conjurar, isto é, prevenir, se lhes sabe pesquisar as causas. Contudo, entre os males que afligem a Humanidade, alguns há de caráter geral, que estão nos decretos da Providência e dos quais cada indivíduo recebe, mais ou menos, o contragolpe. A esses nada pode o homem opor, a não ser sua submissão à vontade de Deus. Esses mesmos males, entretanto, ele muitas vezes os agrava pela sua negligência.

Na primeira linha dos flagelos destruidores, naturais e independentes do homem, devem ser colocadas a peste, a fome, as inundações, as intempéries fatais às produções da terra. Não tem, porém, o homem encontrado na Ciência, nas obras de arte, no aperfeiçoamento da agricultura, nos afolhamentos e nas irrigações, no estudo das condições higiênicas, meios de impedir, ou, quando menos, de atenuar muitos desastres? Certas regiões, outrora assoladas por terríveis flagelos, não estão hoje preservadas deles? Que não fará, portanto, o homem pelo seu bem-estar material, quando souber aproveitar-se de todos os recursos da sua inteligência e quando, aos cuidados da sua conservação pessoal, souber aliar o sentimento de verdadeira caridade para com os seus semelhantes?

(O Livro dos Espíritos — Livro III — Capítulo VI, Lei de Destruição — Item II, Flagelos Destruidores)

Evandro e Camila foram dormir mais cedo naquela noite; sentiam-se cansados e sonolentos.

— Boa noite, amigos! — cumprimentei-os assim que procederam ao desdobramento pelo sono.

Evandro sorriu e respondeu com alegria:

— Boa noite, Vinícius! — Olhando ao seu lado, percebeu que Camila não mais estava no ambiente. — E Camila?

— Ana está com ela, assim que se viu mais livre correu ao encontro de Branca.

— Isso acontece todas as noites. Ando preocupado com minha esposa, sinto que se afasta mentalmente da realidade, temo por sua saúde mental.

— Sinto muito, Evandro, mas trago algumas notícias que trarão mais preocupações a vocês. Artur conseguiu algumas informações sobre o lugar onde se encontra Branca. Inclusive, amanhã mesmo, irá encarregar um novo comparsa de roubar a criança da família que a acolhe. Sandra recebeu uma mensagem que será entregue a vocês amanhã pela manhã. Você precisa gravar nossa conversa para que tudo faça sentido.

— Puxa vida, Vinícius! Isso será terrível para Camila. Temo que não suporte o baque, pois já está bastante deprimida.

— Sinto muito, meu amigo, mas precisa ser forte diante da situação. Procure elevar o padrão vibratório e levar ao coração de sua esposa paz e esperança no futuro.

— Ana está cuidando dela?

— Está sim, há uma afinidade muito boa entre as duas. Por favor, não se esqueça de nossa conversa.

Evandro acordou e imediatamente tomou uma folha de papel e uma caneta nas mãos, anotando as lembranças que trazia consigo. Acariciou o rosto de Camila e ficou observando a companheira adormecida.

— Amo muito você, minha querida. Temo apenas que esse amor não seja suficiente para trazer um pouco de paz e equilíbrio para você em toda essa história. Vou orar com todo o sentimento de amor que trago em meu coração e pedir a Deus que a proteja e ilumine nestes momentos de provação.

Evandro ficou ao lado da esposa, os olhos abertos, a mente voltada a Deus numa prece amorosa por dias melhores. Finalmente, adormeceu. O dia clareava lá fora, logo acordaria e teria de sair para trabalhar.

Sandra telefonou para o rapaz tão logo amanheceu. Combinaram de se encontrar na porta do hospital. Evandro leu e releu a mensagem; lembrou-se de parte da conversa que tivemos, consultou suas anotações e chegou à conclusão de que precisava tirar Branca do lugar em que estava. Telefonou para Vanda e pediu que a irmã entrasse em contato com seus amigos e os avisasse do perigo que corriam.

— Evandro, você tem certeza do que me pede? Diante dessas informações, vou mexer com a vida de todos eles, precisarão sair de sua casa e encontrar outro lugar seguro para ficar.

— Tenho sim, querida. Gostaria que fosse diferente, mas, de alguma forma, Artur encontrou Branca, e sabe-se lá o que aquele bandido pode fazer a todos eles.

— Ele mesmo pretende ir até lá?

— Acredito que não; tenho quase certeza de que mandará um de seus capangas. E isso me assusta, pois eles não têm limite moral algum.

— Está bem, vou ligar para minha amiga e volto a falar com você.

Vanda tentou entrar em contato, mas os telefones não atendiam. Preocupada, ligou para Evandro.

— Não consegui entrar em contato com eles. Tentei em todos os telefones que tenho e ninguém atende. Evandro, será que aconteceu algo?

— Meu Deus, será que os capangas de Artur já os encontraram?

— O que podemos fazer?

— Você não conhece mais ninguém que more por lá?

— Espere, deixe-me ver uma coisa. Certa vez minha amiga me deu o telefone de uma vizinha, para que pudesse ligar em alguma eventualidade. Está aqui, achei. Vou tentar esse contato e já ligo de novo.

Depois de alguns minutos, Vanda voltou a ligar, e estava bem mais animada.

— Eles estão na fazenda de uma irmã dela, foram passar uns dias de descanso. Devem voltar só na próxima semana.

— Você tem certeza disso, Vanda?

— Certeza absoluta, não tenho como dar. Mas essa é a informação que tenho no momento.

— Preciso confirmar para poder ficar tranquilo de verdade. Vou pedir ao Carlos que me ajude. O hospital tem um helicóptero. Ele nos ajudou quando Branca nasceu, irá nos ajudar agora também. Vanda, consiga o endereço dessa outra fazenda para mim, por favor.

— Está bem, fique tranquilo. Por favor, me leve com você.

— Não, querida. Peço-lhe que cuide de Camila. Diga que fui fazer um resgate de paciente e que, devido à gravidade, posso demorar uns dois dias, está bem? Assim que estiver tudo bem, eu mesmo ligo para ela.

— Eu vou buscar Camila no trabalho e a levo para minha casa.

— Combinado! E maninha... Mais uma vez, obrigado. Amo você.

Tomadas as providências, Evandro foi ao encontro dos amigos, ainda sem nem ao menos conhecê-los pessoalmente.

Chegando às imediações da fazenda, sentiu intenso mal--estar. E foi acometido pela sensação de que deveria dirigir-se à chácara que servia de moradia àquela família.

Pediu ao piloto que mudasse a rota e logo estava dentro de um táxi a caminho da morada de seus amigos. Chegando às imediações do local, percebeu uma grande movimentação de viaturas policiais.

Evandro pediu ao motorista do táxi que parasse a certa distância e se informasse sobre o que estava acontecendo. Em instantes o senhor voltou bastante nervoso.

— Precisamos sair daqui. O policial disse que dois sujeitos invadiram uma chácara, aquela ali no final da rua. Depois se dirigiram a uma senhora que saía de carro, a vizinha da esquerda. Parece que ela se recusou a dar informações sobre os vizinhos e os bandidos atiraram nela. De acordo com o policial, os marginais ainda estão escondidos na vizinhança.

Evandro voltou para onde o helicóptero havia pousado.

— Por favor, me leve à fazenda, o primeiro endereço que dei ao senhor.

Após um tempo, o piloto do helicóptero pousou num terreirão de secagem de café, de onde Evandro partiu, rumo à sede da fazenda. Na varanda da casa, um senhor e mais dois homens armados, com olhar desconfiado, o questionaram sobre sua visita.

— O que o senhor quer em minha propriedade, pousando sem permissão?

— Peço desculpas por vir sem avisar, mas não tivemos como entrar em contato; estou tentando falar com o casal Villas Rosa, mas não conseguimos. Sou o doutor Evandro.

— O que você quer com eles?

— Sou irmão de Vanda. Como disse, meu nome é Evandro. E o senhor, é parente deles?

— Sou sim. E eles não estão aqui!

Evandro, preocupado com o desenrolar dos últimos acontecimentos, murmurou para si mesmo:

— E agora? O que faço?

— Meu nome é Thiago. Espere um instante, por favor.

Thiago entrou em casa e voltou falando num aparelho celular.

— Fale com ele; se confirmar que é ele mesmo, tudo bem.

Estendeu o telefone para Evandro.

— Alô!

— Evandro, sou eu, Vanda!

— Nossa, que alívio, Vanda! Por favor, quem é esse senhor? Posso confiar nele?

— Pode sim, ele é Thiago Villas Rosa, irmão do marido de minha amiga. Pode contar com ele.

Evandro entregou o celular ao senhor, que o convidou a entrar.

— Maria, traga alguma coisa para o doutor Evandro lanchar e mande o José levar também para o piloto, que está na varanda. Depois vocês podem ir para suas casas, não quero ninguém aqui na propriedade. Venha, aqui é o banheiro, refresque-se um pouco e depois venha se juntar a mim.

Evandro se juntou a Thiago e o colocou a par dos últimos acontecimentos. Thiago pegou um rádio e pediu a seu capataz que o encontrasse na casa. Deu algumas ordens a ele e se juntou a Evandro.

— Meu funcionário irá à cidade investigar o que está acontecendo.

— E a menina, onde está?

— Depois falamos disso. Quero que me conte essa história desde o início. Nunca soube de onde apareceu nossa pequena Branca. Meu irmão nunca tocou no assunto, só pediu que eu confiasse nele, e foi o que fiz.

Evandro passou a narrar a história desde o início; Thiago ficou em silêncio, apenas escutando.

— Está certo. Vou pensar e ver qual a melhor solução para tudo. Pelo que falou, a família de meu irmão e a minha também estão correndo perigo. Não sou homem de fugir de uma boa briga, então vamos resolver esse assunto de uma vez por todas.

— Olha, não o conheço, portanto não sei como pensa. Mas quero deixar claro que abomino a violência.

— Sei. Mas e se forem matar sua família? Vai ficar quieto e sem reagir?

— Reagir para defender a própria vida e das pessoas que amamos é um dever; mas matar para que a violência não aconteça, eu não concordo.

— Ainda bem que não será você a tomar essa decisão.

Thiago saiu da sala e se fechou no escritório.

Evandro pensou, entre aliviado e tenso: "Bom, se ele está calmo, é porque a família está longe do perigo".

Duas horas depois, o capataz voltou, confirmando sobre o assassinato da vizinha de Toni, irmão de Thiago. Além disso, toda a casa deles estava revirada e os móveis foram destruídos.

— E onde eles estão, Thiago? Estão a salvo?

— Estão sim. E bem longe daqui. Já avisei meu irmão; enquanto não resolver o problema, eles não voltam.

Evandro respirou aliviado e perguntou:

— O que eu posso fazer para ajudar?

— Volte para sua casa e cuide de sua esposa. Você não tem estrutura mental para enfrentar o que precisa ser feito. Deixe comigo! — respondeu Thiago.

— Eu realmente não gosto de violência, e espero sinceramente que nenhuma atitude deste tipo seja necessária — ponderou Evandro.

— Meu amigo, nem sempre o que consideramos correto é também o necessário. Se eu precisar defender a segurança e a paz de minha família, não vou titubear para resolver o problema — retrucou Thiago, olhando firme nos olhos de Evandro.

— Meu Deus, isso vai totalmente contra o que venho aprendendo, durante toda minha vida. Mas, apesar de minhas convicções, sinto muita raiva de não poder conviver com Branca; de ver minha esposa Camila infeliz por não poder estar com a filha no colo; de precisar me esconder por causa de um bandido desequilibrado. Não sei mais o que desejar ou pensar!

— Não se preocupe, pois agora chegou ao lugar certo, e não pense que estou falando em cometer um assassinato. Também não tenho estômago para isso. Mas tem outros caminhos bastante eficazes para dar jeito em um indivíduo como esse. Agora vá. Entro em contato com vocês em breve, pode acreditar em mim — respondeu Thiago.

Evandro abraçou o rapaz e agradeceu a atenção dele para com seus problemas.

CAPÍTULO XVIII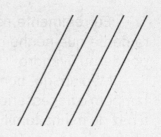

SEMPRE A VERDADE

742. Qual a causa que leva o homem à guerra?
— Predominância da natureza animal sobre a espiritual e a satisfação das paixões. No estado de barbárie, os povos só conhecem o direito do mais forte, e é por isso que a guerra, para eles, é um estado normal. À medida que o homem progride, ela se torna menos frequente, porque ele evita as suas causas e, quando ela se faz necessária, ele sabe adicionar-lhe humanidade.

(*O Livro dos Espíritos* — Livro III — Capítulo VI, Lei de Destruição — Item III, Guerras)

✳

Evandro voltou para casa.

— Nossa, Evandro, como você demorou! Esse resgate foi muito grave?

O moço olhou para o rosto abatido da esposa e pensou: "Meu Deus! Devo contar a ela a verdade? Sinto-me muito mal mentindo. Ela já está tão frágil. No entanto, a mentira é como uma doença contagiosa, que acaba por minar a confiança entre as pessoas".

Camila olhou para o rosto do marido e desconfiada perguntou:

— Essa ausência tem relação com minha filha, Evandro? Por favor, não me esconda nada. Eu não suportaria ficar de fora dos acontecimentos.

Evandro se aproximou, abraçando a esposa amada com muito carinho. Beijou com delicadeza os lábios da moça e falou com serenidade e firmeza:

— Tem sim, Camila. Vamos conversar.

Contou tudo o que havia acontecido até o momento em que entrou em casa, e terminou:

— Não sei o que Thiago pretende fazer. Confesso não estar tranquilo; temo a violência e os resultados dela.

— Mas Artur está merecendo ser castigado, ele só faz maldades. Pense em tudo o que sofremos até hoje por causa dele, para garantir a segurança de minha filha. Estou exausta, Evandro, não sei nem mesmo dos gostos de minha filha, ou como é o choro dela. Questiono a mim mesma como será tirá-la dessa família que cuida dela há quase quatro anos. Como será sua reação? Ela vai entender e me aceitar como sua mãe?

— Eu sei, meu bem, eu sei que sua mente vive povoada com essas dúvidas. Mas a violência não trará bem algum a ninguém; de uma forma ou de outra, seremos marcados por ela.

— O que vivemos já é violência. Temo por minha filha durante vinte e quatro horas por dia; oro incessantemente, sem tréguas e sem poder sentir uma alegria verdadeira. Amo você e não sei como suportaria tudo isso sem sua presença, mas o sofrimento não cessa, minha mente não se cala. Peço a Deus que aquele animal morra e desapareça de nossas vidas.

Evandro abraçou novamente a esposa e falou com muito amor transparecendo em sua voz:

— Calma, meu amor. Sabe o que faremos agora? Vamos orar, para que tudo se resolva da melhor maneira, sempre com a ajuda de Deus.

Nesse instante, uma figura terrível tentou adentrar o ambiente. Incomodado, percebeu a energia de amor e gratidão a Deus que envolvia nossos amigos.

Olhou-nos de forma belicosa e falou com voz severa:

— Guerra é o que procuram, e é guerra que encontrarão! Morreremos em nome de Deus, tanto na vida como na morte.

Ineque olhou-me nos olhos e entendi que deveríamos nos calar e orar. Irritado, o triste espectro de si mesmo saiu em direção à rua, seguido por seu séquito.

Demétrius se juntou a nós e disse:

— Salas foi julgado e condenado. Está preso numa cela sombria, na masmorra de antigo monastério. Consideram-no um traidor dos nove dragões; será torturado e obrigado a confessar o crime.

— O que podemos fazer por esse pobre irmão? — perguntei compadecido.

— Neste momento, apenas orar. Ele será substituído por outro inquisidor, que terá a incumbência de desequilibrar as forças divinas. Devemos nos preparar para esse auxílio — respondeu Demétrius.

— Quem é este irmão? — perguntou Ineque.

— Ele se denomina Robert, em homenagem ao inquisidor Robert Le Bougre, conhecido como o "Martelo dos Hereges", um frade dominicano que se tornou um inquisidor cruel e violento. Infelizmente, como todos aqueles que escolhem ignorar sua origem divina, acabou em terrível estado de desequilíbrio e ainda serve como modelo para os irmãos que permanecem nas trevas de suas mentes desvairadas — respondeu Demétrius.

— Ele falou em guerra — comentei preocupado.

— Os dragões percebem o enfraquecimento de suas comunidades. Há um número significativo de socorristas trabalhando em benefício da humanidade. Sabemos que viver nas trevas não é nosso estado natural; então, são muitos os espíritos ligados a essas comunidades que, ao vislumbre da mais tênue claridade, se emocionam e têm suas mentes despertas para o bem maior — falou Demétrius.

— Por isso se desesperam e buscam saídas traumáticas como a guerra anunciada — comentou Ineque. E continuou: — Se procurarmos o significado de guerra no dicionário comum, encontraremos: *luta armada entre nações, ou entre partidos de uma mesma nacionalidade ou de etnias diferentes, com o fim de impor supremacia ou salvaguardar interesses materiais ou ideológicos.*

"Podemos deduzir que apenas a divergência entre grupos sobre determinado assunto acaba por trazer desequilíbrio social, tanto no mundo dos encarnados como no mundo invisível. A intransigência, a intolerância e o desrespeito à diversidade, interpretações pessoais radicais sobre ideologias, o orgulho e a vaidade formam um triste panorama pautado na ambição pelo poder.

"Ainda existe o fato de que sempre há alguma mente brilhante em conhecimento, com capacidade de conduzir grandes massas. Porém, não estamos falando sobre um espírito educado, moralizado e conduzido pelo amor ao próximo, mas sim sobre chagas de dor e sofrimento, sobre a posse enlouquecida pela crença de deter as únicas respostas corretas, ou mesmo agir em nome de Deus."

Ineque completou:

— Atualmente, a humanidade está prestes a entrar numa terceira guerra mundial. Uma guerra de todo o globo contra grupos radicais. Terroristas, desta vez transvestidos de servidores de Alá, cometem atrocidades para defender uma crença pessoal e distorcida em sua essência moral.

— Não podemos nos esquecer de que toda escritura atribuída ao Divino Senhor foi escrita pelo homem, e há muitos séculos. No entendimento da humanidade, na satisfação de suas necessidades, há distorções graves que acabaram por fomentar a discórdia e a violência, que terminaram em muitas guerras e massacres em nome de um Deus humanizado, erigido com a forma de nossos desequilíbrios — falei.

— Vocês acreditam que a terceira guerra mundial está próxima? — perguntou Ana, demonstrando preocupação.

— Este é um processo dedutivo, baseado no caminho que a humanidade escolheu para viver. Com certeza, o capitalismo irrefletido, o orgulho desumano aplicado no tratamento de um povo para outro, o desrespeito às diferenças tão salutares no processo de educação trariam ao globo momentos de dor e ódio desenfreados. Na análise deste processo atual, podemos citar algo positivo, que é a união de todos para combater um inimigo único. Essa coesão, baseada nas necessidades de todos, trará raras reflexões ao final do processo de humanização — falou Demétrius.

— Então a guerra é certa? — questionou Ana novamente.

Sorri diante da ansiedade de nossa jovem amiga e respondi:

— Nada é certo ou imutável em qualquer processo de educação. Podemos modificar um único destino, ou mesmo o de toda a humanidade, tomando decisões mais ou menos caridosas. O destino é escrito todos os dias, através da manifestação, que acaba por gerar reações correspondentes.

— Exatamente. E a presença da desarmonia garante um campo fértil para esses grupos afeitos ao conflito. No mundo material, estamos presenciando grande desequilíbrio, em vários setores da sociedade; mas, também, vemos grupos de pessoas mais evoluídas lutando pelo bem geral — falou Demétrius.

— É verdade. O crime contra a vida tem sido banalizado. Os governos corruptos e indignos matam a esperança de populações inteiras em dias melhores. O processo de desenvolvimento acadêmico não acontece como deveria, por vários fatores importantes. E, assim, o sofrimento aumenta nas mentes menos evoluídas, trazendo caos e dor para a sociedade como um todo. Mas isso não é o mais importante neste processo de evolução. O mais importante é o posicionamento daqueles que buscam um mundo melhor, e que também estão ativos. A humanidade se desespera diante de tanto desequilíbrio anunciado pela mídia, mas o bem se encontra presente nesse caldo quente e transformador. Apenas não chama tanto a atenção do ser humano, ainda tão pessimista — completou Ineque.

— Temos um novo projeto, para um livro, continuação do trabalho sobre educação. Acredito que assim que terminarmos o relato atual estaremos prontos para iniciar "Comunidade Educacional das Trevas — universidade", uma referência ainda provisória à obra — falei com alegria no coração, pois o assunto encanta minha alma.

— Querido amigo, este trabalho que realiza traz benefícios incontáveis aos educadores e àqueles que titulam nossas crianças e nossos jovens. E o assunto a que se refere encontra-se em estágio de desequilíbrio, e, por que não dizer, caótico mesmo. Conte com minha ajuda no que for necessário — ofereceu Demétrius.

Neste instante, Maurício se juntou a nós e feliz comentou, abraçando Demétrius:

— Lembro-me do socorro aos moradores da Casa do Senhor, trabalho que relatamos no livro *Só o amor pode vencer*. A primeira vez que o vi, em minha mente, a relação que fiz com sua postura foi: é um verdadeiro educador.

— Agradeço suas palavras, meu jovem. Estou aprendendo a fazer escolhas melhores. Principalmente por trabalhar com o socorro aos sofredores, preciso ser lúcido e equilibrado o suficiente para não permitir que minhas dores interfiram no processo de auxílio. E confesso que em várias ocasiões precisei do auxílio dos companheiros amigos por me sentir confuso — respondeu Demétrius.

— O irmão poderia nos contar sobre seu sofrimento. Quem sabe unidos não podemos auxiliá-lo — ofereci com carinho.

— Acredito que, se me aceitarem na equipe do trabalho que realizarão junto aos jovens universitários, poderei resgatar algumas dívidas pendentes — falou Demétrius.

— Com certeza estará conosco — respondeu Ineque.

— Também fui um educador, ou pretenso educador. Porém, acabei confundindo o trabalho a ser realizado com minhas convicções políticas, aliás, nada salutares, e conduzindo esses jovens como massa disforme, sem personalidade, para alcançar determinados resultados. Nesta caminhada, muitas vidas foram ceifadas pelo meu desatino. Usei conhecimento e instrução acadêmica para manipular mentes. Hoje, após um bom período de reflexão, estou transformando remorso e culpa em energia de reparação. Quando Vinícius falou sobre o trabalho a ser realizado, senti grande felicidade, pois vi a oportunidade de refazer esse caminho, auxiliando a juventude — falou Demétrius.

— Precisamos ir. Evandro e Camila se dirigem à Casa Espírita Caminheiros de Jesus. Estão muito fragilizados emocionalmente e buscam orientação. Acredito que poderemos auxiliar — informou Ineque.

— Sandra os atenderá? — perguntou Maurício.

— Não. Nossa amiga está sobrecarregada, mas acredito que Sheila fará um bom trabalho. O assunto deve ser tratado com simplicidade, e Sheila tem essa característica, muito ligada à praticidade, para resolver problemas — respondeu Vinícius.

CAPÍTULO XIX

PAZ E SERENIDADE

743. A guerra desaparecerá um dia da face da Terra?
— Sim, quando os homens compreenderem a justiça e praticarem a lei de Deus. Então todos os povos serão irmãos.

(*O Livro dos Espíritos* — Livro III — Capítulo VI, Lei de Destruição — Item III, Guerras)

173

Evandro e Camila foram conduzidos à sala de atendimento fraterno, Sheila os recepcionou logo à entrada.

— Boa noite, amigos, está tudo bem? Podemos ajudá-los de alguma maneira? Percebo que estão bastante abatidos.

— Estamos sim, Sheila. Prefiro que Evandro conte a você os últimos acontecimentos. Estou muito emotiva e com certeza não serei coerente em minha fala — respondeu Camila.

— Então, vamos fazer uma prece. Pedir a Deus o auxílio desses irmãos abençoados que nos cercam, para que possamos fazer deste momento de paz e serenidade o lenitivo de que precisamos para equilibrar nossas mentes e nos fortalecermos para os dias futuros. — Sheila orou o Pai-Nosso, acompanhada pelo casal.

Após a prece, segurou as mãos de Camila e falou emocionada:

— Nada na vida é sem serventia para todos nós. Toda energia liberada por nossos corações alcança seu destino. Vibre com carinho e confiança. Acredito firmemente que Branca, Vanda e toda sua família receberão esse carinho. E, assim, as coisas irão se acertando à medida que todos os envolvidos compreenderem sua função dentro dessa vivência. Evandro, você pode me atualizar sobre os acontecimentos?

— Vinícius nos alertou através daquela mensagem, você lembra?

— Lembro sim.

— Então, pedi a minha irmã que obtivesse notícias da família que acolhe Branca, e não conseguimos encontrá-los. Senti urgência em ir atrás para saber o que andava acontecendo. Nós não os encontramos. Cheguei à chácara onde moram e uma vizinha, que havia nos contado sobre uma fazenda de um irmão, havia sido assassinada. Desesperado, voltei ao helicóptero e nos dirigimos à fazenda de Thiago, irmão do marido da amiga de Vanda. Ele nos garantiu que a família estava segura, fora da cidade, e prometeu resolver o assunto. Inclusive, garantiu que todos somente voltariam após isso acontecer — explicou Evandro.

— E como esse senhor pretende resolver tão grave assunto? — perguntou Sheila.

— Não sabemos ao certo. Mas ele nos disse para ficarmos sossegados, que não recorreria à violência, muito menos ao assassinato. Garantiu que havia outros meios — falou Evandro.

— Eu estou apavorada. Quero minha filha de volta de qualquer forma, e estou assustada comigo mesma. Não me importo se ele matar ou mandar matar Artur. O mundo não irá perder nada de bom; será um alívio para muita gente — falou Camila.

— Não fale assim, meu bem, isso só faz mal a você, que tem um bom coração — falou Evandro.

Camila caiu num pranto sentido, abraçou o marido e continuou emocionada:

— Mas é verdade. Eu quero que ele desapareça deste mundo, eu quero mesmo.

As lágrimas escorriam pelos olhos de Evandro, enternecido com o sofrimento de Camila; olhou para Sheila pedindo socorro.

— Camila, ainda estamos por aqui como espíritos imperfeitos, ignorantes do bem maior. Todas as coisas menos felizes que nos acontecem nos parecem castigo, injustiça e somente maldade. Mas, se queremos entender a vida não só como essa passagem que vivemos hoje, devemos também alimentar em nossas mentes o amor, o perdão e principalmente a esperança. Dessa forma, passaremos a acreditar no futuro e em dias melhores. Desarmar nosso coração é principalmente acreditar que aquele que nos faz o mal ainda não entendeu que é a si mesmo quem mais prejudica — orientou Sheila.

— Eu sei de tudo isso, mas não consigo pensar em Artur com amor e perdão. Eu quero que ele morra e me deixe em paz — respondeu Camila num pranto sentido.

— Eu entendo, entendo mesmo a sua postura. Compreendo o seu sentimento e a sua raiva. Isso é a sua limitação de entendimento falando; todos podemos acabar agindo assim diante de um grande sofrimento. Mas seja prática em relação a isso. Pense em Branca, mande a ela vibrações de amor e paz. Não pense em Artur dessa forma, porque assim você estará valorizando o mal — respondeu Sheila.

Nesse instante, Sandra bateu à porta e pediu licença para entrar.

— Boa noite, amigos, soube que estavam aqui e vim dar um abraço em vocês.

— Sandra, você pode ficar conosco um tempo? — perguntou Sheila.

— Posso sim, peço ao Walter para encaminhar o próximo atendido a outro trabalhador da casa. Só um minuto, por favor.

Sandra voltou à sala de atendimento, e Sheila a colocou a par dos últimos acontecimentos, resumindo a conversa que haviam tido até aquele momento.

— Sheila foi bastante feliz na maneira como se posicionou. Eu sei que é difícil amar os inimigos; é mesmo bastante sofrido para nós, mas vocês precisam lembrar que estamos aqui refazendo caminhos, vivendo consequências de um passado próximo ou distante. E que, mesmo dentro dessa vivência consequencial, nós temos o livre-arbítrio para escolher como direcionar nossa energia e educar nossa consciência. Apesar do sofrimento, devemos nos posicionar de forma firme e segura no caminho salutar; perdoar é difícil, mas não desejar o mal ao outro é obrigação de quem já busca a compreensão de uma vida melhor. E, quando você compreender isso, Camila, o fardo não pesará tanto. Vocês estão vivendo uma experiência que lhes possibilitará a compreensão da verdadeira felicidade. Então, saia do papel de vítima e corra em busca de soluções melhores. Enfrente o problema de maneira a respeitar as nossas leis sociais — falou Sandra.

— Você está dizendo que devo denunciar Artur? — perguntou Camila.

— Vivemos em sociedade, e essa sociedade possui leis. Sendo assim, é nossa obrigação moral nos servirmos delas quando se faz necessário — falou Sandra.

— Mas ele é poderoso e pode se vingar — argumentou Camila.

— Vocês precisam usar o que está ao seu alcance. A espiritualidade está por aqui à nossa disposição, mas a nossa parte eles não podem fazer — falou Sandra.

— Eu entendi, Sandra. Tenho um amigo que trabalha como advogado na Vara da Família; vou marcar uma consulta com ele — falou Evandro.

— Nossa, Sandra! Eu me sinto melhor com a conversa que tivemos com Sheila e com você. Vocês têm toda razão; o ódio que estava sentido só dificultava meu raciocínio, parece que estou mais lúcida. Obrigada mesmo! — falou Camila.

O casal saiu da sala e voltou ao salão principal da casa espírita para párticipar da palestra. Felizes, percebemos que a psicosfera que os envolvia estava com qualidade vibratória menos densa e mais tranquila.

Ana veio nos alertar e contar que Thiago já havia falado com Adélia e o marido sobre o perigo que corriam. Pediu a eles que ficassem a maior parte do tempo dentro da casa. Estavam passando alguns dias numa cidade do litoral de Santa Catarina.

Após essa providência, Thiago entrou em contato com alguns amigos importantes ligados ao controle da igreja evangélica na qual Artur atuava como pastor. Logo conseguiu uma reunião e estava se dirigindo para lá. Resolvemos que iríamos acompanhar essa conversa; pedimos licença à equipe espiritual que coordenava aquela casa.

— Boa noite, amigos. Pedimos a vocês autorização para entrarmos e participarmos da reunião que acontecerá em minutos.

— Boa noite. Você deve ser Vinícius, já fomos informados de que vocês viriam. São muito bem-vindos. Apenas pedimos que respeitem as equipes ligadas aos membros da casa, espíritos ainda aprisionados num passado de dor e indignidades; mas que, à sua maneira, cooperam com os trabalhadores de nossa equipe — respondeu a agradável senhora.

— Com certeza respeitaremos a todos. Poderia nos explicar como funciona esse relacionamento entre equipes? — pediu Demétrius.

— Quando recebemos a incumbência de assistir esta casa, sabíamos que outra equipe espiritual atendia os encarnados. São espíritos presos a um passado distante, ainda com compreensão confusa a respeito de Deus e Jesus; e que, não raras vezes, distorcem as palavras divinas, que nos chegaram através da presença de Jesus na Terra. Ainda se prendem às Leis Mosaicas de forma radical. Acreditam que os pastores são seres eleitos e podem tomar decisões desvairadas, aplicar castigos e punir os fiéis da forma que acharem correta. Os tristes amigos que se intitulam dragões de cristo são os mestres inquestionáveis deste segmento religioso. Muitos encarnados que hoje ocupam cargos importantes na cúpula de comando vieram dessas cidadelas, sendo antigos membros da Inquisição. Temos um acordo entre nós: apenas auxiliamos aqueles que nos procuram espontaneamente em busca de um novo caminho — respondeu a senhora.

— E há um número significativo de pedidos de socorro? — perguntei.

— Um único espírito em busca de ascensão já seria o suficiente para estarmos aqui. Mas há um número significativo, sim. Esta casa é uma porta aberta a desencarnados que perambulam pela cidade e acabou por se tornar um posto de socorro. Mesmo alguns fiéis desencarnados que nos observavam durante um tempo acabam por se aproximar e procurar esclarecimentos. Espíritos que frequentavam a casa como encarnados, depois da passagem, procuram o templo para serem ouvidos e socorridos, e são ignorados ou tratados como demônios. Estes também acabam por se aproximar de nossas equipes. Vejam, estão chegando para a reunião, é melhor se apressarem. Se precisarem de nós, estaremos aqui.

CAPÍTULO XX

LIBERDADE
E EVOLUÇÃO

744. Qual o objetivo da Providência ao tornar a guerra necessária?

— *A liberdade e o progresso.*

744.a. Se a guerra deve ter como efeito conduzir à liberdade, como se explica que ela tenha geralmente por fim e por resultado a escravização?

— *Escravização momentânea para sovar os povos, a fim de fazê-los andar mais depressa.*

(*O Livro dos Espíritos* — Livro III — Capítulo VI, Lei de Destruição — Item III, Guerras)

＊

Entramos numa grande sala de reunião, mobiliada com luxo e equipada com eletrônicos de última geração.

Artur ainda não estava presente. Preocupado, tentava falar com Celso. Então, lembrou que tinha marcado encontro com ele e que o comparsa não havia aparecido. Passou as mãos pela cabeça e pensou: "Estou danado, aquele infeliz é tinhoso, não vai me atender. Vou ligar para o Anísio, mas esse também fugiu. Vou pensar em algo, e rápido. Essa reunião não está me cheirando bem. Preciso inventar alguma coisa e adiar essa porcaria".

Chamou a secretária que o assistia e falou com a voz fraca:

— Ivone, me socorre, estou no banheiro de baixo, o banheiro dos fiéis. Estou passando muito mal.

A moça chamou outros dois funcionários e foi em socorro do pastor. Este correu para o banheiro, molhou o rosto e a roupa, sentou-se no chão, encostado na parede, e começou a chorar. As lágrimas escorriam por seu rosto. Os olhos demonstravam que estava se divertindo com a cena que preparara.

Ivone entrou no banheiro e se desesperou. Vendo o estado físico do pastor, ordenou a um senhor que chamasse o resgate. Artur pensou rápido e pediu a ela que fosse até seu escritório e buscasse sua pasta. De posse da pasta, fechou a porta. Rapidamente, pegou uma caixa de remédio para pressão e tomou vários comprimidos de uma vez, mastigando-os rapidamente.

Em poucos minutos sentia fraqueza nos membros e dificuldades para respirar. Os minutos passavam lentamente, e os sintomas se intensificavam. O homem começou a se preocupar e pensou aflito: "Acho que exagerei na dose".

Preocupado com as consequências de seu ato insano, chamou Ivone em um fio de voz:

— Ivone, pelo amor de Deus, onde está o socorro? Estou me sentindo muito mal.

— O resgate já foi chamado, pastor. Tenha calma. — Dirigindo-se à assistência que aumentava rápido, pediu a todos que orassem e afastassem os demônios que assediavam o santo homem.

As pessoas, desesperadas e desequilibradas, acreditando estar sob o ataque de forças malignas, gritavam expulsando os pretensos demônios. O caos estava formado. Observamos a assistência de nosso plano e vimos toda sorte de espíritos: os que se divertiam com a cena grotesca, os que assistiam ao desvairado homem, e as equipes de socorristas que procuravam auxiliar os que pudessem enxergar a verdade.

Finalmente o veículo de resgate chegou. Os paramédicos correram a atender Artur e constataram que os sinais vitais estavam muito alterados. Artur, perto de desfalecer, olhou desesperado para o rapaz que o atendia; queria falar sobre o excesso de medicamento que havia ingerido, mas não conseguia articular nenhuma palavra.

Artur foi levado à emergência do hospital mais próximo, já desfalecido. O médico intensivista verificou vários sintomas ao mesmo tempo. Desconfiado dos sintomas observados: insuficiência cardíaca congestiva, broncoespasmo, hipotensão e hipoglicemia, resolveu proceder como atendimento de excesso de dosagem medicamentosa. Decidiu, então, pela administração de carvão ativado. Enquanto isso, tratava os sintomas e esperava a reação do paciente. Porém, este não melhorava nem reagia. Optou pela colocação de um marca-passo transvenoso. Devido à gravidade do caso, Artur foi removido para a Unidade de Terapia Intensiva.

Observamos que uma senhora de aparência delicada e doces vibrações amorosas o acompanhava durante todo o ocorrido. Após o atendimento médico e espiritual que Artur recebeu e de ser encaminhado à UTI, nos aproximamos de tão formosa entidade. Ela nos sorriu e agradeceu o auxílio recebido.

— Bom dia, eu sou Lenora, mãe de Artur já por três encarnações.

— Você o acompanha nesta oportunidade como sua mentora pessoal? — perguntou Ineque.

— Sim, pedi essa função com o propósito de auxiliá-lo na recuperação de antigos débitos morais — respondeu Lenora.

— Esta encarnação de Artur foi planejada pelo submundo espiritual, mais especificamente ligado às comunidades administradas pelos nove dragões. Como foi feita essa designação para que o acompanhasse? — perguntei, curioso sobre a informação de Lenora.

Ela sorriu e devolveu a pergunta a mim:

— Acredita mesmo que o Pai permitiria tanto desequilíbrio sem um propósito redentor? Mesmo as encarnações pretensamente planejadas por esse mundo ignorante são assistidas por amigos melhores. Não cai uma folha sem a permissão de nosso Pai.

— É verdade, você tem razão. Desculpe, mas poderia nos falar da primeira oportunidade como mãe de Artur? — perguntou Ineque.

— Posso sim. Inclusive, esse esclarecimento os ajudará a entender o comportamento deste espírito rebelde. Eu contava treze anos e fui trabalhar como camareira num grande monastério na Itália a pedido do monsenhor. No início, até mesmo gostava do trabalho, pois acreditava ser santo o local para onde fui mandada. Fazia a minha parte do serviço dentro daquele enorme prédio com esmero e carinho. Ao cair da tarde, cuidava de um canteiro bastante grande de rosas, de todas as cores e formas; era um lugar lindo. Nesses momentos junto à admirável natureza, sonhava com um rapaz que me amaria, me daria um lar e filhos. Tinha poucas ambições, era uma camponesa simples e inocente.

"Percebi que, durante as minhas incursões pelo jardim, o monsenhor me observava de sua janela. No início não me incomodei; acreditava mesmo que ele me vigiava de forma protetora, para que nada de mal me acontecesse.

"Com o tempo, suas atitudes começaram a se modificar. Ele mandou me chamar em seus aposentos, queria que eu aprendesse a ler e escrever. Sua intenção revelada era que eu me tornasse sua dama de companhia. Coloquei minha mãe a par desse fato e perguntei a ela se não era estranho, visto que ele tinha toda uma criadagem ao seu dispor.

"Percebi que minha mãe ficou eufórica, mas não entendi o porquê. Ela apenas me disse: 'Seja dócil e aceite os favores de nosso santo homem, ele precisa de um pouco de alegria em sua vida de doação. Não esqueça: agindo assim você conquistará muitas vantagens, para você e para nós. Faça tudo o que ele mandar'.

"Eu era apenas uma criança e não sabia exatamente do que ela falava. Acreditei que no final ele iria me mandar para um convento e servir a Deus. Fiquei muito triste com essa perspectiva, esse não era meu sonho. Mas, se Deus assim o quisesse, e o monsenhor fosse o instrumento para esse caminho, eu aceitaria.

"Todos os dias, ao final da tarde, me encaminhava aos seus aposentos. Ele se encarregou de me instruir na arte da palavra escrita e falada; eu até que gostava do que aprendia, e aprendia rápido. Conforme fui sendo instruída, passei a sentir prazer na leitura. Andando pelo monastério, encontrei uma biblioteca com quantidade incrível de livros. Eu devorava avidamente cada exemplar, descobrindo, por meio deles, novos mundos. Adorava a leitura dos relatos de filósofos famosos. Estava feliz!

"Certo dia, já tarde da noite, o camareiro do monsenhor veio até meu quarto e me arrancou da cama com violência, dizendo: 'Ande logo! O santo homem a espera em seus aposentos'.

"Ainda sonolenta e assustada, tentei entender o que estava acontecendo e perguntei a ele a razão de estar sendo levada ao quarto do monsenhor já tão tarde. Ele se irritou, me esbofeteou e mandou ficar calada. Abriu a grande porta de madeira entalhada e me empurrou para dentro, fechou a porta e a trancou.

"O quarto estava iluminado apenas por uma vela enterrada num candelabro de prata. Olhei em volta e vi o santo homem. Ele estava nu e olhava para mim como um animal enjaulado. Tentei voltar ao corredor, dando alguns passos para trás, mas a porta estava trancada. Ele me agarrou, arrancou com violência minha roupa e me estuprou várias vezes. No final, não tinha mais forças para lutar e desmaiei.

"Durante vários dias isso aconteceu; estava machucada e apavorada. Minha mãe foi me visitar, a cozinheira tinha dito a ela que eu parecia doente. Quando a vi senti muito alívio, acreditei que estava ali para me levar para casa. Quando contei o que estava acontecendo, ela me bateu no rosto e mandou que eu me controlasse. Ordenou que eu colaborasse com o monsenhor, satisfazendo todos os desejos dele.

"Não entendi o que ela queria dizer com essa atitude, fiquei muito magoada. Algumas semanas após ter se iniciado o meu suplício, outra menina foi levada ao monastério para aprender os ofícios de camareira. No começo, ele ainda mandava me chamar; mas, um dia, eu vi o camareiro levando a menina para o quarto do carrasco. Então, ele nunca mais me chamou. Alguns dias depois, Maria, a cozinheira, me pegou passando mal e deduziu que estava grávida. Conversou comigo e falou que daria um jeito de me ajudar a fugir, porque a última menina que havia engravidado o infeliz mandara assassinar.

"Fugi daquele inferno. Maria tinha alguns parentes que moravam numa cabana no meio da floresta. Lá nasceu Artur, um menino revoltado e triste, que sempre manifestou a ideia obsessiva de saber quem era seu pai. Havíamos contado a ele que o pai era um caçador que tinha morrido antes de ele nascer. Mas ele nos olhava com desconfiança, sem acreditar na versão apresentada. Artur cresceu saudável, mas sempre inquisitivo e bravo com qualquer coisa que acontecesse. Meu filho contava onze anos quando adoeci gravemente. Antes de morrer, resolvi contar a ele minha história verdadeira e quem era seu pai.

"Ele não teve mais sossego, o segredo revelado aumentou sua agitação mental. Viu-se tomado pela necessidade de enfrentar sua verdadeira origem. Aos treze anos partiu rumo ao monastério. Tentou falar com o monsenhor, mas não foi recebido; ao contrário, humilhado e rejeitado, passou a viver como um mendigo. Após alguns anos perambulando pela cidade, bêbado e doente, viu a carruagem do monastério passando pela cidade, aproveitou o descuido dos guardas, invadiu o veículo e matou o próprio pai a facadas. Preso pela guarda, foi jogado nas masmorras, morrendo de fome e frio. Enlouquecido, vagou por muito tempo, até o momento em que foi socorrido pela Cidade das Sombras, reduto dos inquisidores, onde hoje habitam Fernando e Isabel, os comandantes supremos dos dragões.

"Após o desencarne de Artur, tentamos uma aproximação. No entanto, ele nos rejeita sistematicamente, sempre volta ao convívio dos dragões."

— Pela história que nos contou, Artur tenta de alguma maneira provar superioridade sobre o clero — comentei.

— Ele desenvolveu comportamento obsessivo, movido pelo desejo de provar ao pai que tem condições de se tornar um religioso poderoso. E sua ambição está sendo aproveitada pelos dragões — completou Lenora.

— O que podemos fazer para auxiliá-la no acompanhamento a seu filho? — perguntei, compadecido do sofrimento moral de Artur.

— Estamos caminhando para a iluminação dessa mente que insiste em viver na escuridão. O caminho certo é tecido pelo perdão, pela tolerância e pelo carinho constante no trato com esses queridos irmãos. Lembremos que Jesus nos alertou para o fato de que o remédio é para os doentes, e esses companheiros de caminhada estão num estado lastimável de dor e autocompaixão. Essa postura desperta a ferocidade e os arremessa ao caminho do desejo de vingança — respondeu Lenora.

— E quanto a Camila? Sinto que ainda é bastante insegura. E percebo quão frágil ainda é sua fé, em Deus e em si mesma — comentou Ineque.

— Camila transita entre a tênue luz que desperta em sua mente e as sombras que ainda a perseguem; tem forte tendência a entrar em estados obsessivos de autocomiseração, que terminam em períodos de depressão grave. Mas está a caminho do esclarecimento, e, auxiliada por Evandro, conseguirá significativas melhoras — falou Lenora.

— E quanto ao afastamento de Branca? Como ficará a educação dessa criança? Afinal, até o momento, apenas conhece os cuidados da família que a atende. Inclusive, para estes amorosos pais provisórios, a separação certamente trará sofrimento. Quais serão as consequências disso? — perguntei, demonstrando preocupação.

— Adélia ama Branca como sua filha. Mas, também, tem consciência de que é uma cuidadora temporária. Sofrerá pelo afastamento quando tiver de acontecer; mas também ficará feliz, pois isto significa que os graves problemas que ocasionaram esta situação estarão resolvidos. É possuidora de alma esclarecida e desapegada — respondeu Lenora.

— Aproveitando sua presença neste momento e mudando o assunto, gostaria de saber sua opinião sobre uma prática que vem acontecendo sistematicamente no plano material — falou Maurício meio tímido.

— Fique à vontade, Maurício. Se eu tiver condições de ajudá-lo com minha opinião a respeito, será um prazer — aquiesceu Lenora.

— Algumas instituições de adoção, em conjunto com os orfanatos, no caso de alguma criança apresentar deficiência de desenvolvimento neuromotor e emocional, propõem a algumas famílias de boa vontade a adoção provisória. Essa adoção tem tempo específico, aproximado de seis meses, considerado suficiente para o início de uma mudança comportamental na criança. Após esse período acontece a devolução para a instituição de origem ou mesmo para a adoção por outra família. — Nesse instante, Maurício fez ligeira pausa, tentando controlar a emoção; Lenora o olhou com simpatia e sorriu delicadamente.

— Continue, Maurício.

— Minha dúvida é sobre o período após o retorno da criança. Por um breve tempo, esse pequeno ser contou com a assistência familiar, sendo tratado com todo carinho e atenção. Certamente acabou por se desenvolver um vínculo afetivo entre as partes. Os adultos envolvidos são preparados psicologicamente para o afastamento futuro, visto que assinam um termo de compromisso, de acordo com o qual fica estabelecido que não terão direito a adotar esta criança. Mas e a pequena criatura, como ficará? Já existe um trauma ocasionado anteriormente por maus-tratos e abandono. Essa medida temporária não provocará uma piora emocional e traumática? Não haverá regressão quanto à evolução conseguida? Afinal, para o infante, a sensação de abandono não é racionalizada como para o adulto. Não será, neste caso, o sofrimento maior que o benefício? Um dos pontos abordados pela instituição para defender essa ação é que os cuidadores deverão treinar o desapego. Isso, no meu entendimento, desperta um comportamento hipócrita. Desculpe, mas não consigo entender essa prática.

Com os olhos rasos de lágrimas, Lenora nos olhou um a um e respondeu com emoção transparecendo em sua voz:

— Antes de avaliar essa situação, precisamos nos lembrar de onde estamos no momento. Este é um planeta ainda cheio de questões, *habitat* de espíritos imperfeitos; então nossas ações acabam por projetar na sociedade essa imperfeição. Mas precisamos também nos lembrar de que muitas destas ações são parte de um processo evolutivo que se concretiza à medida que os seres progridem através de processo constante de aprendizagem pelo sofrimento. Há pouco tempo, não existia a preocupação com a educação destas crianças abandonadas por seus pais. Elas eram recolhidas como escolhos para a sociedade e carregavam consigo o estigma de rejeitados e bastardos. Apesar da imperfeição relativa das medidas tomadas, elas já existem para corrigir as falhas de uma sociedade que transita de maneira confusa dentro das Leis Morais. Entendo seu sentimento, Maurício, pois o amor verdadeiro não é apego, mas sim o gerador de atos dignos e salutares, e deveria ser premiado com a felicidade de formarmos uma família espiritualmente ativa; mas, na impossibilidade dessa compreensão, o sofrimento do afastamento será dileto instrumento de reeducação do espírito.

— Concordo com sua opinião, Lenora; mas meu coração sofre só de pensar nos sentimentos destes pequenos seres ao serem rejeitados outra vez. Compreendo que não é rejeição no sentido puro da palavra, mas será esse o panorama mental no momento da separação — concluiu Maurício.

— Oremos pela humanidade para que realmente entenda o sentido verdadeiro de amar — orientou Demétrius, a fim de nos levar a aproveitar aquele debate como oportunidade de reflexão e aprendizado.

CAPÍTULO XXI

RESPONSABILIDADE E AMOR

745. Que pensar daquele que suscita a guerra em seu proveito?

— *Esse é o verdadeiro culpado e necessitará de muitas existências para expiar todos os assassínios de que foi causa, porque responderá por cada homem cuja morte tenha causado para satisfazer a sua ambição.*

(*O Livro dos Espíritos* — Livro III — Capítulo VI, Lei de Destruição — Item III, Guerras)

Alguns dias se passaram. Logo Artur demonstrou melhoras, afinal, não tinha realmente problemas físicos graves, apenas sua mente, limitada aos desejos materiais, criava para ele panoramas mentais obscuros, que acabavam por prejudicar a sua movimentação nesta encarnação.

Teve alta médica e voltou para sua casa. Assim que entrou na grande sala mobiliada com luxo excessivo, avistou Celso acomodado em confortável poltrona.

— Que diabo, eu procurei você como doido. Por que não atendia meus telefonemas?

— Você é doido mesmo! Achava que eu ia dar as caras? Pensa que eu não sabia o que você pretendia fazer?

— E o que eu faria? Tem certeza de que sabe?

— Olha bem para mim e me diga... Acredita que sou trouxa mesmo?

Artur caiu na risada, se aproximou de Celso e o abraçou dizendo:

— Bom, isso já passou. E preciso de você com urgência. A cúpula tem alguma coisa contra mim e não sei o que é. Preciso que descubra, será bem recompensado. E quero saber o paradeiro de minha filha. Agora é uma questão de honra, essa menina tem que ficar comigo. Aquela meretriz vai pagar por ter tentado me enganar. Se perceber que não vou conseguir ter a menina ao meu lado, mato-a. Mas uma coisa eu garanto: com eles é que ela não fica!

Celso caiu na gargalhada e falou com cinismo:

— Ela nunca viveu com eles, estão sendo castigados há muito tempo; não percebeu isso?

— Mas isso é pouco. Quero roubar-lhes até mesmo a esperança de um dia terem a menina com eles, entendeu? Tenho certeza de que a reunião que evitei a todo custo tem o dedo destes malditos. Faço pacto com o diabo para conseguir o que quero.

— Pacto com o diabo você já tem há muito tempo. Deixa comigo, vou conseguir as informações que pediu. Mas vai custar muito caro. Preciso de uma casa na Suíça e dinheiro para viver por lá; um dia vou precisar sumir daqui.

— Não me importa o preço, consigo esse dinheiro em poucos dias; afinal, fui abençoado com o milagre da vida. Deus me tirou dos braços da morte, porque sou sua voz de amor para a congregação. Vou instruir os pastores para anunciar minha volta triunfal no domingo; aquilo lá vai estar lotado.

Robert nos olhava com sarcasmo, acomodado a um canto da enorme sala. A um dado momento aproximou-se e falou:

— Não sou fraco como os outros, sei do que sou capaz. Vou reduzi-los a pó; hei de amaldiçoá-los perante a eternidade.

Apenas olhamos para ele com carinho, lembrando as palavras de Lenora sobre a advertência amorosa de Jesus: "Jesus, porém, ouvindo, disse-lhes: Não necessitam de médico os sãos, mas, sim, os doentes" (Mateus 9:12).

Robert nos encarou e, sorrindo entredentes, se foi envolto em densa energia de ódio e incompreensão da paz necessária aos trabalhadores do Pai Maior.

Camila estava a cada dia mais triste. Não falava nada para Evandro, mas sentia uma angústia terrível; pressentia dias de sofrimento e perigo. Orava sem parar, não conseguia frear os pensamentos e conduzi-los de forma mais equilibrada; recitava o Pai-Nosso ininterruptamente. Olhava à sua volta e tudo parecia estranho e triste; não conseguia imaginar uma solução para terminar com seu sofrimento.

Artur, por sua vez, tornou-se obsessivo; não conseguia mais dormir nem se alimentar, um de seus vícios mais ferrenhos. Passou a fazer uso cada vez mais frequente de alcoólicos e substâncias alucinógenas sem controle algum. Sua mente imaginava terríveis formas de vingança contra Camila e Evandro. Num destes tenebrosos delírios, resolveu procurar dona Selma. Em sua mente doentia acreditava que a boa senhora cederia aos seus quereres e o informaria do paradeiro de Branca.

Chamou Celso e o convidou a ficar de tocaia perto da casa de Camila. Ao entardecer, dona Selma saiu da residência para ir à padaria mais próxima. Os dois meliantes a seguiram de perto; quando dobrou a esquina, Celso pulou do carro, agarrou-a com força e a fez entrar.

Artur dirigia o carro a toda velocidade. Dona Selma, apavorada, chorava e implorava aos homens que a deixassem sair. Artur afastou-se da cidade e avisou que queria apenas conversar com ela. Chegaram a uma casa numa chácara afastada.

— Sente-se, dona Selma, e não se assuste, quero apenas conversar com a senhora e acredito que nós dois vamos nos entender.

— O que você quer? Se o conheço bem, não há de ser nada de bom.

— Assim a senhora me ofende. Afinal, sou um homem do bem, a serviço de Deus, não se lembra? Quero apenas conversar.

— O que você quer de mim? Fale logo e me deixe ir para casa.

— Celso andou fazendo umas pesquisas para mim sobre sua vida. Sabemos que sua família anda passando por dificuldades. Inclusive, sei que seu genro perdeu até mesmo a casa. Aquele lá é do diabo, a senhora sabe, mulherada e jogo acabam com um homem.

— O que você quer? Está me ameaçando? Está me ameaçando mesmo?

— Não, com certeza não. Afinal, sou um homem de bem e somente o bem é minha intenção. Eu quero ajudar. Compro uma casa bonitinha para sua filha morar; é claro, no seu nome, assim aquele traste não pode botar a mão. Arranjo um bom emprego para ela, com um salário fixo e registrado em carteira, que irá sustentar a família até mesmo com certa abastança. Ponho um dinheirinho na poupança para a senhora, em agradecimento aos trabalhos que sempre prestou para mim, assim não precisa mais trabalhar; poderá se aposentar de verdade.

— Sei... E o que você quer em troca? Com certeza não é coisa boa.

— Pelo contrário. Pretendo resolver uma injustiça grande feita contra minha filha. Afinal, eles a roubaram de mim; a coitadinha nem mesmo sabe que tem um pai que luta para conhecê-la.

— Do que você está falando? A criança morreu no parto.

Artur se levantou raivoso, agarrou dona Selma pelo pulso e a puxou com violência de encontro ao seu corpo.

— Olha bem para mim e me diga se pareço disposto a engolir suas mentiras. Eu sei que a criança não morreu; sei que é uma menina, e também sei onde está escondida. Mandei buscá-la e eles não a acharam porque a família que a cria viajou, sumindo com ela, entendeu? Então, não me irrite, porque as coisas podem ficar feias demais para o seu lado caso decida não cooperar comigo.

Dona Selma o encarou apavorada. Pensando que, se continuasse a enfrentar aquele monstro, ele a mataria ali mesmo, resolveu fingir que estava tão amedrontada que cederia à sua chantagem. Baixou os olhos e começou a chorar.

— Para com isso, não vou ficar penalizado porque está chorando, e nem mesmo vou mudar o que quero. Portanto, pense bem no que vai decidir. Vou ali fora conversar com Celso, volto em cinco minutos e quero sua decisão. Espero que seja a melhor.

Ficando sozinha, dona Selma chorou e lembrou-se de orar pedindo ajuda. Lembrou-se das palavras de Evandro, dizendo que nada nunca está perdido porque jamais estamos abandonados por Deus. Então, elevou o pensamento ao Pai de Amor e pediu com muita fé no coração que ela pudesse conduzir da melhor maneira aquela situação, para que nada de ruim acontecesse a sua família e aos amigos queridos, a quem considerava filhos de seu coração. Sentiu-se serena e em paz.

Artur voltou e a olhou intrigado. Sentiu forte mal-estar; olhou à sua volta, sentindo-se ameaçado. Amigos socorristas se aproximaram de seu campo vibratório e o isolaram da influência de Robert, que pessoalmente o influenciava. Lenora se aproximou de dona Selma e a envolveu em energias fortalecedoras e amorosas.

Dona Selma se levantou do sofá onde estava sentada, olhou o homem bem nos olhos com firmeza e falou sem titubear:

— Vamos embora, vou tentar conseguir as informações que pediu; mas, se chegar perto de minha família, será melhor me matar, porque vou caçá-lo no inferno.

Artur, sem a influência perniciosa de Robert e intimidado pela postura de dona Selma, saiu da casa, entrou no carro e ordenou a Celso que a levasse de volta para perto da casa de Camila. O trajeto foi feito em silêncio. Assim que estacionou o carro no meio-fio, Celso olhou para Artur e depois para dona Selma; intrigado, comentou olhando para a senhora:

— Parece que você levou a melhor nessa história, fechou a boca do pastor. — Ligou o carro e arrancou rindo alto.

Dona Selma encostou o corpo na parede de uma casa e tentou se acalmar. Ainda confusa, pensou no que deveria fazer. Por fim, decidiu ir até o hospital onde Evandro estava de plantão.

— O que houve, dona Selma? Está muito pálida! Está passando mal?

— Preciso conversar com você, é urgente! Tem algum lugar onde podemos conversar a sós?

— Tem sim. Venha comigo, a senhora parece bastante aflita.

Evandro acompanhou a senhora até um quarto desocupado e ofereceu a ela um copo de água.

— O que está acontecendo para a senhora estar assim?

— Saí de casa para ir à padaria e fui abordada por Artur e seu capanga, o Celso.

— Deus do céu! Ele fez alguma coisa contra a senhora? Ele a machucou?

— Não. Mas me obrigou a entrar no carro e me levou até aquela chácara abandonada que tem na periferia. Ele ameaçou a mim e à minha família. Ofereceu dinheiro e bens imóveis para que, em troca, eu contasse a ele o paradeiro de Branca. Nem sei como saí dessa. Ele me deixou sozinha por alguns minutos. Lembrei-me de seu aconselhamento sobre a oração e a fé em Deus, senti calma e serenidade; prometi a ele tentar conseguir essas informações, percebi que se sentiu intimidado depois da prece. Exigi que me trouxesse de volta e ele me atendeu.

— Dona Selma, que perigo!

— Nem me lembre disso, meu filho. Estou tremendo igual a uma batedeira até agora. Não sei o que mais esse bandido vai aprontar. Estou com medo, por minha filha e por meus netos. Imagina que ele sabe até mesmo sobre o traste que é o marido de Jessica, minha filha.

— Vou chamar o Fábio, ele tem como entrar em contato com Thiago. Esse homem nos prometeu resolver o problema, parece que tem conhecimento com pessoas que controlam a igreja que Artur administra.

— Algo precisa ser feito, ele sabe onde a família que acolhe Branca mora. Sabe até que estão viajando, só não foi atrás porque ainda não sabe aonde ir.

Fábio entrou em contato com Thiago; este prometeu que tudo já estava encaminhado. Seu plano apenas não havia sido concluído porque Artur fora hospitalizado; mas garantiu que entraria em contato imediatamente com os dirigentes da igreja.

Robert aproximou-se de Artur, que cochilava encostado no sofá do escritório.

— Venha, homem, preciso falar com você. Está na hora de fazer algo definitivo. Seu tempo está se esgotando e sua ajuda está deixando de ser de nosso interesse. Antes que as coisas cheguem a um ponto final, resolva seu problema e não nos cause outro. Eles já sabem de tudo e, no meio dos nossos, existem outros que lutam por acabar com nossa causa. A balança está pendendo para o lado errado. Salas foi excomungado pelo dragão mestre e afastado. Agora quem dá as ordens sou eu, e você sabe que não acredito estar aqui em nome de Deus. Não sou a voz Dele; eu sou seu deus em pessoa, não tenho piedade. Então, não me decepcione mais, caso contrário trago você para o lado de cá e vai fazer companhia a Salas.

Artur, apavorado, voltou correndo ao seu corpo físico, levantou de um salto do sofá e falou alto:

— Não vou decepcioná-lo nunca, mestre Robert!

Tomou o celular nas mãos e ligou para um advogado conhecido. Contou sobre o nascimento de sua filha; e, da sua maneira, colocou-se como vítima, privado do convívio edificante para um pai. Falou sobre a interferência de Evandro na hora do parto; frisou enfaticamente que havia descoberto tudo isso há pouco tempo e que não sabia o que fazer.

Marcaram uma hora para conversar pessoalmente. E, aconselhado por Adolfo, o advogado, Artur foi a uma delegacia e fez uma denúncia. A próxima medida seria acumular provas do sequestro de sua filha e denunciar Evandro e Fábio ao Conselho de Medicina. Feliz pelas medidas tomadas, telefonou à secretária do conselho diretor de sua igreja e marcou uma nova reunião, contando que com essa nova história sairia do papel de algoz para o de vítima.

Aflito para dar continuidade ao seu plano, ligou para dona Selma.

— E aí, já tem alguma informação para mim?

— Eles ainda nem voltaram do trabalho; não há ninguém em casa além de mim. Tenha paciência. Se ainda não confiaram seus segredos a mim, não vai ser da noite para o dia que me contarão onde está a criança. Isso se ela existir mesmo, não é?

— Não me faça de bobo. Mando acabar com sua família num piscar de olhos. E, se quer saber, pago ao seu próprio genro para fazer o serviço.

Dona Selma fechou os olhos e orou com fé. Mais calma, falou com voz pausada, firme:

— Não me ameace nunca mais. Afinal, você não sabe exatamente quem sou eu, sabe?

Dizendo isso, desligou o telefone, olhou para Evandro e Fábio, que estavam à sua frente, e caiu num pranto convulsivo. Evandro a abraçou e falou:

— Não se preocupe, Thiago prometeu esconder sua filha e sua neta.

Nesse instante, o telefone de Fábio tocou; era Thiago avisando que a família de dona Selma já havia sido retirada de sua casa e levada para uma de suas fazendas em outro estado. Dona Selma, mais tranquila, pediu a Evandro que, por favor, pedisse ao homem que a deixasse ficar com sua filha. Fábio ligou para Thiago, que permitiu a ida de dona Selma. No dia seguinte, ela embarcava para encontrar sua família

Adélia e sua família estavam numa cidade praiana do sul do país. Após o aviso de Thiago, eles mudavam de lugar a cada três dias. A moça estava alerta e muito angustiada; sentia medo por seus filhos e por Branca, a quem considerava sua filha. Toni, seu marido, não conseguia descansar. Não dormia sossegado, andava irritadiço e ansioso.

As crianças absorviam essa energia em desequilíbrio e estavam manhosas e demonstrando grande carência afetiva.

Estavam todos na praia; as crianças construíam castelos de areia e os adultos as observavam, quando um senhor se aproximou e começou a conversar com elas. Toni correu para perto dos pequenos e, desconfiado, questionou:

— O que o senhor quer com as crianças?

— Desculpe, eu as vi brincando e gosto muito de crianças. Elas lembram meus netos, de quem tenho saudades. Não quero incomodar, desculpe.

Toni, constrangido, pediu desculpas ao simpático senhor.

— Desculpe a grosseria, mas hoje em dia precisamos estar atentos, o mundo anda muito cruel.

— Você tem razão, meu jovem. E esses presentes de Deus em nossas vidas precisam ser protegidos e cuidados; acredito que, numa mesma situação, também estaria atento e na defesa de meus netos.

— Meu nome é Toni, mais uma vez desculpe — tornou Toni, estendendo a mão e cumprimentando o senhor.

— Sou Adalton, e aí vem minha esposa, Salima.[1] Também tenho um filho chamado Toni, um rapaz amoroso e de bom de coração — falou, olhando com carinho para uma senhora que se aproximava. — Moramos aqui há dois anos, nossos filhos permanecem na capital tocando suas vidas.

— Por favor, sentem-se conosco um pouco, vamos conversar — convidou Adélia.

A conversa correu amigável, e, a determinado momento, Adalton falou:

— Percebo muita ansiedade e insegurança em vocês, parecem estar temerosos de que algo ruim aconteça! — Toni olhou para Adélia com um olhar desconfiado. — Desculpem, não quero me intrometer, mas sou médium sensitivo e sinto muita angústia ao lado dos amigos. Não precisam nos contar nada, apenas acreditem que Deus não nos desampara nunca. Somos seus filhos diletos e amados, sempre abençoados com a presença dos anjos do Senhor. Basta-nos pedir auxílio ao Pai e somos atendidos em nossas necessidades.

— Temos certa idade, vivemos muitas situações que nos tornaram inseguros e temerosos, para mais tarde descobrirmos quanto nos fortalecemos em nossa fé no Criador e em nós

---

1 Adalton e Salima são personagens do livro *Aldeia da Escuridão*.

mesmos. Hoje procuramos sempre estar ao lado do Pai, isso nos torna serenos e firmes em nossos pensamentos e atitudes; acreditamos que os resultados de toda vivência são apenas o aprendizado necessário para que nosso espírito evolua — concluiu Salima.

— Vocês são espíritas? — perguntou Adélia.

— Sim, somos. E estamos caminhando e estudando para entender essa admirável Doutrina dos Espíritos — respondeu Adalton.

— Minha família é evangélica, mas confesso não crer nesta forma de demonstrar minha fé. Na realidade, eu não tenho nada em comum com os rituais e as crenças dessa igreja. Se pudesse escolher, seria uma seguidora do espiritismo — falou Adélia sorrindo.

— Se pudesse? E por que não pode? — perguntou Salima.

— A família de Adélia beira o fanatismo; temos alguns conhecidos espíritas, e são tratados por eles como a escória da humanidade — respondeu Toni.

— E você frequenta os cultos? — perguntou Salima.

— Não, não consigo. Sou muito crítica a esse respeito, então chegamos a um entendimento amigável; eu não discuto mais a maneira como demonstram sua fé, e eles não me cobram a presença. Mas daí a me apoiarem a frequentar uma casa espírita... — respondeu Adélia sorrindo.

— Como falei, eu tenho um filho chamado Toni, excelente rapaz, muito amigo — comentou Adalton se dirigindo a Toni.

— Meu nome é Toni mesmo, geralmente é o diminutivo de Antônio, mas o meu não — explicou o rapaz.

— Meu filho também. Meu pai se chamava Toni, escolhemos esse nome para homenageá-lo; era um homem admirável, amigo, digno, honesto e muito divertido — completou Adalton.

Nesse instante, Branca veio até Adélia e falou chorando:

— Dedé, dói minha barriga e eu estou cansada.

Adélia pegou a menina no colo e logo percebeu que a menina estava com febre.

— Ela está muito quente, acredito que está com febre.

— Deixe-me ver, eu sou médico; aposentado, mas ainda médico.

Adalton examinou a pequena Branca e percebeu vários gânglios inflamados.

— Ela tem tido infecções recorrentes? — perguntou a Adélia.

— Tem sim. Toma os antibióticos receitados de maneira correta, na hora certa; mas passa um tempo e ela está doente de novo. Veja aqui, está sempre com algumas pequenas feridas pelo corpo — comentou Adélia.

— Tenho um amigo na cidade que é médico. Vou pedir a ele que me empreste o consultório. Vocês a levariam lá? — perguntou Adalton.

— Levamos sim. Mas você acredita que seja algo grave? — perguntou Toni, demonstrando preocupação.

— Vamos fazer alguns exames antes. Pode ser apenas um período de adaptação do corpo infantil ao mundo em que vivemos — respondeu sorrindo.

— Posso segurá-la um pouco? — perguntou Salima, estendendo os braços e dirigindo-se a Branca.

— Pode sim, vovó! Você vai me ajudar a ficar boa? — perguntou a criança.

Salima, sorrindo encantada, respondeu:

— Meu colinho vai fazê-la sentir-se um pouquinho melhor, está bem? Hoje o vovô Adalton vai examinar seu corpinho e saber se precisa de remédio também.

— Eu sei que preciso, mas só meu pai pode me fazer ficar boa — respondeu Branca.

— Então tenha certeza de que ele o fará — falou Salima.

— Ele não sabe onde eu estou e acho que eu não quero que ele saiba — respondeu a menina.

Adélia olhou para Toni admirada e perguntou para Branca:

— Do que você está falando, querida?

— Você e o Toni são meus padrinhos; meu pai vem me visitar quando eu estou dormindo, e ele está sempre muito bravo, eu tenho medo dele. Minha mãe sempre diz para eu ficar bem e ter cuidado; ela não é brava como meu pai, mas está sempre triste.

— Meu Deus! — falou Adélia.

— Branca querida, mesmo as pessoas mais bravas são capazes de nos amar. Apenas não sabem como demonstrar esse amor. Quando você vir seu papai de novo, diga a ele que o ama, está bem? — disse Salima.

A menina fez um sinal afirmativo, encostou a cabeça no colo de Salima e adormeceu.

— Salima, o que ela quis dizer sobre o pai ser o único que pode ajudá-la? Você entendeu isso? — perguntou Adélia.

— Para entendermos direito alguma situação, precisamos conhecê-la. Mas posso deduzir algumas coisas, mediante percepção intuitiva. Vamos esperar Branca ser examinada, está bem? Depois nós conversamos com calma sobre essa situação — ponderou Salima.

— Toni, vamos contar a eles a história de Branca, está bem? Apesar de conhecê-los há apenas algumas horas, sinto que posso confiar neles; e, sobretudo, estou certa de que nos ajudarão — falou Adélia.

— Adélia, é muito arriscado, mas também confio neles. Vamos, vamos contar sim. Aliás, preciso mesmo desabafar — falou Toni.

O casal contou a história de Branca para os novos amigos, que os escutaram com paciência e carinho.

— Onde vocês estão hospedados? — perguntou Adalton.

— No hotel aqui perto — respondeu Toni.

— Queremos que fiquem conosco. A casa é grande e temos vários quartos mobiliados para receber nossos filhos e netos — convidou Salima.

— Não queremos dar trabalho — respondeu Adélia.

— Não darão trabalho nenhum, ficaremos mais tranquilos em tê-los conosco. Lembra-se de nossa conversa inicial? Deus sempre nos auxilia nas nossas necessidades. Salima e eu nos sentimos sozinhos e vocês precisam estar seguros.

Felizes com o desenrolar da história, voltamos à casa espírita que nos acolhia.

CAPÍTULO XXII

CRIME E CASTIGO

746. O assassínio é um crime aos olhos de Deus?

— Sim, um grande crime, pois aquele que tira a vida de um semelhante interrompe uma vida de expiação ou de missão, e nisso está o mal.

747. Há sempre no assassínio o mesmo grau de culpabilidade?

— Já o dissemos: Deus é justo e julga mais a intenção do que o fato.

748. Deus escusa o assassínio em caso de legítima defesa?

— *Só a necessidade o pode escusar; mas, se pudermos preservar a nossa vida sem atentar contra a do agressor, é o que devemos fazer.*

(*O Livro dos Espíritos* — Livro III — Capítulo VI — Lei de Destruição — Item III, Guerras)

Camila pediu a Evandro para levá-la à casa espírita. Sentia uma angústia terrível, sonhara com Branca, podia até mesmo sentir a textura da pele da menina e o cheiro de seu cabelo. A saudade a consumia e a preocupação a descontrolava; sabia que algo estava errado. Precisava de ajuda, sem a qual enlouqueceria.

Logo à entrada da casa de orações, avistaram Sandra. Camila correu e abraçou a amiga.

— Por favor, converse comigo — pediu Camila, com lágrimas nos olhos.

Evandro, preocupado, acariciava as costas da amada esposa num gesto carinhoso.

Sandra olhou atentamente para o rosto abatido da moça e percebeu a densa energia que penetrava em seu campo vibratório. Logo identificou a figura sofrida de uma mulher que a envolvia em sentimentos de desespero e dor. A entidade repetia sem descanso:

— Encontre minha filha. Ele vai matá-la. Ele vai matá-la. Ela está tão frágil e doente. Precisamos salvá-la.

Mentalmente, Sandra passou a um diálogo sereno com a mãezinha desesperada.

"Acalme-se. Dessa forma você não poderá auxiliar ninguém. Você mesma necessita de auxílio. Preste atenção no que está acontecendo; olhe para si mesma, perceba que as coisas estão diferentes; compreenda que há muito tempo você sofre em busca de sua filhinha. Ela sobreviveu, cresceu, teve uma vida produtiva e está no mesmo plano que você, o mundo dos espíritos desencarnados. Olhe ao seu lado, ela ora para que você aceite sua ajuda e a acompanhe numa nova caminhada."

A mãezinha arregalou os olhos e admirada percebeu um novo panorama através da visão espiritual. Manuela, sua filha naquela encarnação, aproximou-se carinhosa, estendeu os braços e, feliz, convidou a sofrida senhora:

— Venha, mamãe, venha comigo.

A alquebrada senhora modificou sua expressão facial e, comovida, atirou-se nos braços da filha amada.

— Minha filhinha, como você está linda; você está tão crescida e ainda se lembra de sua mãe!

— Eu nunca a esqueci, mamãe. Lembro-me de seu carinho, sua preocupação, sua dor; e há muito tempo espero por este momento de libertação. Venha, vamos embora; vou levá-la a um hospital para que receba os primeiros cuidados.

— Hospital? Mas eu não morri?

— Seu corpo cansado e doente sim; mas você, a sua essência, não. Somos espíritos eternos e temos à nossa frente uma longa caminhada de aprendizado e amor, minha querida. Não se preocupe, aos poucos irá lembrar-se do que for necessário à sua readaptação ao mundo dos espíritos. Neste momento, concentre-se apenas em ficar bem, estarei com você.

Manuela olhou para Sandra e agradeceu o auxílio recebido.

Sandra observou Camila e percebeu que seu semblante, antes contraído numa expressão rígida de sofrimento e dor, estava mais tranquilo e sereno.

— Vamos à sala de atendimento fraterno para uma reciclagem energética. Venham comigo, Evandro e Camila!

Confortavelmente instalados, Sandra perguntou a Camila:

— Como você está neste momento, minha querida?

— Muito melhor! Antes de chegarmos aqui, a impressão que me envolvia era de desespero e intranquilidade. Sonhei com Branca e sei que não foi algo bom. Depois que acordei, não conseguia mais controlar meus pensamentos; parecia estar entrando num túnel longo e escuro, desculpem meu desequilíbrio. Sei que preciso manter a qualidade de meus pensamentos, ter mais fé em Deus e acreditar que tudo irá e será resolvido da melhor forma. Só que em alguns dias é muito difícil manter a serenidade. E agora, com Artur nesta atividade frenética para encontrar Branca, a fim de me punir e dar vazão ao ódio que alimenta em seu coração, sinto muito medo. — Tocando a mão de Evandro, falou com lágrimas nos olhos: — Me perdoa, por favor, tenho muito medo que desista de mim. Você é minha força, o meu amor.

Evandro levantou de sua cadeira, estendeu as mãos para Camila e falou, abraçando-a com carinho:

— Não se preocupe, você também é o meu amor, a razão de minha vida, de meus sonhos e da minha força. Nunca vou estar longe de você, acredite nisto.

Discreta, Sandra enxugou uma lágrima, sorriu e, diante do quadro a sua frente, falou emocionada:

— Nada é mais importante do que o amor; este magnífico sentimento transforma o mundo pessoal de cada ser e contribui para a evolução de nosso globo. Graças ao Pai de Amor, encontramos neste momento equilíbrio suficiente para vivermos esta história em busca da felicidade. Vamos agradecer por isso. E lembre-se, Camila, você está a caminho da evolução, e todos os momentos e sentimentos gerados por esta situação que vive agora são instrumentos para a educação de seu espírito. Não fique triste se, às vezes, não dá conta sozinha de tocar a vida e entender a lição necessária. Para isso, Deus permitiu a convivência amorosa entre seus filhos.

— Obrigada, Sandra. Já estou bem melhor e espero um dia ter equilíbrio suficiente para estar aqui, auxiliando e retribuindo o muito que tenho recebido. E, neste momento, peço por Artur, para que ele possa ser tocado pelo amor e pelo perdão.

Artur, que neste momento estacionava seu carro na entrada de uma chácara distante da cidade, sentiu fraqueza e súbito mal-estar.

— Será que aquela história de tomar remédios demais me fez tão mal a ponto de trazer essa sensação ruim a todo o momento?

O homem fechou os olhos e sentiu a presença de uma entidade de luz. Auxiliado por amigos invisíveis, seu corpo físico adormeceu e o espírito desdobrou. Assustado, olhou à sua volta e nos viu. Estávamos ali auxiliados por benemérito amigo de nosso plano, que havia vivido uma história de amor e ódio junto a Artur.

— Inocêncio, seu desgraçado! O que faz aqui? Ainda me persegue? Hoje não sou um frágil crédulo em suas mãos, aprendi a me defender. Então tome cuidado porque posso acabar com você.

— Estou aqui para que possamos conversar um pouco. Não tema, eu não farei mal a você, não sou mais aquele que você conheceu tantos séculos atrás. Assim como você, eu entendia de maneira equivocada a ação do mundo sobre nós, odiava e era odiado. Sofri muito, fui auxiliado por amigos amorosos, pacientes e tolerantes em relação à minha ignorância do bem. Descobri, na revolta e na dor, que nada disso era necessário, que somente a compreensão do amor e do perdão recupera nossas faltas e nos possibilita auxiliar àqueles a quem ferimos. Estou aqui para oferecer auxílio a um amigo querido a quem muito feri; estou aqui para pedir perdão por meus enganos.

— Enganos? Enganos? Você destruiu minha vida, me transformou num pária. Fui excomungado por sua causa, por causa de suas mentiras e ardis. Você fala em engano, seu desgraçado?

Artur, tomado de ódio e revolta, avançou sobre Inocêncio. Mas, tocado por doces vibrações de amor, sentiu-se enfraquecido e titubeou. Inocêncio, paciente e amoroso, o recebeu em seus braços; com carinho o acomodou ao colo e o embalou como uma criança.

Aproximamo-nos e auxiliamos nosso amigo a modificar estruturas mentais que propiciavam a criação de pensamentos obsessivos. Após alguns instantes, auxiliamos Artur a voltar para o corpo físico. O homem, meio confuso e envolvido por vibrações melhores, olhou à sua volta e lembrou-se de que precisava entrar na casa à sua frente; o conselho da igreja o esperava.

Saiu do carro e demorou em firmar as pernas, que pareciam bambas e inseguras; não tinha certeza do que estava fazendo ali. Fez um esforço sobre-humano para entender o que estava acontecendo, apoiou-se em uma árvore e fechou os olhos. Sentia o estômago enjoado, suava frio e não conseguia encadear as ideias necessárias para organizar a sua defesa. Esperou mais um pouco; um homem saiu da casa e veio ao seu encontro.

— Sou secretário do bispo e você precisa entrar. Estão todos esperando. Nossa, você está muito pálido! Está se sentindo bem?

— Desculpe, estive internado no hospital e ainda não me recuperei totalmente.

— Entre, tome um copo de água gelada. O dia está muito quente e parece que teremos uma tempestade.

— Obrigado.

Robert conseguiu se aproximar do campo vibratório de Artur e o ameaçou:

— Se não der conta de fazer o que precisamos, vou descartá-lo como uma roupa suja. Volte a controlar seus pensamentos. Você foi insultado por Inocêncio e deixou-se envolver de novo; é muito frouxo.

Artur aprumou o corpo, levantou a cabeça com altivez e falou em tom firme:

— Não se preocupe, estou melhor.

Entrou na imponente casa e foi encaminhado a uma sala de reunião. Sentados em volta de uma grande mesa oval estavam quatro bispos que o esperavam para dar início à reunião. À cabeceira da mesa, encontrava-se um senhor de aparência forte, calvo e de expressão perspicaz:

— Sente-se. Você já nos fez perder muito tempo.

— Desculpem, estive doente, internado no hospital, e ainda não me recuperei totalmente. À entrada da chácara tive um mal-estar, precisei esperar um tempo para sentir-me melhor.

— Está bem. Temos algumas denúncias sobre você, tanto na maneira como conduz sua vida particular como na congregação. São denúncias graves, que podem abalar a estrutura de nossa igreja. Recebemos ameaças quanto à divulgação de seus atos nos meios de comunicação. Sabe do que falo?

— Gostaria que me colocasse a par do assunto. Mas algumas coisas posso deduzir por causa de uma situação bastante grave que ando enfrentando. Inclusive foi essa situação a causa de meu estado de saúde ter piorado — respondeu Artur, com expressão de sofrimento estampada no rosto.

— Muito bem. Dionísio, por favor, leia o relatório que elaborou; apenas os itens a serem esclarecidos. E vou avisando, Artur, que já fizemos algumas pesquisas. E ainda temos alguns detetives que agem dentro da comunidade evangélica que administra, a fim de colher dados e elucidar alguns assuntos referentes à sua vida particular — sentenciou o bispo.

Artur fez menção de falar algo, mas o bispo, com um gesto firme, o fez calar-se.

O secretário tomou de uma pasta e passou a enumerar alguns assuntos:

— Primeiro: os relatórios financeiros de sua filial estão bastante confusos e mostram indícios de desvios. Segundo: estamos apurando denúncias de abusos de poder junto aos associados. Terceiro: houve denúncias de abusos sexuais, inclusive que podem ser enquadrados como pedofilia. Quarto: há suspeitas de sua associação com criminosos, que são contratados inclusive para cometer assassinatos. Quinto: constatamos atos de perseguição à sua ex-esposa, com abusos de todos os tipos, inclusive ameaças à vida dos mais próximos a ela. Sexto: descobrimos a existência de uma criança, uma menina, que foi afastada da mãe com a intenção de mantê-la longe de seus desequilíbrios.

"Esses são apenas alguns dos itens mais graves; os pequenos deslizes foram omitidos por enquanto. Vamos dar a você, exatamente, quinze dias para sua defesa. Enquanto isso, estará afastado de suas atividades na unidade que administra. Vamos continuar a justificar a sua ausência por motivos de saúde. Durante este período, será assistido por nossos advogados, administradores e contadores. Caso seja provada sua inocência, o que duvido muito, serão devolvidas a você suas funções. Caso seja provada a sua culpa, sabe bem o que o espera; não seremos complacentes e arranjaremos uma solução que não envolva de modo algum a comunidade."

Artur tentou falar, mas o bispo mais uma vez o fez calar-se.

— Não queremos ouvir sua voz no dia de hoje. Estamos colocando toda a estrutura necessária a serviço da igreja para investigar essas denúncias. Exatamente daqui a quinze dias, nos reuniremos novamente. Você receberá de Dionísio o endereço para a próxima reunião. — E, dirigindo-se a Dionísio, ordenou: — De hoje em diante, você será a sombra de Artur. Não o deixará sozinho nunca. E, quando for descansar, o que é necessário, designe alguém para ficar de olho nele.

Artur saiu da chácara bastante preocupado, seguido de perto por Dionísio. Não imaginava o que poderia fazer para reverter a situação.

Voltamos à casa espírita que nos acolhia. Maurício, com a mente repleta de indagações, veio ao nosso encontro.

— Amigos, podemos conversar um pouco?

— Podemos sim, meu jovem — respondeu Demétrius.

— Inocêncio é antigo membro do clero?

— Sim. Viveu alguns momentos de desajustes. Aliou-se aos membros religiosos que edificaram a Inquisição, inclusive tendo papel primordial na efetivação dessa prática através das decisões tomadas no Terceiro Concílio de Latrão, em 1199 — respondeu Demétrius.

— Você poderia nos falar um pouco sobre este momento histórico. Afinal, para que possamos entender os acontecimentos do presente, precisamos, primeiro, conhecer os acontecimentos do passado — falou Maurício.

— A prática inquisitorial foi utilizada pela Igreja Católica para combater a heresia durante bastante tempo, desde a Idade Média. A primeira notícia que temos de procedimentos inquisitoriais na época medieval, também conhecida como Inquisição episcopal, foi em 1184. Através de uma bula redigida pelo Papa Lúcio III, essas práticas foram erigidas para inibir o crescimento da heresia cátara no sul da França e nas cidades do norte italiano. Recebeu esse nome, episcopal, por ser administrada por bispos daquela localidade. Essa atividade acabou por dar origem ao Tribunal da Inquisição e ao Santo Ofício — explicou Demétrius.

— Por favor, explique-nos o que seriam essas bulas — pediu Ana.

— A palavra "bula" não está associada ao conteúdo ou à solenidade do documento, mas, sim, à apresentação, à forma externa. O documento oficial recebe um lacre com uma pequena bola de cera ou metal; o conteúdo pode ser formado de Cartas e até mesmo Constituições Apostólicas. Contêm expressões solenes do Papa. Podemos citar como exemplo a bula Ineffabilis Deus, de 1854, que formulou o dogma da Imaculada Conceição. Por bula, o Papa pode convocar os participantes de um Concílio Ecumênico, criar ou desmembrar uma diocese. A partir do século VI, os Papas empregaram a bula, portadora do nome do Papa respectivo, a fim de autenticar os seus documentos; assim, bula passou a designar o selo do Papa. A partir do século XIII, bula designa não apenas o selo, mas a sua própria carta. E, na evolução das mensagens oficiais ligadas ao clero, essa prática foi sendo modificada, mas até hoje constitui documento de ação e reação às ordens episcopais e papais — respondeu Demétrius.

— Desculpe, meu amigo, mas vamos aproveitar seus conhecimentos e questionar mais uma coisa — falou Maurício.

— Fiquem à vontade. O que for de meu conhecimento, compartilharei com prazer — falou Demétrius.

— Qual a diferença entre Tribunal da Inquisição e Santo Ofício? — perguntou Maurício.

— O Tribunal da Inquisição foi criado pela Igreja Católica Apostólica Romana, no período medieval, com o propósito de investigar, apurar, julgar e condenar os culpados por crimes de blasfêmia, heresia e outras práticas que fossem contrárias às leis da igreja. O Santo Ofício era uma instituição eclesiástica de caráter judicial que tinha por principal objetivo inquirir heresias, daí também ser conhecido como Inquisição — respondeu Demétrius.

— Então essas bulas acabaram por legalizar a prática da tortura? — perguntei ao amigo.

— O castigo físico dos hereges foi designado para os leigos. Por esta bula, os bispos foram obrigados a intervir ativamente para erradicar a heresia; e, para tanto, foi-lhes dado o poder de julgar e condenar os hereges em sua diocese. Todas as inquisições medievais importantes foram descentralizadas. As autoridades locais agiam com base em orientações da Santa Sé. Mas não havia nenhuma autoridade central executando as inquisições, como seria o caso das inquisições pós-medievais. Assim, há muitos tipos diferentes de inquisições, dependendo da localização e dos métodos; historiadores e estudiosos as têm geralmente classificado de Inquisição episcopal e Inquisição papal. Os papas, durante algum tempo, tiveram que frear o impulso crescente dos heréticos. Porém, finalmente, no Terceiro Concílio de Latrão, no ano de 1179, incitaram os príncipes a aplicar as sanções penais contra os hereges. De início, tentou-se liquidar o problema militarmente. Em 1208, o Papa Inocêncio III apelou à Cruzada Albigense; convocou os príncipes cristãos, garantindo aos que dela participassem os mesmos benefícios espirituais e temporais ligados à Cruzada de libertação da Terra Santa. Os cruzados saíram vitoriosos e logo se apoderaram dos territórios dos albigenses e dos senhores feudais que os protegiam. Mas o resultado não foi o esperado pelo Papa, pois a heresia continuou a progredir. Como resultado, o Papa recorreu à pressão judicial, estabelecendo a Inquisição. Essa instituição apareceu primeiro em 1203, quando Inocêncio III mandou juízes papais especiais "inquirirem" casos de heresia em certos locais em que os tribunais dos bispos pareciam incapazes de colocar-se à altura de sua rápida difusão. Essas novas cortes mostraram-se muito mais eficazes do que os tribunais episcopais efetivos. Em consequência disso, em 1229, foram transformadas em instituição permanente para o fim específico de lidar com a heresia.

— Quantos desequilíbrios e quanto sofrimento! — comentou Maurício.

— E quanto aprendizado, meu amigo. A dor e o sofrimento ainda são amigos da humanidade; somente modificamos a situação de aparente conforto em que vivemos quando não mais suportamos os resultados de nossa ignorância — comentou Demétrius.

— Sabemos da extensão da era da escuridão. Poderia nos dizer como chegou ao fim? — perguntei.

— No final da Idade Média e início do Renascimento, o conceito e o alcance da Inquisição foram significativamente ampliados em resposta à Reforma Protestante e, também, à Contrarreforma Católica. O seu âmbito geográfico foi expandido para outros países europeus, resultando nas Inquisições espanhola e portuguesa. Esses dois reinos, em particular, operavam tribunais inquisitoriais que foram instaurados ao longo de seus respectivos impérios e territórios, resultando, na América, na Inquisição peruana; e, na Ásia e na África, na Inquisição mexicana. Um foco particularmente presente, tanto na Inquisição espanhola quanto na portuguesa, era converter judeus e muçulmanos ao catolicismo, em parte porque esses grupos minoritários eram mais numerosos na Espanha e em Portugal do que em muitas outras partes da Europa e, em parte, porque, muitas vezes, eles eram considerados suspeitos devido à suposição de que haviam secretamente voltado a praticar suas religiões anteriores. E assim foi durante séculos. Até que, no século XIX, os tribunais da

Inquisição foram suprimidos pelos estados europeus, mas foram mantidos pelo Estado Pontifício. Em 1908, sob o comando do Papa Pio X, a instituição foi renomeada como Sacra Congregação do Santo Ofício; em 1961, por ocasião do Concílio Vaticano II, durante o pontificado de João XXIII; e, mais tarde, em 1965, durante o papado de Paulo VI, em clima de grandes transformações na Igreja Católica, assumiu seu nome atual: Congregação para a Doutrina da Fé. A Inquisição foi extinta gradualmente ao longo do século XVIII, embora só em 1821 se dê a extinção formal em Portugal numa sessão das Cortes Gerais, sendo que a Congregação para a Doutrina da Fé é a herdeira do Santo Ofício.

CAPÍTULO XXIII

ALÉM DA RAZÃO

749. O homem é culpável pelos assassínios que comete na guerra?

— Não, quando é constrangido pela força; mas é responsável pelas crueldades que comete. Assim, também o seu sentimento de humanidade será levado em conta.

750. Qual é o mais culpável aos olhos de Deus: o parricídio ou o infanticídio?

— Um e outro o são igualmente, porque todo o crime é crime.

751. Por que entre certos povos, já adiantados do ponto de vista intelectual, o infanticídio é um costume e consagrado pela legislação?

— *O desenvolvimento intelectual não acarreta a necessidade do bem; o Espírito de inteligência superior pode ser mau; é aquele que muito viveu sem se melhorar: ele o sabe.*

(*O Livro dos Espíritos* — Livro III — Capítulo VI, Lei de Destruição — Item III, Guerras)

Enquanto isso, Adélia e Toni lutavam pela saúde de Branca. Após alguns exames serem feitos, Adalton chamou o casal ao consultório médico de seu amigo, Vitor, especializado em oncologia pediátrica.

— Bom dia, meus amigos, este é o doutor Vitor, um grande amigo e excelente médico. Pedi a ele algumas elucidações clínicas e que assumisse o caso de Branca.

— Qual foi o diagnóstico? — perguntou Adélia bastante apreensiva.

— O diagnóstico é leucemia linfoide aguda, uma doença de progressão rápida que afeta a maior parte das células que ainda não estão formadas, ou que sejam primitivas, isto é, ainda não estão completamente diferenciadas. Essas células imaturas não conseguem realizar suas funções normais. A leucemia linfoide aguda começa com a transformação de uma célula saudável, que se torna doente por alguma razão ainda desconhecida. Na maioria das vezes, o início da doença é abrupto e os sinais e sintomas aparecem já nas primeiras semanas da instalação da doença.

— Meu Deus, e como isso funciona? O que podemos fazer? — perguntou Adélia, demonstrando tristeza e insegurança.

— A leucemia não é hereditária nem contagiosa. Resulta de um dano genético adquirido, não herdado, no DNA de uma única linhagem de células na medula óssea. Acredita-se que uma alteração na estrutura genética cause as anomalias e a multiplicação descontrolada dos glóbulos brancos.

O doutor Vitor continuou a explicar:

— E, embora a causa dessa alteração também seja desconhecida, suspeita-se de alguns fatores, dentre eles podemos citar os seguintes, que são importantes para o diagnóstico: anomalias congênitas, não hereditárias, como a síndrome de Down, que estão associadas à maior incidência de tipo de leucemia linfoide aguda; radiação ionizante, já que altas doses de radiação, por exemplo, a bomba atômica ou o contato intenso com produtos radioativos, aumentam as chances de desenvolver a doença; vírus, pois podem causar alterações genéticas e já foram associados a alguns tipos de leucemia; substâncias químicas, já que a exposição a altas doses de vapores de benzeno pode ser a causa de uma série de transtornos no sangue. Vocês se lembram de alguma virose prolongada da qual Branca foi tratada? — perguntou o doutor Vitor.

— Branca é uma criança saudável, nunca fica doente. Mas há um ano, aproximadamente, ela teve hepatite; no entanto, fez o tratamento direitinho e ficou bem.

— Esse tipo de virose pode levar à leucopenia, que é a diminuição dos glóbulos brancos — esclareceu Vitor.

— E isso pode ter desencadeado a doença em Branca? — perguntou Toni.

— Leucopenia não é considerada uma doença, mas a redução do número de leucócitos no sangue indicada no exame de sangue completo, o hemograma. Os leucócitos atuam basicamente no combate a infecções. Essa redução pode ser causada por uma doença, mas pode, também, se apresentar em indivíduos sadios, sendo nesse caso chamada de "falsa leucopenia". Inúmeras doenças podem ser a causa da redução dos leucócitos: viroses comuns, como gripe, mononucleose, hepatite, leucemias, linfomas e a aplasia ou hipoplasia da medula óssea. A leucemia é uma doença que afeta a medula óssea, parte do corpo que produz o sangue. E tem por característica o aumento dos glóbulos brancos defeituosos, os blastos da linhagem familiar linfoide, a LLA, que se desenvolve habitualmente na medula óssea, podendo ter início também nos gânglios linfáticos. Se existe a suspeita de leucemia, um exame de medula óssea, o mielograma, deve ser feito, pois, quanto antes se iniciar o tratamento, maiores serão as chances de cura — explicou Vitor.

— Esse foi o exame que Branca fez outro dia? — perguntou Toni.

— Esse mesmo — respondeu Vitor. — A punção aspirativa de medula óssea, o mielograma, e a biópsia de medula óssea, quando indicada, são dois exames que, quando realizados, definem o diagnóstico da doença. O mielograma mostra os tipos de células presentes na medula óssea e quais anormalidades as células apresentam. Enquanto que a biópsia, realizada em alguns pacientes, pode concluir o diagnóstico quando a punção é inconclusiva — falou Vitor.

— Então o mielograma de Branca deu resultado certo? — perguntou Adélia.

— Deu sim, Adélia. De posse desse resultado, vamos focar no tratamento da doença. O objetivo do tratamento da leucemia linfoide aguda é a cura da doença. Assim, crianças com LLA têm obtido altas taxas de cura. O número de pacientes curados aumentou na última década, e o período de remissão, que é o controle da doença, tem aumentado, de maneira significativa, em adultos e também em crianças. O tratamento da LLA é dividido em duas partes: terapia de indução e terapia pós-indução ou manutenção — explicou Vitor.

— Como isso funciona? — perguntou Adélia.

— A indução é o termo utilizado pelos médicos para indicar o início do tratamento com quimioterapia, que deve ser realizado imediatamente após o diagnóstico estabelecido. Neste período, que tem duração aproximada de quatro semanas, o paciente recebe medicamentos quimioterápicos potentes com o objetivo de eliminar o maior número de células leucêmicas. Após a indução, é realizado um novo mielograma para verificação da remissão da doença. O objetivo da terapia de indução é: destruir o maior número de blastos, que são as células doentes, retornar as contagens sanguíneas ao normal e, por fim, livrar o paciente de todos os sinais da doença e controlá-la. Dependendo do tipo de leucemia, há necessidade de tratamento prolongado, que pode durar, em geral, dois anos. As combinações de quimioterapia são utilizadas para prolongar e manter a remissão, podendo ser ministradas por via oral, intramuscular ou endovenosa. Entretanto, os quimioterápicos podem ser utilizados isoladamente ou combinados, dependendo do tipo de leucemia e da fase do tratamento. Temos ainda outras alternativas, que podem ser utilizadas em conjunto com a quimioterapia, como a radioterapia e a profilaxia do sistema nervoso central, e o transplante de células-tronco hematopoéticas, chamado de TCTH.

— Transplante? — perguntou Adélia.

— Isso mesmo, o transplante pode ser autólogo ou alogênico. No TCTH autólogo são utilizadas as próprias células do paciente. Antes que a quimioterapia comece, as células-tronco hematopoéticas são retiradas do sangue do paciente, ou de sua medula óssea, por um procedimento denominado aférese. Elas são então armazenadas e injetadas de volta no paciente após ele receber quimioterapia em altas doses para destruir as células doentes. O TCTH alogênico é um procedimento em que o paciente recebe células-tronco, que podem ser do sangue, da medula óssea ou do cordão umbilical de um doador saudável e compatível. Esse doador pode ser da família do próprio paciente ou proveniente de um banco de doadores.

— Branca não é nossa filha, se precisar de doador não sei como faremos isso. O caso é bastante difícil — falou Adélia.

— Os pais têm contato com ela? — perguntou Vitor.

— Precisamos contar a ele, Toni — falou Adélia, apreensiva, olhando para o marido.

— Está bem, querida. Eu conto a história a ele — respondeu Toni.

Toni resumiu a história de Branca. Vitor ficou pensativo por algum tempo, então falou:

— Bom! No meu parecer, a mãe biológica precisa saber o que está acontecendo. E, quando for necessário, se for necessário, nós podemos discutir alguns aspectos legais com um bom advogado. Então, não vamos sofrer antes da hora. Vamos começar o tratamento de indução e ver os resultados, está bem?

— Está bem, doutor. E quando precisarmos voltar para casa, como ficará o tratamento de Branca? — perguntou Toni.

— Pelo que me contaram, Adélia deve ficar por aqui até toda esta situação ser resolvida, não é mesmo? E, se for necessário, não estamos tão longe da cidade em que moram. Vocês poderão vir nos visitar, como também posso indicar um colega para acompanhar Branca em sua cidade. Não vamos nos antecipar, está bem?

Adélia e Toni voltaram com Adalton para sua casa. Salima os esperava com as outras crianças.

— Desculpe a demora, Salima, mas a consulta foi bastante demorada — falou Adélia.

— Não se preocupe, as crianças são muito boazinhas e divertidas. Estava aqui com eles e nem vi o tempo passar. Conte o que foi decidido para o bem de Branca — respondeu Salima.

Adélia colocou a amiga a par das decisões tomadas e, mostrando preocupação, falou:

— Preciso falar com Vanda, precisamos conversar com Camila, afinal, ela é a mãe da pequena Branca, e só está afastada da filha pelo bem da criança. Admiro muito a postura dessa moça, e, acredite, Salima, eu nem mesmo a conheço pessoalmente. Estou preocupada porque, ao avisar Camila e o esposo, Evandro, o terrível Artur pode acabar descobrindo onde estamos — confidenciou Adélia.

— Adalton tem muitos amigos por lá e pode pedir a um deles, que é delegado da Polícia Federal, para ajudá-lo a trazer Camila para conhecer a filha. Deve ser muito difícil para essa moça estar longe de Branca. Imagine agora que a menina está doente, e gravemente doente — falou Salima.

— Vou falar com Vanda. E, por favor, peça sim a Adalton para ajudar Camila a chegar até aqui — pediu Adélia.

A moça tomou o aparelho celular que mantinha apenas para conversar com Vanda e ligou para a amiga.

— Adélia, está tudo bem?

— Mais ou menos, Vanda. Tenho uma notícia muito grave a dar, e peço a você que a transmita à Camila com muito cuidado.

— Deus do Céu, o que está acontecendo? Branca está bem?

— Infelizmente, não. Há mais ou menos dois meses anda meio doentinha e pensamos ser uma virose mal curada. Estamos hospedados na casa de um amigo médico; ele achou o quadro meio esquisito e fez alguns exames. Infelizmente, Branca está com leucemia linfoide aguda. Estamos voltando do oncologista, e amanhã mesmo será iniciado o tratamento. Acredito que Camila deva saber. Nosso amigo Adalton tem um conhecido que é delegado da Polícia Federal. Ele entrará em contato com vocês, arranjará um jeito de trazer Camila aqui sem expor-nos ao perigo.

— Nossa, Adélia! É muito grave?

— É sim, Vanda, mas também há muitos casos dessa doença em crianças com bons resultados de cura. Devemos manter a esperança e a fé em Deus. Logo teremos boas notícias, você verá.

— Nem sei como agradecer a você tudo que tem feito por nós.

— Não se preocupe com isso. Branca é um presente de Deus em nossas vidas, e as crianças a amam como sua irmã. Nós a amamos muito, pode acreditar.

— Eu sei. Por isso confiei em vocês. Vou falar com Camila e meu irmão, e depois conversamos mais.

Vanda chamou Fábio e o colocou a par do assunto.

— Precisamos falar com seu irmão primeiro, Camila não estava bem hoje. Parece que anda sonhando com Branca e que sente que a menina está em perigo. Intuição de mãe, apesar de estarem separadas desde o nascimento. Existe uma ligação muito forte entre elas, uma ligação de amor verdadeiro.

— Tenho muita compaixão por Camila, pelo sofrimento de estar longe da filha, por nunca poder participar de nada que diz respeito à criança. E agora essa notícia.

— Tudo sempre tem solução, meu amor. E acredito de verdade que em breve toda essa história estará resolvida.

Enquanto isso, Artur repassava e repassava os últimos acontecimentos; não via como sair daquela situação. Dionísio estava com ele desde que saíram da reunião e não dava trégua. Até mesmo mandou a empregada colocar uma segunda cama em seu quarto.

Enfurecido, Artur pensou: "Que inferno! Ainda mando matar esse desgraçado. Não estou vendo outra alternativa. Não conseguirei fugir se esse infeliz não me der uma folga".

Olhando para Dionísio, falou com cinismo:

— Preciso ir ao banheiro, você quer entrar comigo?

Dionísio olhou-o bastante sério e falou:

— Se eu fosse você, não me irritaria. Já está numa situação bastante delicada para querer ainda fazer graça.

Artur entrou no banheiro, abriu uma gaveta com fundo falso e tirou um celular. Abriu o chuveiro, ligou para Celso e o instruiu:

— Estou em casa e não posso falar muito, o pessoal da igreja me vigia de perto. Preciso sair daqui, mas o sujeito que puseram para me vigiar não me dá folga, vai até dormir no meu quarto. Traz um pouco daquele pozinho e mandarei o Joaquim colocar no chá que ele toma toda noite. Quando ele apagar, sumo daqui. Depois volto, como se nada tivesse acontecido. Preciso ir naquele lugar especial, pegar alguns documentos. Esse povo está na minha mão e não sabe.

— E o que eu ganho com isso?

— Muito mais do que você pode sonhar. Mas não fracasse, senão arranjo outro e ainda mando sumir com você.

— Então é bom pensar bastante, porque, se juntou provas contra o pessoal da igreja, eu também juntei contra você. Tenho muitos documentos, fotos, filmes... Além disso, estou cansado de suas ameaças. Se você não tomar cuidado, sabe muito bem quem é que acaba com quem. E eu mesmo faço o serviço, não preciso pagar ninguém.

Artur deu uma risada abafada e falou:

— Somos do mesmo time, companheiro, então não falhe.

Celso, enraivecido e se sentindo humilhado, pensou: "Malditos! Se fosse outra época seriam excomungados ou jogados aos leões. Hoje em dia, fazem pose de santos enquanto roubam o povo ingênuo e ignorante. Constroem templos faraônicos, vivem como nababos e ainda não pagam impostos. Pensando bem, sempre foi um bom negócio esse da fé; esses idiotas em busca de milagres pagam até o que não têm por uma mãozinha para limpar as porcarias que fazem".

Dionísio bateu à porta do banheiro e falou com autoridade:

— Trate de não demorar muito! E com quem está falando? Estou ouvindo você cochichar faz tempo.

— Não posso mais ficar em paz nem mesmo no banheiro? Tenho o hábito de falar sozinho, principalmente quando estou com raiva. Já estou saindo.

Artur desligou o telefone celular e o colocou novamente no compartimento secreto do armário. Saiu do banheiro e olhou com cinismo para o outro.

— Satisfeito?

— Ainda não! — Dionísio entrou no banheiro e passou a revistar o cômodo; não demorou muito e achou o celular. Ligou o aparelho, rastreou o número utilizado, tomou do próprio e fez uma ligação:

— Boa noite, amigo! Descubra para mim de quem é esse número que vou te passar e depois me liga.

Olhou para Artur, que estava pálido e com muito ódio, e falou debochando dele:

— Dessa escola que você frequenta, saí formado há muito tempo. Não adianta espernear, você não tem mais ninguém. Todos com quem podia contar também têm seu preço. Essa é a dificuldade de ser um canalha, você não tem a fidelidade de ninguém.

Dionísio sentou-se numa poltrona, recostou a cabeça e fechou os olhos. Artur o olhava com muito ódio. Robert se aproximou de seu campo vibratório e falou em seu ouvido:

— Não preciso mais de você, está por conta própria.

Artur sentiu um medo inexplicável; sabia estar em perigo. Sentiu que sua vida estava por um fio. Descontrolado, avançou sobre o outro, agarrou seu pescoço e apertou sem parar. Dionísio, em pânico, tentava gritar e não conseguia. A fúria cegava e redobrava as forças do infeliz assassino. Por fim, a resistência física do homem cessou. Artur olhava para ele sem entender direito o que havia acontecido. Finalmente se deu conta de sua ação nefasta e pensou: "Nunca matei ninguém, mas também não é tão difícil assim. O que faço com esse corpo? Celso já deve ter sido contatado, e o infeliz tinha razão, ele não é fiel. Vou precisar dar um jeito sozinho nessa história. Não posso contar com a discrição da criadagem. Já sei, o garoto novo, ele é bem ambicioso, vou até ele".

Observávamos essa terrível cena de horror que se desenrolava, apesar de nossa tentativa de evitar mais esse comprometimento para Artur. Porém, ele não nos permitiu a aproximação.

Robert nos observava e, sorrindo com sarcasmo, falou:

— Resolvi um problema para vocês. Ele será encarcerado em breve, eu mesmo darei um jeito para que isso aconteça. Ficam me devendo um favor. Se quiserem e for do interesse de vocês, podem socorrer o infeliz Dionísio, ele não me interessa.

Artur desceu as escadas do grande sobrado e foi até a moradia dos empregados.

— Vem cá, garoto, quer ganhar um dinheiro fácil?

O rapaz olhou desconfiado e falou:

— Do que o senhor precisa?

— Preciso de uma limpeza em meu quarto.

— Posso chamar a camareira?

— Ninguém pode saber da sujeira que precisa ser removida. É um corpo, e estou oferecendo muito dinheiro para que resolva esse pequeno probleminha para mim. O suficiente para uma casa, um carro novo e muitos anos sem precisar trabalhar. Se aceitar, amanhã mesmo estará com o dinheiro nas mãos. Se não aceitar, amanhã pode estar sem mãos.

— Vou fazer o que me pede.

— Preciso sair um pouco; quando voltar quero ver tudo limpo. É para sumir com a sujeira, entendeu isso, não é? E me dê cobertura enquanto estou fora. Se alguém ligar, diga que estou dormindo. Fique com os telefones em suas mãos.

Assim que Artur saiu da mansão, o rapaz saiu para a rua, encontrou um orelhão e fez uma denúncia anônima.

Artur chegou ao seu esconderijo, destrancou um cofre muito bem escondido, pegou uma pasta que continha alguns documentos, abriu-a e passou a conferir o conteúdo. Feliz, falou consigo mesmo:

— Agora, sim, posso agir! Eles vão comer em minhas mãos. E essa porcaria toda está acontecendo por causa de Camila e daquele seu doutorzinho. Vou acabar com a vida deles e também com essa criança amaldiçoada. Depois arranjo outra mulher para parir meus filhos. Sei que não posso mais ter filhos depois daquela doença que peguei. Essa porcaria estragou a minha chance de procriar. Mas ninguém precisa saber que o filho não é meu, não é?

Satisfeito com os novos planos, riu alto e continuou:

— Eu sei onde eles estão, mas eles não sabem que eu sei. Dessa vez, vi até o nome da rua, vai ser fácil. Vou encontrar um canto para cochilar um pouco. Preciso descobrir o nome da cidade, só isso. Sou abençoado mesmo, tenho esse dom e ninguém sabe.

Artur resolveu passar em sua casa e verificar se seu funcionário havia cumprido suas ordens. Ao se aproximar da mansão percebeu intensa movimentação; havia vários carros de polícia estacionados defronte ao portão. Irritado, falou alto:

— Desgraçado, ele me traiu! Não importa, mato esse também, até gostei do que fiz. Tenho muito dinheiro, tenho o suficiente para viver sem trabalhar, e com luxo. Dou cabo da criança e sumo no mundo. Quem tem dinheiro sempre sai livre!

Voltamos à Casa Espírita Caminheiros de Jesus.

CAPÍTULO XXIV

CRUELDADE E IGNORÂNCIA

752. Podemos ligar o sentimento de crueldade ao instinto de destruição?

— É o próprio instinto de destruição no que ele tem de pior, porque, se a destruição é às vezes necessária, a crueldade jamais o é. Ela é sempre a consequência de uma natureza má.

(*O Livro dos Espíritos* — Livro III — Capítulo VI, Lei de Destruição — Item V, Crueldade)

Amanhecia. Dirigimo-nos à torre onde os trabalhadores da casa espírita se reuniam para as orações matinais.

Ineque convidou todos a elevar o pensamento ao Pai e suplicar por socorro para a humanidade, tão carente de amor e perdão. Observávamos a beleza da cidade que nos abrigava. Ao longe, podíamos ver o portal de entrada para a cidade espiritual da região. As mentes alinhadas num só propósito amoroso transformavam energias mais densas em vibrações de amor fortalecedor e de paz.

Renovados em nossos propósitos cristãos, ficamos algum tempo por ali, observando a beleza que a vida pode nos oferecer.

— Vinícius, nesta última visita a Artur, observamos que ele falou sobre informações obtidas em sonhos, não é assim?

— Isso mesmo, Maurício.

— Poderia nos falar um pouco sobre esse assunto?

— Posso sim. Mas confesso que sei pouco sobre isso. Seria interessante termos a companhia de Inácio; acredito que ele poderia nos trazer um pouco mais de conhecimento sobre o assunto. E, olhem, ele vem vindo! — completei, feliz com a presença de nosso amigo.

— Bom dia, amigos! Percebo certa felicidade da parte de vocês com a minha aparição — falou bem-humorado.

Abraçamos nosso companheiro de lides socorristas e falei animado, já antevendo o aprendizado que teríamos:

— Pode estar certo disso! Falávamos sobre informações conseguidas durante o sono do corpo físico e que acabam por ser recordadas após o despertar — comentei.

— Esse é um assunto bem interessante, tanto para nós, espíritos desencarnados, quanto para estudiosos das áreas de psiquiatria e psicologia, que, ainda, infelizmente, não levam em consideração a ideia de múltiplas vivências, dando ao assunto interpretações bastante incompletas — falou Inácio.

— O que você poderia nos esclarecer? — perguntou Demétrius.

— Comecemos com a interpretação encontrada em *O Livro dos Espíritos*. A pergunta 404 questiona sobre a significação atribuída aos sonhos e propõe uma série de perguntas que nos levam a racionalizar a própria relação entre as informações que nos chegam através de nossas experiências enquanto encarnados e nossa interpretação, que está vinculada ao que nós somos; aliás, produto de múltiplas vivências.

"Os espíritos superiores iniciam esclarecendo assim: '... Os sonhos não são verdadeiros, como entendem os ledores da sorte, pelo que é absurdo admitir que sonhar com uma coisa anuncia outra...'. Analisando essa frase, podemos deduzir que, para entender algo, precisamos ter conhecimento de causa e efeito. E a visão estreita e carregada de misticismo leva a interpretações errôneas dessas lembranças-informações, que acabam por atrasar o processo de educação do espírito. Essa análise nos faz lembrar, neste momento, a preocupação maior de nosso querido amigo Allan Kardec sobre a necessidade de adquirir conhecimentos e empreender o verdadeiro processo de educação, dessa forma eliminando interpretações viciosas e ignorantes.

"E continua: '... Eles são verdadeiros no sentido de apresentarem imagens reais para o Espírito, mas que, frequentemente, não têm relação com o que se passa na vida corpórea...'. Esse conceito é bem lógico; aliás, se estamos desdobrados durante o sono do corpo físico, nosso espírito goza de parcial liberdade, e vive momentos característicos ao seu processo de evolução e compreensão. E nada mais real do que o nosso estado natural; porém, presos à vivência de nossa encarnação atual, acabamos por relacionar simbolicamente as lembranças que trazemos com as nossas preocupações e desejos atuais. Essa limitação de horizontes lembra a história da subida da montanha: quanto mais ascendemos, mais visão temos.

"Ressaltam: '... Muitas vezes, ainda, como já dissemos, são uma recordação...', outra referência feliz à continuidade eterna da vida. Experiências acumuladas são esquecidas momentaneamente, para nos auxiliar a trabalhar apenas assuntos específicos e os quais já nos achamos aptos a vivenciar;

e, durante o sono, afloram, com a permissão de amigos melhores que nos assistem, e que acabam por ter a função de compreensão das limitações e de momentos de reajuste, aos quais somos levados para experimentar e superar nossos traumas.

"'... Podem, enfim, algumas vezes, constituir um pressentimento do futuro, se Deus o permite, ou a visão do que se passa no momento em outro lugar a que a alma se transporta...'. Considero essa fala muito elucidativa, quando faz alusão aos pressentimentos. Devemos levar em conta que o espírito em desdobramento tem a visão ampliada ao necessário. Recorda vivências, ensinamentos e aconselhamentos, que despertam a sua inteligência e o arremessam ao estado de dedução lógica, por meio do encadeamento de ideias. Na questão 454, Kardec pergunta se podemos atribuir à dupla vista a perspicácia de certas pessoas em julgar com mais precisão determinadas informações que outras, e recebe a seguinte resposta: 'É sempre a alma que irradia mais livremente e julga melhor do que sob o véu da matéria'.

"Levam-nos à reflexão diante da proposição de algumas perguntas interessantes, como: 'Não tendes numerosos exemplos de pessoas que aparecem em sonhos para advertir parentes e amigos do que lhes está acontecendo?' Ou ainda: 'O que são essas aparições senão a alma ou o Espírito dessas pessoas que se comunicam com a vossa?'

"E o último questionamento sobre o assunto, bastante lógico e simples: 'Quando adquiris a certeza de que aquilo que vistes realmente aconteceu, não é isso uma prova de que a imaginação nada tem com o fato, sobretudo se o ocorrido absolutamente não estava no vosso pensamento durante a vigília?'

"Aconselho os amigos a estudarem o capítulo 8, Emancipação da Alma, de *O Livro dos Espíritos*, pois falamos apenas de forma sucinta acerca de uma única face desta interessante questão."

— Muito elucidativa a explanação que fez. E quanto às ciências terrenas que tratam da compreensão da mente humana? — perguntei a Inácio.

— Ainda é bem rudimentar, como citei no início. Poucos estudiosos da mente humana aceitam a ideia de múltiplas vivências e a continuidade de aprendizado cumulativo.

"Freud acreditava que o sonho era um recurso ativo da mente para dar vazão às tendências egoísticas e libidinosas, que sofriam limitações reais da mente em vigília, o que acarretava um estado alterado de satisfação simbólica ou representada. Durante o sono, a mente se recolhia ao 'isolamento feliz da vida intrauterina, pois voltava ao primitivo estágio de distribuição da libido, ou seja, ao narcisismo absoluto, estado em que a libido e o interesse do ego, unidos e indiferenciados, existem no mesmo ego, que se basta a si mesmo'.

"Levando em conta essa definição restrita: o sono deixa de ser interpretado como um estado de repouso ou de isolamento para ser entendido como uma atividade do sono, atividade essa que pode ser influenciada ou determinada por estímulos externos ocasionais, um ruído ou cheiro, que passam a integrar o enredo do sonho, porém sem interferir em sua essência e significado. Outros estímulos são de origem interior, psíquica ou somática. Estímulos interiores originados do psiquismo profundo do indivíduo podem aparecer camuflados, expressados livremente, sem os limites da censura moral, que os reprime em condições normais. A maioria é simbolizada, sem serem símbolos fixos, mas subjetivos e circunstanciais, criados de acordo com as condições da situação vivida pelo indivíduo.

"Freud e seu discípulo suíço, o psiquiatra Carl Gustav Jung, já sabiam que o conteúdo dos sonhos altera as condições do organismo e que essa alteração está diretamente ligada às emoções. Para os dois psiquiatras, os sonhos trazem à tona energias primitivas poderosas, muitas vezes incontroláveis, aprisionadas na parte desconhecida da mente humana: o inconsciente.

"Para entendermos algumas teorias mais atuais, como as propostas pela neurociência, precisamos também conhecer os mecanismos do sono. Temos alguns grupos no Instituto de Educação da Mente, situado na colônia, que vêm estudando e pesquisando esse assunto. Os amigos poderiam pedir autorização para frequentar esse pequeno curso, se assim podemos denominá-lo."

— O assunto é bastante complexo e extenso, mas deu para entender algumas coisas. Tudo começou por causa de uma situação que observamos num atendimento que estamos fazendo. — Resumi ao amigo Inácio o acontecido. — Poderia nos posicionar neste caso específico?

— Voltando para *O Livro dos Espíritos*, questão 402: "a massa dos homens que, com a morte, devem permanecer longas horas nessa perturbação, nessa incerteza de que vos têm falado, vão a mundos inferiores à Terra, onde antigas afeições os chamam, seja à procura de prazeres talvez ainda mais baixos do que possuíam aqui; vão beber doutrinas ainda mais vis, mais ignóbeis, mais nocivas do que as que professavam entre vós". Friso aqui a Lei de Afinidade. Estamos ligados por elos mentais de mesma qualidade, enquanto em vigília ou desdobrados pelo sono. Os dois mundos criam um conjunto de intersecção onde as energias semelhantes se atraem, sintonizam e ressoam pelo ambiente universal. Nada mais natural do que sermos assistidos por aqueles que manifestam interesses semelhantes aos nossos. Alguns têm maior facilidade em lembrar esses encontros, outros sentem certa dificuldade. Mas lembremos sempre que todos somos espíritos, encarnados ou não, e faz parte de nossa natureza a comunicação entre os diversos mundos.

— Ineque solicita nossa presença — informei aos amigos.

Dirigimo-nos a uma sala de magnífica beleza e simplicidade. Não havia paredes de densas energias, apenas quedas-d'água cristalinas formavam o ambiente repleto de vida e cores. Sentamo-nos e apreciamos por instantes a beleza natural da vida em sua plena vitalidade.

— Artur, assessorado pessoalmente por Robert, conseguiu visualizar a cidade onde a família de Adélia se encontrava — disse Ineque.

— Mas... Robert não disse a Artur que o estava abandonando? — falou Maurício.

— Isso não quer dizer que não o usaria em interesse próprio. E Artur, tão facilmente manipulável, já está a caminho. Adalton está receptivo à nossa comunicação. Peço a você, Vinícius, que o intua a respeito. Robert o instruiu a assassinar apenas a criança, Branca. Considerou esse ato suficiente, por ora, para punir Camila — disse Ineque.

— Isso é muito cruel! — lamentou Ana.

— Esse ato parte de um espírito ignorante de sua própria origem. Tenhamos cuidado; não podemos nos perder em sentimentos menos nobres. Neste momento, Artur necessita de nosso auxílio. Ele está num processo de deterioração mental; seus pensamentos estão desconexos e doentios, está à deriva, perto da terrível demência. Precisamos auxiliá-lo!

CAPÍTULO XXV

IMPERFEIÇÃO E INSTINTOS

753. Por que motivo a crueldade é o caráter dominante dos povos primitivos?

— *Entre os povos primitivos, como os chamais, a matéria sobrepuja o espírito. Eles se entregam aos instintos animais e como não têm outras necessidades além das corpóreas cuidam apenas da sua conservação pessoal. É isso que geralmente os torna cruéis.*

Além disso, os povos de desenvolvimento imperfeito estão sob o domínio de Espíritos igualmente imperfeitos que lhes são simpáticos, até que povos mais adiantados venham destruir ou arrefecer essa influência.

(O Livro dos Espíritos — Livro III — Capítulo VI, Lei de Destruição — Item V, Crueldade)

Robert designou alguns de seus serviçais para acompanhar Artur, que, envolvido em vibrações de ódio e pensamentos fixos de vingança, perdia a noção do risco em que colocava a própria vida.

Dirigia como um louco pela estrada sinuosa. Em determinado ponto do trajeto, deparou-se com uma barreira policial. Aflito, falou consigo mesmo:

— Será que já deu tempo de ter sido denunciado por matar aquele traste? Não! Preciso me acalmar. Faz só duas horas que saí da cidade. Vou em frente! Se me mandarem parar, paro e tento enrolar os moços!

O policial rodoviário fez sinal para parar. Artur encostou no acostamento, abriu o vidro do carro e falou:

— Bom dia, policial! Algum problema?

— Preciso ver seus documentos e revistar o veículo! Fomos avisados de que dirigia em alta velocidade, colocando em risco os outros veículos.

— Certo, aqui estão! Ah, desculpe, esta é minha identificação da igreja, sou pastor.

— Da igreja evangélica?

— Isso mesmo. Estou indo socorrer uma família que passa por momentos de aflição. Trata-se de um jovem viciado que tenta cometer o suicídio. Esse é o motivo da minha pressa. Desculpem meu desatino, não pensei no mal que poderia causar. Pensava apenas no coitado desse menino envolvido com o mal e na aflição da mãezinha, que tenta contê-lo sem ajuda de ninguém.

— Desculpe ter interrompido sua viagem. Mas sabe como é, muitas denúncias de tráfico de drogas, pastor. Também sou evangélico.

— Que Jesus o ilumine, meu filho! Vou abrir o porta-malas, mas por favor não demore. Prometo ir mais devagar; no entanto, temo pelo que possa acontecer a essa família.

— Não precisa, pastor. Continue sua viagem, em nome de Jesus! E que o Mestre o conduza.

— Obrigado, meu irmão.

Artur tremia bastante. Fechou os olhos por alguns segundos e voltou à estrada. Depois de um tempo, após se acalmar, ria sem parar. Ao mesmo tempo, sentia dores por todo o corpo, a cabeça girava, e o estômago queimava. Então, lembrou-se de que não comia há muitas horas. Resolveu parar no primeiro posto e se alimentar.

Assim o fez. Parou na bomba de gasolina, pediu para o frentista encher o tanque. Enquanto isso, foi ao banheiro. Ficou descontente com a própria aparência ao olhar-se no espelho. Voltou ao veículo, acertou o gasto com o combustível, estacionou o carro, abriu o porta-malas e retirou uma maleta que sempre carregava com roupas limpas.

Alugou um pequeno quarto, tomou um banho quente. A água quente fez com que relaxasse e sentisse muito sono, estava cansado. Mas não podia perder tempo, tinha uma meta a cumprir e sabia que tinha pouco tempo para sumir no mundo.

Abriu um zíper interno da maleta e retirou um saco plástico pequeno contendo várias cápsulas de cocaína; abriu duas e consumiu. Esperou um pouco, sentiu as energias serem revitalizadas, um falso sentimento de poder e força. Guardou a roupa suja, foi até o restaurante, mas o cheiro de comida o enojou; tomou apenas uma pequena xícara de café.

Voltou ao carro e à estrada. Depois de alguns quilômetros, sentiu intenso mal-estar, estacionou no acostamento e desmaiou.

✱

Há exatamente cento e vinte dias, Branca fazia o tratamento quimioterápico. A criança estava pálida e tristonha, mesmo vivendo cercada de cuidados por sua família adotiva e por Adalton e Salima. Toni pedira ajuda ao cunhado Thiago, que mandara um capataz de sua confiança para cuidar da fazenda deles.

Camila, após receber a notícia da doença de sua filha, tentou visitá-la. Mas, sempre que saía de casa, percebia a presença de Celso. Abatida e sofrendo muito, resolveu esperar notícias da menina à medida que o tratamento fosse evoluindo. A cada dia mais abatida, apresentava sérios sintomas depressivos. Evandro, preocupado com a esposa, a cercava de carinho e atenção.

Vitor continuava a cuidar de Branca. Naquele momento, acabava de receber alguns resultados de exames laboratoriais que havia pedido. Adalton encontrava-se ao seu lado.

— Infelizmente os resultados não são bons. Vamos tentar o transplante autólogo, assim poderemos reduzir as doses de quimioterápicos.

Adélia e Toni foram chamados à sala do médico.

— Bom dia, amigos. As notícias não são muito boas; os resultados dos exames são muito preocupantes, e Branca enfraquece a olhos vistos. Conversando com Adalton, resolvemos que vamos interná-la. Já entramos em contato com o hospital certo e vamos preparar o transplante autólogo.

— Meu Deus! E os exames de compatibilidade? — perguntou Adélia.

— Infelizmente, não encontramos nenhum doador compatível. Nem mesmo a mãe, Camila. Se pudéssemos obrigar o pai a realizar o exame de compatibilidade... — explicou Adalton.

— Se for necessário, nós o faremos — respondeu Toni.

— Mas o transplante autólogo pode dar certo. Vocês se lembram de nossa conversa a respeito? O transplante autólogo representa uma opção para os pacientes que não podem realizar o transplante alogênico, por não terem um doador compatível. Neste procedimento, as células-tronco do paciente são tratadas com altas doses de radiação ou quimioterapia, para garantir que não existam células cancerígenas. O melhor lugar para ser feito é em um centro oncológico, onde a equipe tem experiência com o procedimento e com o manejo de pacientes no período de recuperação — explicou Vitor.

Artur recobrou a consciência, mas sentia dores e náusea. Aflito, falou para si mesmo:

— Preciso largar essa porcaria. No começo é bom, mas depois fico estragado e agora preciso de toda lucidez para tratar do assunto.

O homem estava muito pálido e com olheiras profundas; sentia tremores e intensa sudorese. Mesmo assim, ligou o motor do carro e continuou seu caminho.

Chegando à cidade praiana, respirou fundo, tentou organizar os pensamentos e decidiu descansar um pouco. Procurou um pequeno hotel na periferia da cidade.

— Esse aqui está bom, não posso me registrar com meu nome verdadeiro.

Entrou e postou-se diante do balcão da recepção. Uma senhora de aparência risonha veio ao seu encontro.

— Bom dia, senhor. Posso ajudá-lo?

— Acredito que sim, minha irmã. Sou pastor de uma igreja evangélica e estou viajando há mais de vinte e quatro horas sem parar. Estou correndo para socorrer uma família que frequentava os cultos dirigidos por mim, mas estou muito cansado e preciso de um quarto.

— Que bondade a sua, pastor. Também sou evangélica, vou levá-lo a um bom quarto e o senhor não precisa pagar nada. Jesus o compensará por sua dedicação.

— Faço questão de pagar pela hospedagem, esse é o seu ganha-pão. E, se puder arrumar algo para eu comer, eu agradeço muito.

Logo estava acomodado em sua cama. Havia comida farta na mesa à sua frente, mas não conseguia nem mesmo pensar em comer. Decidiu descansar um pouco; depois comeria algo. Fechou os olhos e logo adormeceu.

Acordou assustado, alguém batia repetidamente na porta do quarto. Confuso, não conseguia saber onde estava; levantou com passos trôpegos, abriu a porta, e a senhora que o havia atendido o olhava aflita.

— Puxa vida, pastor! O senhor me assustou!

— Eu a assustei? Por quê? Estava dormindo pesado.

— O senhor dorme há dois dias. Ontem à noite tentei acordá-lo e me respondeu que estava tudo bem, mas não deu sinais de vida. E durante todo esse tempo não percebemos barulho ou movimentação alguma aqui dentro.

— Dois dias?

— Sim, o senhor dorme há dois dias. Devia estar muito cansado e tenso pelas preocupações com as pessoas a quem iria visitar.

— Dois dias? Preciso ir embora sem falta. Desculpe, mas preciso tomar um banho e me trocar.

A senhora olhou para dentro do quarto e viu a bandeja de comida intacta; olhou para o pastor e falou preocupada:

— O senhor não comeu nada. Então, não sai daqui antes de fazer uma boa refeição.

Após se alimentar a contragosto, porque não sentia fome, e sim um intenso enjoo, Artur entrou no carro e continuou sua viagem.

Os procedimentos necessários para a internação de Branca foram encaminhados com urgência. Dois dias após a decisão ser tomada, Branca estava a caminho do hospital em outra cidade. Adélia e Toni a acompanhavam, enquanto seus filhos ficavam sob os cuidados de Adalton e Salima.

CAPÍTULO XXVI

BONDADE E SENSO MORAL

754. A crueldade não decorre da falta de senso moral?

— *Diz-se que o senso moral não está desenvolvido, mas não que está ausente; porque ele existe, em princípio, em todos os homens; é esse senso moral que os transforma mais tarde em seres bons e humanos. Ele existe no selvagem como o princípio do aroma no botão de uma flor que ainda não se abriu.*

Comentário de Kardec: Todas as faculdades existem no homem em estado rudimentar ou latente e se desenvolvem segundo as circunstâncias mais ou menos favoráveis. O desenvolvimento excessivo de umas impede ou neutraliza o de outras. A superexcitação dos instintos materiais asfixia, por assim dizer, o senso moral, como o desenvolvimento deste arrefece pouco a pouco as faculdades puramente animais.

(O Livro dos Espíritos — Livro III — Capítulo VI, Lei de Destruição — Item V, Crueldade)

Adalton sentiu certa urgência em ficar sozinho. Olhou para Salima, que se divertia com as crianças. Sorrindo, aproximou-se e disse calmamente:
— Querida, vou para o escritório, sinto a aproximação de um amigo e preciso atendê-lo.
— Vá, sim. E depois, se puder, me conte o que está acontecendo.
Adalton entrou no pequeno cômodo, tomou O Evangelho segundo o Espiritismo nas mãos, fez uma pequena prece e abriu o livro:

> [...] A verdadeira desgraça. Todos falam de desgraça, todos já a experimentaram e creem conhecer as suas múltiplas características. Eu venho vos dizer que quase todos se enganam, e que a verdadeira desgraça não é, de forma alguma, a que os homens, isto é, os desgraçados, supõem. Eles a veem na miséria, no fogão sem fogo, no credor que ameaça, no berço vazio sem o anjo que nele sorria, nas lágrimas, no féretro que se acompanha de cabeça descoberta e o coração despedaçado, na angústia da traição, no desnudamento do orgulho que queria se vestir de púrpura e que, com dificuldade, esconde sua nudez sob os farrapos da vaidade. Tudo isso, e muitas outras coisas ainda, chama-se desgraça na linguagem humana. Sim, é a desgraça para aqueles que não veem nada além do presente; mas a verdadeira desgraça está nas consequências de um fato, mais do que no próprio fato. Dizei-me se um acontecimento, feliz para o momento, mas que tem consequências funestas, não é, em realidade,

mais infeliz do que aquele que inicialmente causa grande contrariedade, e acaba por produzir o bem. Dizei-me se a tempestade que despedaça vossas árvores, mas que purifica o ar dissipando os miasmas insalubres que poderiam causar a morte, não é antes uma felicidade do que uma desgraça. Para se julgar um fato é preciso, pois, ver as suas consequências; é assim que, para analisar o que é realmente bom ou mau para o homem, é preciso que nos transportemos além desta vida, porque é lá que as consequências se fazem sentir; ora, tudo o que ele chama de desgraça, segundo sua curta visão, cessa com a vida terrena e encontra sua compensação na vida futura. (*O Evangelho segundo o Espiritismo* — Capítulo V)

Adalton desdobrou com facilidade e veio ao nosso encontro.

— Bom dia, amigos. Percebi sua presença. Em que posso auxiliar?

— Artur está muito desequilibrado, sofre constante assédio por parte de Robert, antigo inquisidor que faz parte do grupo Dragões de Cristo. Recebeu do mesmo algumas informações a respeito do paradeiro de Branca e se encontra a caminho. O amigo precisa proteger sua família e as crianças.

— Está bem, tenho para onde ir, não se preocupem. Peço ajuda para Artur também. Entre todos os envolvidos nesta triste história, ele é o mais necessitado. Oremos por ele.

Adalton se dirigiu ao quintal da agradável moradia e olhou de modo significativo para Salima. Ao encontrar os olhos do marido, ela disse:

— Já sei, precisamos sair daqui, não é?

— É sim. Pegue apenas algumas roupas e vamos. Vitor nos espera em sua casa.

Satisfeitos com as medidas tomadas e a boa vibração de nossos amigos, voltamos à casa espírita para nos reunirmos. Ineque pedia nossa presença.

— Boa tarde, amigos! Pedi a todos que viessem à querida casa que nos acolhe, pois teremos um extenso trabalho de socorro esta noite. Várias equipes estão se preparando para descer ao submundo espiritual, nas imediações da principal concentração dos grupos pertencentes aos Dragões de Cristo. Aproveitaremos alguns fenômenos naturais para reciclar fluidos deletérios.

— Semelhante ao que vivemos na história contada no livro *Comunidade Educacional das Trevas*? — perguntou Maurício.

— No aspecto físico a tempestade assumirá formas bastante graves; ventos mais fortes, grandes formações de nuvens estarão abaixo da altura normal, que são denominadas de nuvens rolo — explicou Ineque.

— Nuvens rolo? O que seria esse fenômeno? — perguntei ao amigo.

— Ainda não há um consenso sobre sua formação, e a teoria mais aceita atualmente é de que o fenômeno acontece quando há o encontro de massas de ar vindas de direções contrárias, com temperaturas e umidades bem contrastantes. Normalmente, as nuvens rolo estão associadas à aproximação de frentes frias ou frentes de tempestades. Aparentemente, são mais comuns em regiões litorâneas, pois a umidade proveniente do mar pode ajudar a formar massas de ar que se contrastam com as massas vindas do continente, favorecendo a formação do fenômeno — respondeu Ineque.

— Interessante, eu nunca tinha ouvido falar sobre esse tipo de fenômeno meteorológico — comentou Maurício.

— Alguns informes alertam que a velocidade dos ventos pode atingir até noventa e oito quilômetros por hora — acrescentou o amigo.

— Mas você falou sobre uma situação muito mais grave do que aquela que observamos antes — falei.

— Este fenômeno irá preceder um grande tornado, bastante extenso e de categoria quatro — explicou Ineque.

— Antes não ouvíamos falar de tantos tornados e tão fortes como agora. O que está havendo? — perguntou Ana.

— Na realidade, esses fenômenos climáticos já aconteciam com frequência no Brasil, porém não eram notados ou sentidos da mesma forma, pois as regiões mais afetadas faziam parte da área rural. Hoje em dia, com a expansão das cidades, há uma ampliação do espaço ocupado por edificações que formam áreas urbanas. O chamado "Corredor de Tornados" no Brasil compreende os Estados do Rio Grande do Sul, Santa Catarina, Paraná, São Paulo, Triângulo Mineiro e Mato Grosso do Sul. Na realidade, ele extrapola as fronteiras nacionais e começa no centro e norte da Argentina, passando pelo sul da Bolívia, Paraguai e Uruguai. E eles se formam pelo encontro de massas de ar frio da Patagônia com ventos tropicais formados na Amazônia ou massas de ar quente oriundas do Oceano Atlântico — explicou Ineque.

— O desequilíbrio ecológico pode estar agravando o problema? — perguntei, preocupado com o destino de nosso planeta.

— Os elementos da natureza formam um conjunto em que todos se relacionam e um completa o outro. Nenhum ser vivo sobrevive sem sol, ar, água e solo. A Mãe Natureza levou bilhões de anos para equilibrar os ecossistemas. Porém, mudanças mínimas podem provocar o desequilíbrio ecológico. Essas mudanças, em condições naturais, costumam ser pequenas e são rapidamente neutralizadas pela própria natureza. Quando algum elemento, animal ou vegetal, sofre alterações em sua quantidade, aumentando ou diminuindo o número de espécies, o desequilíbrio ecológico ocorre. Mudanças assim podem dar origem a reações em cadeia que repercutem diretamente no funcionamento do ecossistema. Toda ação provoca uma reação de igual intensidade e direção, mas em sentido contrário. Essa descrição familiar é uma famosa lei física, descrita por Isaac Newton. O ambiente está reagindo. Essa reação são os eventos extremos, a elevação do nível do mar, o aquecimento global, ventos fortes além da normalidade, tornados e movimentação das placas tectônicas. Os cientistas encarnados estudam e pesquisam a relação entre esses eventos extremos e o desequilíbrio ecológico,

EM CADA LÁGRIMA HÁ UMA ESPERANÇA | 243

para explicar a sua movimentação e procurar algumas soluções que amenizem essas reações, consideradas até mesmo normais — falou Ineque.

— E como o amigo vê toda essa movimentação? — perguntei.

— Como algo que faz parte da própria evolução dos seres e do orbe que habitamos. Podemos citar outra lei da física, o princípio da conservação de massas, conhecido pela frase: "Na natureza nada se cria, nada se perde, tudo se transforma". Sem considerarmos a utilidade do exercício do princípio inteligente, que somente é educado com eficácia durante os períodos de necessidade de sobrevivência das espécies — falou Ineque.

— Este é, realmente, um assunto de vital importância para todos nós, encarnados e desencarnados, não é assim? E bastante extenso e complexo — comentou Ana.

— Realmente. Se nos alongarmos nas considerações sobre o tema, ficaremos por aqui um bom tempo. Mas não podemos nos desviar dos motivos que nos trouxeram aqui. Precisamos nos colocar à disposição de nossos amigos mais sábios que atuam na cidade umbralina que acolhe o grupo sob o comando de Robert. Antes de nosso deslocamento, querido irmão nos convida a uma prece coletiva na Praça da Paz — colocou-nos a par Ineque.

— As comunidades umbralinas têm conhecimento do fato? — perguntou Ana.

— Pressentem que algo irá acontecer; notamos intensa movimentação dos trabalhadores vinculados a esse grupo — informou Ineque. — Lembremos sempre a necessidade de exercitar amor fraterno, caridade, paciência e tolerância durante esses períodos de resgate.

— Demétrius nos convida à Praça da Paz — informei aos amigos.

Ouvíamos a preleção de celestial espírito. Sua aparência jovem e sublime nos encantava os sentidos. Ele nos falou sobre a paz, aquela que conseguimos entender ao vivenciarmos o perdão e o amor. Aquela paz que nos faz estender as mãos aos necessitados sem questionar o seu estado moral. Aquela paz que se realiza com alegria e serenidade no coração. Aquela que acolhe e conforta, mesmo que o outro esteja agindo de maneira equivocada. Aquela paz que permite o carinho amigo desprovido de interesses, que não cobra o retorno, mas que acontece de forma natural. Falou-nos sobre a natureza humana que se desvirtua, mas ao mesmo tempo não entende e não aceita esse desvio, porque sofre com o aviltamento de sua própria origem. Terminou nos olhando com tamanho amor, que senti meus olhos marejados e meu coração transbordando de felicidade. Lembrou-nos da esperança que Jesus nos trouxe, dizendo a seus irmãos amados: "Sois deuses, e podeis fazer muito mais do que eu faço".

Ele se foi num rastro de luz e amor que inundou a todos que o ouviam. Serenados em nossos propósitos, ainda ficamos por ali, em silêncio, apreciando o momento magnífico que vivíamos, para, em seguida, envolvidos em ânimo novo, nos levantarmos do chão abençoado e tomarmos o caminho de nossa tarefa de redenção.

CAPÍTULO XXVII

SOFRIMENTO E DOR

755. Como se explica que nas civilizações mais adiantadas existam criaturas às vezes tão cruéis como os selvagens?
— Da mesma maneira que numa árvore carregada de bons frutos existem os temporões. Há espíritos selvagens que só têm da civilização a aparência, lobos extraviados em meio de cordeiros. Os Espíritos de uma ordem inferior, muito atrasados, podem encarnar-se entre homens adiantados com a esperança de também se adiantarem; mas, se a prova for muito pesada, a natureza primitiva reage.

(*O Livro dos Espíritos* — Livro III — Capítulo VI, Lei de Destruição — Item V, Crueldade)

A polícia já havia expedido um mandado de prisão para Artur. Ele já estava ciente da situação, tinha visto sua foto em jornais nas bancas. A urgência em executar seu plano aumentou, desequilibrando-o ainda mais. Tinha perdido dois dias dormindo, isso era inadmissível. Afinal, ele era o poderoso Artur e ninguém podia interferir assim em seus planos. Lembrava-se de algumas vivências durante o sono; de estar aprisionado, de ter dificuldades de acordar. Tinha muito que agradecer à senhora que o acolhera na pensão; ela conseguira fazê-lo voltar daquele estranho e prolongado sono.

Entrou no carro, então falou consigo mesmo:

— Este carro está em meu nome, com certeza estão me procurando, então é melhor sumir com ele e comprar outro. Não vou gastar dinheiro à toa, vou de ônibus, agora falta pouco.

Dirigiu até a rodoviária da pequena cidade, entrou num estacionamento.

— Amigo, vou viajar por três dias e pretendo fazê-lo de ônibus. Quanto me cobra para meu carro ficar aqui por esse período?

Combinou o preço, pagou adiantado e foi para a pequena rodoviária; tomou um ônibus que o levaria à cidade. Descobrira onde era a casa de Adalton. Ao desembarcar na outra cidade, um rapaz entrou num mercado e deixou o carro aberto com a chave no contato. Artur não teve dúvidas, entrou no carro, deu partida e saiu rapidamente do local.

Descontrolado, ria muito, proferindo impropérios e debochando do rapaz.

A casa de Adalton ficava numa praia distante do centro, um lugar ermo. Era uma pequena e bem cuidada chácara. Artur rodeou-a, tentando encontrar a melhor maneira de entrar. Então, percebeu que estava tudo trancado. Irritado, chutou a porta principal, deu a volta pela lateral direita, encontrou um pequeno portão. Voltou ao carro roubado, abriu o porta-malas e encontrou um pé de cabra. Forçou o portão e decidiu entrar pela porta da cozinha. Olhou desconfiado para dentro do cômodo, receoso de que houvesse alguém por ali.

Roberto o seguia de perto, ávido por provocar o ódio de Artur contra Camila e Branca.

Artur subiu as escadas e encontrou um quarto mobiliado com objetos coloridos e motivos infantis. Observou à sua volta e constatou que a casa estava deserta; sua irritação cresceu ainda mais. Abriu as portas dos armários, deduziu que tudo fora mexido e esvaziado com certa pressa.

— Tudo muito bem organizado, as roupas são, inclusive, separadas por cores. Mas esta parte aqui está completamente bagunçada. Foram tiradas coisas daqui às pressas. Do mesmo jeito que fui avisado, eles também foram. Que ódio! Quando encontrar essas duas, não vou só matar, vou fazer sangrar aos poucos, vou torturar aquela traidora.

Desequilibrado em suas emoções e alimentado por suas afinidades espirituais, Artur se entregou à fúria; tomou nas mãos uma cadeira de madeira e passou a destruir tudo à sua volta. Foi de um aposento a outro, quebrando móveis e objetos e gritando como um louco. Desceu as escadas do sobrado e passou a depredar a bela sala de jantar. O barulho era ensurdecedor; Robert ria e incentivava o infeliz possesso no ato desvairado.

Artur entrou na cozinha e, exausto, ainda tentou levantar o que restava da cadeira, mas não conseguiu, sentia muita dor no peito. Levou a mão à cabeça e pensou: "Vou morrer aqui sozinho, esses miseráveis fugiram e não voltarão tão cedo. Vou morrer aqui sozinho".

Artur desmaiou novamente, vitimado por seu próprio descontrole; o corpo físico cedia à pressão emocional e aos exageros cometidos contra a própria vida.

Maurício saiu à rua, avistou um vizinho caminhando com um pequeno cão. Aproximou-se do homem e o intuiu a visitar o amigo de vizinhança.

O homem tocou o interfone, mas não teve resposta; então percebeu o portão lateral aberto. Achou estranho, sabia que Adalton e Salima eram pessoas muito cuidadosas. Aproximou-se e viu a porta de vidro da sala de repouso que dava para um belo gramado toda estilhaçada. Correu para sua casa e acionou a polícia.

Voltamos para junto de Artur. Robert nos olhou com sarcasmo e falou entredentes:

— Podem ficar com esse inútil, ele não me serve mais. Agora cuido eu de suas protegidas. Contra mim vocês não podem! Elas serão devidamente punidas!

Saiu do ambiente levando consigo vários espíritos em terrível estado de demência, que o seguiam sem nem mesmo saber o que faziam.

Apiedados pela dor provocada pela ignorância, oramos ao Pai de Amor e Perdão. Amigos socorristas permaneceram no local.

Camila estava muito triste, aguardava ansiosa por notícias de sua filha. Quando foi colocada a par de tudo que andava acontecendo, sentiu o peso da separação aumentar a cada instante. Não conseguia mais se alimentar ou mesmo descansar. Afastada do trabalho por um diagnóstico de depressão grave, não conseguia nem mesmo raciocinar sobre suas reais necessidades.

Aproximamo-nos da mãezinha em aflição, passando a auxiliá-la na reciclagem energética necessária. Ela sentiu-se melhor; tomou o celular nas mãos, aquele que lhe foi dado por Vanda, para falar direto com Adélia e Toni.

— Adélia, é Camila. Preciso saber notícias de minha filha. Por favor, me diga como ela está. Estou enlouquecendo de tanta preocupação.

— Chegamos agora mesmo ao hospital e Branca está sendo internada. Ela ainda não foi examinada pelo médico indicado por Vitor, mas, assim que tivermos notícias, prometo compartilhá-las com você.

— Por favor, estou agoniada. Eu deveria estar aí com vocês, junto da minha menina.

— Em breve você poderá estar com sua filha. Sinto que nosso martírio está terminando, sinto de verdade. Meu coração, hoje, parece mais leve. Ainda teremos uma fase boa vindo por aí. Você verá, minha irmã.

— Obrigada, Adélia. Nem sei o que fazer para agradecer tanto carinho e amor que estamos recebendo de vocês, principalmente, minha pequena Branca.

— Em breve seremos uma família unida e feliz, pode acreditar!

Camila desligou o telefone e murmurou com um sorriso feliz nos lábios:

— Não sei o porquê, mas acredito que Adélia tem razão; depois de falar com ela, eu me sinto melhor e mais confiante. Vou ligar para Evandro.

Camila telefonou para o marido e o colocou a par da conversa que tivera com Adélia.

— Que bom, meu amor! Por alguma razão, também sinto mais segurança hoje. Parece que o ambiente está mais leve, o ar menos denso, isso é muito bom!

Sorrimos e voltamos ao posto de socorro. Precisávamos partir e nos encontrar com as equipes de trabalhadores do Senhor. O socorro estava a caminho!

Adalton foi contatado pela polícia local e avisado sobre a invasão em sua residência. O atendente informou que haviam encontrado um homem desacordado no local, e que parecia ser o invasor. Informou ainda que este mesmo homem havia roubado um carro, o qual se encontrava estacionado na frente da casa.

Adalton refletiu e perguntou:

— Por acaso havia algum documento que o identificasse como pastor?

— Como o senhor sabe? Tem sim, o documento é de outro estado. Espere, verifico que acabou de entrar no sistema um alerta para a prisão do sujeito, parece que ele matou alguém dentro da própria casa. O senhor pode vir até aqui? Precisamos esclarecer algumas dúvidas.

Adalton prontificou-se a comparecer à delegacia. Antes, no entanto, ligou para Thiago e o informou do ocorrido. Este, por sua vez, entrou em contato com os dirigentes da igreja da qual Artur fazia parte e os avisou sobre a prisão do pastor.

Celso, quando percebeu que Artur estaria perdido junto à cúpula diretora da igreja, tratou de garantir a confiança deles. Alertou-os sobre o fato de que Artur possuía alguns documentos que poderiam incriminar e destruir a credibilidade da igreja que dirigiam.

Imediatamente, entraram em contato com as pessoas certas, instruindo para que verificassem se Artur estava mesmo de posse desses tais documentos.

Enquanto isso, entristecidos pelo desfecho daquela lamentável história, retiramo-nos, permitindo o querido amigo de nosso plano que continuasse a acompanhar o desenrolar dos acontecimentos.

O delegado atendeu prontamente Adalton.
— Bom dia, doutor!
— Bom dia, delegado. Poderia me explicar exatamente o que está acontecendo?
— Um vizinho de sua casa encontrou o portão lateral aberto e achou estranho. Do lado de fora da casa observou que os vidros da porta da sala estavam quebrados e nos acionou. Uma viatura chegou vinte minutos depois ao local; entrou na casa, que está depredada, e encontrou uma pessoa desacordada. Chamamos imediatamente um veículo de resgate;

os paramédicos constataram um infarto, o sujeito está sendo atendido no hospital. Posteriormente, um policial notou um carro estacionado com as portas abertas. Ao inspecionarem o porta-malas, encontraram uma pasta e uma valise, dentro da qual estavam a identificação do sujeito e uma série de documentos bastante comprometedores. Parece que o senhor sabia de quem se tratava. Poderia nos explicar?

Adalton explicou o caso ao delegado, que, após consultar a ficha policial de Artur, verificou a existência de alguns boletins de ocorrência de Camila e Evandro contra ele, solicitando, inclusive, uma ordem restritiva.

— Caso complicado, doutor. Apesar de entender as razões que levaram o casal a afastar a criança, existem no caso várias contravenções graves que deverão ser esclarecidas. Numa coisa eles tiveram sorte, esse desgraçado matou uma pessoa e temos testemunha, então ficará preso, será difícil se livrar dessa responsabilidade.

— O que me preocupa, delegado, é que as leis são complicadas também e ainda apresentam muitas falhas. E se ele for solto? Continuará a perseguir meus amigos.

— O senhor tem razão, infelizmente. Mas, por enquanto, esse criminoso está sob a tutela da justiça. E, se até hoje não existiu nenhum momento em que essa mãe pôde estar sossegada ao lado da filha, agora ela pode.

— O senhor mencionou a existência de alguns documentos que foram encontrados em posse de Artur. Esses papéis têm relação com Camila e Branca?

— Não. Quanto a isso, pode ficar sossegado. Mas, por enquanto, não posso esclarecer mais do que isso.

— Para mim, isso já é o suficiente. Bem... Posso ir agora, delegado?

— Pode sim. Mas fique acessível, por favor, podemos precisar do senhor novamente. E, por gentileza, assine aqui esse formulário, trata-se de uma denúncia formal da invasão.

Adalton saiu da delegacia, fechou os olhos e pensou: "E agora? Sigo o conselho do delegado e digo a Camila que pode ir ao encontro da filha ou espero mais um pouco? Vou falar com Salima e ver a opinião dela".

Adalton entrou em seu carro e ligou para a esposa, resumiu os últimos acontecimentos e perguntou sua opinião.

— Querido, essa mãe está tão agoniada. Dê a ela essa oportunidade. Artur está sob custódia da polícia, às voltas com acusações graves.

— Mas trata-se de um homem perigoso, Salima. Veja com que facilidade descobriu o lugar onde Branca estava escondida.

— Vamos orar. Sinto que este momento é muito importante para a evolução de todos, e que deve ser permitido a Camila e a Evandro encontrarem sua filha. Afinal, na realidade, ele é o pai que a ama verdadeiramente, não é assim?

— Tem razão, querida. Tenho o telefone de Evandro, vou falar com ele.

Adalton conversou com Evandro, expôs os últimos acontecimentos e também suas inseguranças.

— Amigo, hoje Camila conversou com Adélia. Depois dessa conversa, ela ficou eufórica. As duas têm certeza de que tudo está se resolvendo e a liberdade está a caminho. Acredito que Camila merece esse momento. Vou levá-la ao encontro de Branca. — Emocionado, começou a chorar e disse: — Vamos ao encontro de nossa filha!

CAPÍTULO XXVIII

O DIA DE LUZ

756. A sociedade dos homens de bem será um dia expurgada dos malfeitores?

— *A Humanidade progride. Esses homens dominados pelo instinto do mal, que se encontram deslocados entre os homens de bem, desaparecerão pouco a pouco como o mau grão é separado do bom quando joeirado. Mas renascerão em outro invólucro. Então, com experiência, compreenderão melhor o bem e o mal. Tens um exemplo nas plantas e nos animais que o homem aprendeu como aperfeiçoar, desenvolvendo qualidades novas.*

Pois bem, é só depois de muitas gerações que o aperfeiçoamento se torna completo. Essa é a imagem das diversas existências do homem.

(O Livro dos Espíritos — Livro III — Capítulo VI, Lei de Destruição — Item V, Crueldade)

Evandro chegou a casa. Ainda não havia falado com Camila, preferiu dar a notícia pessoalmente. Abriu a porta da garagem e a moça o esperava sentada em uma cadeira na varanda da residência. Assim que o viu, levantou-se e foi ao seu encontro.

— Está tudo bem, não é? — perguntou sorridente.

Evandro fitou a esposa admirado, parecia que Camila já sabia dos últimos acontecimentos.

— Está sim, meu bem. Adalton te ligou?

— Não, mas eu sei que já estou livre para encontrar minha filha. Eu tenho sentido sua presença de uma forma muito intensa. Nos últimos dias, a sensação que tenho é de que posso estender as mãos e tocá-la. E não é uma sensação ruim, é muito bom. Tenho certeza de que toda essa história está no final, não sinto mais medo. Lembra quando fizemos aquela experiência? Quando viajamos a outro país sem contar a ninguém, logo após o primeiro aniversário de Branca?

— Lembro sim. Nossa ideia era saber se podíamos morar fora do Brasil e levar Branca conosco. Mas Artur nos seguiu e debochou de nosso susto ao vê-lo sentado em nossa mesa de almoço.

— Isso mesmo. Essa foi mais uma tentativa de ficarmos com nossa filha. Eu tenho pesadelos frequentes com aquele dia. No entanto, esta noite sonhei com aquele lugar; nós estávamos bem e Branca estava almoçando conosco. Depois falei com Adélia e ela teve a mesma sensação. E eu sei que você voltou mais cedo para casa porque posso ir ao encontro de nossa criança, de nossa menina amada.

— Você tem razão, vamos ao encontro de Branca.

Camila rompeu num pranto sentido, seu corpo tremia. Ela se jogou nos braços de Evandro e falou emocionada:

— Minha filha, minha filha. Não tem mesmo perigo?

— Artur foi preso, ele assassinou uma pessoa e estava em fuga. Chegou até a encontrar a casa de Adalton. Depredou o imóvel, aparentemente num ataque de fúria. Por fim, desfaleceu, vitimado por grave ataque cardíaco. Um vizinho chamou a polícia e o encontraram por lá. Agora está internado num hospital sob a custódia da polícia.

— Oh, meu Deus! Ele é louco, quanto mal ainda irá fazer?

— Não pensemos nisso agora. Precisamos viajar. Arrume algumas roupas, enquanto vou ao posto abastecer o carro.

— Nossas malas estão prontas. Venha comer alguma coisa, fiz um lanche caprichado. Comemos e, depois, saímos.

— Você já fez as malas?

— Já sim! Disse a você sobre minha certeza, não disse?

Evandro sorriu, abraçou e beijou sua esposa com carinho.

— Está bem, vou tomar um banho rápido e comer algo. Depois partimos.

— Evandro, tenho uma linda surpresa para você: eu acho que estou grávida.

— O quê?

Camila sorriu e continuou:

— Sabe essas certezas que ando tendo hoje? Essa é uma delas. Ainda é muito cedo, não faltou nenhuma menstruação, mas tenho certeza de que carrego nosso filho em meu ventre.

Evandro ficou olhando para a esposa à sua frente, sem ação. Apalermado por tanta felicidade, apenas a olhava.

— Meu Deus! Mais um filho? Um irmão para Branca?

— Sim, e sei que é um menino. Ando sonhando com ele há algum tempo.

Evandro a abraçou, ergueu no ar e rodopiou alegre.

— Puxa vida! Precisamos contar a Branca que irá ganhar um irmãozinho.

O casal se preparou rapidamente e saiu em viagem.

Enquanto isso, Artur continuava desacordado. Seu estado de saúde era bastante grave, a enfermidade o debilitava e diminuía sua vitalidade.

Emocionalmente exausto, desdobrado pelo estado de inconsciência, sentia-se perdido. Tudo estava escuro à sua volta; por mais que tentasse enxergar, não conseguia. Ouvia vozes, podia identificar médicos conversando, discutindo seu estado de saúde. Mas havia também vozes que o assustavam; eram ameaças terríveis à sua segurança. Não conseguia entender o que estava acontecendo.

Demétrius se aproximou e o chamou à razão:

— Artur, abra os olhos e olhe para mim.

Ele tentava com todas as forças, mas não conseguia, sentia-se preso, amordaçado, não conseguia mexer os lábios. Estava entorpecido e incapacitado emocional e fisicamente. Sua mente, desorganizada pelos desvarios cometidos, não conseguia raciocinar com equilíbrio para tirá-lo da escuridão.

Demétrius, auxiliado por queridos companheiros socorristas, passou a tratar o campo vibratório do doente. Energias deletérias iam se transformando. O amor e a boa vontade envolviam o necessitado, trazendo bem-estar e conforto. Por fim, ele adormeceu.

— Obrigado, amigos. Preciso me ausentar por um tempo. Deixo, aos seus cuidados, o paciente. Lembrem-se de ficar sempre atentos à qualidade energética que o envolve e às visitas que possam aparecer por aqui. O estado mental de Artur é bastante frágil, e qualquer alteração na qualidade vibratória, que já não é a ideal, poderá arremessá-lo a terríveis panoramas mentais.

— Vá em paz, Demétrius! Cuidaremos com muito carinho deste irmão — falou um socorrista que o auxiliou.

Demétrius juntou-se a nós; as equipes socorristas já formadas receberam ordens para se colocar a caminho. Nosso destino seria a cidade umbralina denominada Sagrado Coração de Jesus. Robert encontrava-se a postos e preparado para uma batalha épica. Reunira seus exércitos, e sua intenção era neutralizar as equipes de trabalhadores do Senhor. Descemos às profundezas do bendito umbral, panorama ambientado nas mentes que se mantinham cativas à ignorância da verdadeira bondade.

Começamos a nossa caminhada. O local estava repleto de espíritos que se deslocavam para a cidadela. Movimentavam-se pesadamente, tínhamos a impressão de que carregavam pesados fardos. Mantinham as costas arqueadas, as pernas dobradas, pés que se arrastavam com dificuldade. Porém, o que mais nos impressionava era a expressão facial e a dor que podia ser encontrada nos olhos, perdidos em algum momento terrível do passado. Alguns daqueles irmãos estavam tão cansados que cada passo era acompanhado de doloroso gemido. Outros tantos, presos na revolta de um passado incompreendido, caminhavam com passos pesados; e, a cada custoso movimento, proferiam impropérios contra os pretensos inimigos e contra Deus, a quem culpavam por seu desequilíbrio.

Aproximamo-nos de um desses irmãos e acompanhamos a sua movimentação mental. O infeliz lembrava-se de um passado distante, momento em que foi um membro importante da Igreja Católica. Vestia-se com luxo, pesados anéis adornavam seus dedos. A aparência imponente despertava receio por onde passava. Certo dia, aproximou-se de um menino e o mandou buscar água fria; o mesmo olhou-o nos olhos, apenas sorriu e não se mexeu, ficou ali só olhando a figura singular. Ele enfureceu-se, agarrou o menino pelos braços e o sacudiu com violência. A criança, assustada, sem emitir um som, olhava-o em desespero. Com mais raiva ainda, levantou o menino no ar e o arremessou contra a parede. A criança bateu a cabeça com violência e já estava morta ao chegar ao chão.

Um criado aproximou-se, estarrecido com a cena, e perguntou com muito medo:

— Excelência, o que ele fez para o senhor?

— Não obedeceu às minhas ordens. E, acintosamente, me enfrentou com o olhar.

— Mas... senhor! Esse pobre garoto era surdo e mudo, não podia entender suas ordens.

O religioso o olhou com certo espanto, para em seguida gesticular com as mãos e dizer com descaso, sem remorso ou arrependimento:

— Menos um peso para a Santa Igreja. O que um aleijão fazia aqui dentro?

O doente moral continuava a rememorar várias passagens desequilibradas de sua encarnação e pensava ao mesmo tempo: "Tudo em nome de Deus, e hoje lutaremos para defendê-Lo". Repetia ininterruptamente a mesma frase, como a se convencer de que os atos praticados eram corretos, e de que a sua ação de hoje também seria um ato de obediência ao Pai Maior.

A falta de compreensão sobre as mensagens que Jesus nos legou era coisa comum entre aqueles irmãos. Caminhavam a esmo, e suas mentes repetiam e repetiam palavras de justificativa sobre seus atos insanos. Percebemos que já começavam a questionar sem muita lógica a própria dor. Ineque nos olhou com carinho e falou amoroso:

— Isso é muito bom, estão a caminho da casa do Pai Maior.

Sorri com alegria. O amigo amado estava certo em suas palavras. Todos nós estamos a caminho da casa do Pai. Cada qual no seu entendimento da vida.

Ana olhou para Ineque e perguntou:

— Podemos cantar?

— Podemos sim, minha jovem amiga.

Assim, Ana começou a entoar linda canção:

> À noite no céu são estrelas que brilham
> Meus olhos que brilham também
> Descobrem no céu mil sinais que cintilam
> Sem ver todas elas, porém...
> São muitas moradas no espaço infinito
> São lares distantes daqui
> São sóis de energia cercados de vida
> Em mundos a evoluir
> São tantas moradas, são outras pousadas
> De almas irmãs como eu
> São educandários interplanetários
> Moradas do reino de Deus
> São tantas moradas, são outras pousadas
> De almas irmãs como eu
> São educandários interplanetários,
> Moradas do reino de Deus
> ("Outras moradas" — cancioneiro espírita)

CAPÍTULO XXIX

EXPULSANDO A DOR

757. O duelo pode ser considerado como um caso de legítima defesa?

— Não; é um assassínio e um costume absurdo, digno dos bárbaros.

Numa civilização mais avançada e mais moral, o homem compreenderá que o duelo é tão ridículo quanto os combates de antigamente encarados como o juízo de Deus.

758. O duelo pode ser considerado como um assassínio por parte daquele que, conhecendo sua própria fraqueza, está quase certo de sucumbir?

— É um suicídio.

758.a. E quando as probabilidades são iguais, é um assassínio ou um suicídio?
— É um e outro.

Comentário de Kardec: Em todos os casos, mesmo naqueles em que as possibilidades são iguais, o duelista é culpável porque atenta friamente e com propósito deliberado contra a vida de seu semelhante; em segundo lugar, porque expõe a sua própria vida inutilmente e sem proveito para ninguém.

(*O Livro dos Espíritos* — Livro III — Capítulo VI, Lei de Destruição — Item VI, Duelo)

A densidade energética tornava-se mais e mais pesada à medida que avançávamos. Ineque convidou-nos a um breve descanso. Acomodados na beira da estrada, passamos a prestar atenção ao que Ineque nos dizia mentalmente:

"Santo Agostinho, em *O Evangelho segundo o Espiritismo*, item 19 do capítulo 3, ressalta: "O progresso é uma das leis da natureza. Todos os seres da Criação, animados e inanimados, estão submetidos a ela, pela bondade de Deus, que deseja que tudo se engrandeça e prospere. A própria destruição, que parece, para os homens, o fim das coisas, é apenas um meio de levá-las, pela transformação, a um estado mais perfeito, pois tudo morre para renascer, e nada volta para o nada".

"Essa passagem foi recordada por mim pela música que Ana nos ofertou. Ela fala das moradas, muitas moradas na casa do Pai. E podemos entender essa fala como muitos lugares físicos; o universo está repleto deles, basta observarmos o céu e entender que cada brilho que conseguimos enxergar é uma morada. Mas, também, podemos entender que cada um de nós, espíritos eternos, edifica a sua própria morada em sua mente. Somos nós que construímos nossas casas mentais, e, conforme melhoramos o entendimento da própria vida, há mudança natural para vivenciarmos, sem a necessidade de mudar a morada física. Essa é a transformação mais importante, que nos beneficia com a serenidade e a felicidade; que nos dá a liberdade de sermos bons filhos em qualquer lugar que estejamos habitando.

"Esse caminho que hoje percorremos é uma morada da casa do Pai, independentemente de haver equilíbrio, como nós o entendemos. Mesmo porque esse equilíbrio é relativo à nossa própria compreensão da vida.

"Quando entendermos esse fato simples, não haverá mais crítica destrutiva em nossas mentes, mas apenas a alegria de estarmos a caminho, e estenderemos as mãos àqueles que estão em nossa retaguarda, assim como aqueles que possuem uma compreensão acima da qualidade da nossa nos auxiliam a caminhar com mais amor, perdão e alegria em nossos corações.

"Partindo desse raciocínio simples e amoroso, entenderemos que ninguém, ninguém mesmo, está errado; apenas ainda se manifesta de maneira equivocada por manter-se à margem da perfeição com a qual foi criado.

"Olhemos para essas paragens com muito amor no coração. Apesar dos odores fétidos, da visão dolorosa, das dores que observamos, da nossa parca compreensão do todo, esta é uma das moradas da casa do Pai.

"Temos à nossa frente alguns momentos dolorosos a vivenciar, pois cada um de nós divide a dor com seu próximo. E a compreensão deste fato amoroso nos fortalecerá. Dessa forma, poderemos agir e nos movimentar com mais equilíbrio e serenidade.

"Levantemo-nos com o ânimo renovado e acreditando que tudo está certo, pois Deus não abandona nenhum de seus filhos. Vamos ao trabalho, queridos amigos!"

Ana levantou-se, estendeu as mãos para o alto e recomeçou a cantar a mesma canção. Nós a acompanhamos e percebemos admirados que o som de nosso canto trazia luz e renovava a energia à nossa volta. Estávamos cuidando de nossa morada mental na casa do Pai.

Conforme caminhávamos, íamos encontrando vários grupos que seguiam juntos, no mesmo passo doloroso, cansado e triste.

Ao dobrarmos uma curva íngreme, encontramos um grupo que se manifestava como uma procissão. Os espíritos estavam tão próximos uns dos outros que nos pareceu um único corpo. Eram pessoas caminhando de uma maneira cerimonial, um cortejo religioso realizado em marcha solene em direção à cidade. Carregavam imagens e entoavam cânticos tristes em louvor a um Deus punitivo e doentio como as suas próprias mentes. Percebemos uma descrença terrível nessa manifestação; alguns daqueles espíritos carregavam cilícios nas mãos: um cinto eriçado de correntes de ferro, cheio de pontas. Os penitentes cingiam o corpo diretamente sobre a pele, torturando a si mesmos a cada passo.

Outros gritavam em êxtase, desdobrados, afastados de seu corpo perispiritual. Não sentiam mais as dificuldades da caminhada, provenientes das dores oriundas do corpo semimaterial muito judiado. Observávamos o estado grave de aproximação com outros espíritos, tão desequilibrados quanto eles mesmos, e que reforçavam o comportamento alienado.

Outros tantos eram arrastados por pesadas correntes, tratados como animais levados às mesas de sacrifício do Senhor; eles gritavam as palavras de Malaquias (1:11), deturpadas por seu raciocínio doente:

"Mas desde o nascente do sol até ao poente é grande entre os gentios o meu nome; e em todo o lugar se oferecerá ao meu nome incenso, e uma oferta pura; porque o meu nome é grande entre os gentios, diz o Senhor dos Exércitos."

Alguns arrastavam grandes turíbulos com incenso fumegante, que eram balançados em movimentos de cruz, lembrando a morte de Cristo; para, no momento seguinte, balançá-los em círculos, com a intenção de envolver os dons sagrados e de consagrá-los a Deus. Os espíritos que procediam a isto estavam paramentados como coroinhas e repetiam, incessantes e com voz gutural, parte do Salmo 141:

— "Que minha oração suba até Vós como a fumaça do incenso. Que minhas mãos estendidas para Vós sejam como a oferenda da tarde." — E completavam desordenadamente: — "Aceite o sacrifício dos infiéis. Eles queimarão na cruz."

À frente da procissão seguia um cortejo que carregava grandes imagens de Jesus, relembrando a crucificação. Choravam e gritavam, alguns reforçando seu amor, outros o ódio pelos infiéis.

Apesar dos desequilíbrios observados, percebíamos que a fé cegava aqueles infelizes, ignorantes do bem maior. Os mais esclarecidos, pelo menos culturalmente, e que ainda apresentavam alguma lucidez de raciocínio, aproveitavam-se dessas criaturas, conduzindo-as a um holocausto pessoal.

Os coordenadores dos diferentes grupos que observamos agiam com firmeza e dureza em suas atitudes. Não havia complacência com a fragilidade daqueles que tentavam modificar a direção de seus pensamentos, ou mesmo pediam socorro para minimizar dores inimagináveis. A um simples sinal de fraqueza, eram duramente punidos pelo chicote de seus algozes.

Um espírito que aparentava grande altura e força ia à frente citando palavras de ordem que serviam de instrumento hipnótico aos demais coordenadores, os quais se extasiavam com o som monótono e cadenciado com que as palavras eram proferidas.

Vencemos a grande turba para encontrar outro grupo; esse era formado por irmãos que tinham a aparência infantil ou adolescente. Era cercado por outros que o continham; seguiam travestidos de religiosos das mais variadas ordens. A sensualidade expressa naqueles pequenos corpos levou lágrimas a nossos olhos, lágrimas de compaixão.

Observamos atenciosamente o aspecto desses irmãos e constatamos que haviam manipulado o perispírito para ter essa aparência. O triste cortejo relembrava a prática da pedofilia nos meios religiosos.

Lembrei-me de estudos sobre a plasticidade da matéria que forma o perispírito. Em momento futuro oportuno, voltarei ao assunto; neste momento, nossos objetivos estão vinculados ao auxílio necessário a esta comunidade.

Continuamos nosso caminho, lembrando as amáveis advertências de Ineque: compreender a limitação de entendimento destes irmãos amados, evitando assim julgamentos desnecessários.

Havia um círculo de espíritos que seguiam manifestando densa energia; o barulho era ensurdecedor e o odor fétido incomodava os sentidos. Aproximamo-nos e percebemos que várias duplas se enfrentavam num duelo sem fim, ora vitimando um, ora vitimando o outro. A turba enlouquecida se alimentava dessa energia e sua aparência se modificava e deformava a olhos vistos. Oramos em benefício dos que praticavam esse ato tresloucado; envolvemos todos em doces vibrações de amor e conforto. Alguns saíram correndo amedrontados, outros resvalavam ao chão, cansados e chorosos. As equipes socorristas de prontidão entravam em ação, e logo mais uma abençoada carga de regeneração era enviada ao posto de socorro.

Ao nos aproximarmos da cidadela, percebemos que outros grupos socorristas já se encontravam nas imediações. Unimo-nos a eles.

Demétrius veio se juntar a nós e nos esclareceu:

— Esperamos os eventos do meio material; a tempestade já está se formando ao norte deste local e deve nos alcançar em poucas horas. As casas transitórias que contam com pessoal especializado no uso do fogo etéreo já estão posicionadas em todo o planeta. Estou muito feliz, hoje teremos uma oportunidade amorosa, mais uma oportunidade de aprendizado e trabalho.

— Quando você falou sobre oportunidade, para mim veio a ideia de oportunidade única, e você completou dizendo mais uma oportunidade — falou Maurício.

— Cada oportunidade é única em si naquele momento; porém, não exclui a possibilidade de outras formas de manifestação tão necessárias, para que possamos repensar e refletir sobre o aprendizado que fazemos através das múltiplas vivências. Hoje estamos desfrutando de uma ocasião bastante proveitosa para a humanidade, que abrirá as portas para outras oportunidades. Assim a vida se movimenta e acontece — respondeu Demétrius.

— Ação e reação, a base da própria vida — comentei, feliz com as explicações de Demétrius.

— Isso mesmo, Vinícius. Sem esquecer que essa lei é dinâmica, sempre em movimento; não confundir com a ideia de marasmo, de engessamento da vida — afirmou Ineque.

— Como assim? — perguntou Ana.

— Algumas pessoas deixam por conta da reação a culpa de seu sofrimento e passividade. Sofrer a reação de alguma ação praticada não exclui a possibilidade do exercício da inteligência em busca de respostas melhores às velhas questões — explicou Ineque.

— Entendi. Mesmo vivendo consequências de escolhas erradas, eu posso modificar a forma de conduzir isso. Se continuar respondendo a mesma questão com a mesma resposta, o resultado não mudará nunca.

— Isso mesmo, menina. Veja quem está chegando — falei animado.

Maurício se adiantou e abraçou, saudoso, com imensa ternura, dona Dirce, sua mãe na última encarnação. Feliz por reencontrar o filho tão amado, ela devolveu o abraço e deu-lhe um beijo estalado nas bochechas.

— Ah, dona Dirce! Sinto falta desses beijos barulhentos.

A senhora sorriu feliz e nos abraçou um a um.

— Que bom encontrá-los por aqui. Que dia glorioso para todos nós — falou dona Dirce.

— Estamos felizes por estar aqui. Trabalhará nas equipes socorristas? — perguntei a ela.

— Sim. Solicitei ficar junto aos jovens. Principalmente aqueles que desencarnaram pelas drogas. Logo atrás, identificamos um grupo com aparência infantil, são jovens aprisionados, que tiveram seus perispíritos modificados através da hipnose maléfica. Eu e meus companheiros nos responsabilizamos por acompanhá-los durante os eventos.

Nesse instante, ouvimos latidos de cães. Voltamos nossa atenção para a estrada e vimos um grupo de socorristas que trabalhavam com grandes mastins adestrados; estavam rodeados por espíritos desequilibrados. Os cães se adiantaram e rodearam o grupo; em poucos instantes, os invasores foram cedendo, sendo socorridos e encaminhados a um veículo semelhante a um ônibus escolar. Após o embarque dos passageiros, ele subiu aos céus e disparou em direção ao posto de socorro mais próximo.

Os grupos umbralinos foram chegando à cidade; eram lentos e morosos, sofredores da escuridão à qual se mantinham cativos.

Demétrius nos orientou sobre manter o padrão vibratório. Explicou que deveríamos permanecer silenciosos e em prece; deveríamos aguardar o início da tempestade.

Enquanto isso, no plano físico, Camila e Evandro chegavam ao hospital onde Branca havia sido internada. Adélia os aguardava na porta. Assim que viu o casal, a moça os reconheceu pelas fotos que Vanda havia mostrado. Foi em direção a Camila e a abraçou com muito carinho.

Camila, emocionada, chorava copiosamente, tremia e apertava a amiga junto ao coração. Evandro uniu-se às duas, e os três ficaram assim por alguns instantes.

— Como está nossa filha, Adélia?

— Ela é uma menina valente e corajosa. Falei a ela que você estava vindo encontrá-la. Está muito feliz e ansiosa. Fala sem parar em você, Evandro.

O rapaz ficou bastante emocionado. Abraçando novamente a amiga, falou:

— Nem sei o que dizer a você em agradecimento por tudo que tem feito por nós. Nós a amamos muito, você sabe disso?

— Sei sim, meu amigo, porque eu também amo vocês e tenho certeza de que esse reencontro é uma coisa muito natural para nós. Um dia saberemos a história toda e compreenderemos melhor tudo isso. Agora venham comigo, Branca está muito agitada com esse encontro.

Eles pararam em frente à porta do quarto; Camila tremia muito.

— Será que ela vai gostar de mim, ou me perdoar por ter estado longe tanto tempo? Meu Deus, eu estou com muito medo!

Adélia segurou sua mão, abriu a porta e falou feliz:

— Adivinha quem chegou, meu amor?

— Minha mamãe e meu papai — respondeu uma vozinha fraca, porém radiante de felicidade.

Camila e Evandro entraram no quarto; pararam à beira da cama e fitaram aquele pequeno anjo loiro, de olhos verdes e faces pálidas.

— Meu amor, você é a cara de sua mamãe. Você é sua mamãe pequenininha — falou Evandro, enquanto as lágrimas escorriam por seu rosto.

— Eu sei, papai, minha madrinha me mostra fotos de vocês. Eu sei que sou bonita porque pareço minha mamãe. — Dizendo isso, a pequena menina estendeu os braços para os dois.

Camila a tomou nos braços, seu corpo tremia de emoção. Evandro se juntou a ela e beijava os cabelos ralos da pequena criança.

Branca beijava o rosto da mãe e dizia entre um soluço e outro:

— Estava com saudades, mamãe. Demorou tanto para você vir me ver, mas eu sei o porquê. Você me contava toda noite, e hoje você e minha madrinha disseram que estaríamos juntos para sempre, e eu sei que é verdade.

— Para sempre, meu amor, estaremos juntos para sempre — falou Camila.

— Vamos morar todos juntos? — perguntou Branca.

Evandro se afastou um pouco, olhou nos olhos de Camila e respondeu com firmeza:

— Vamos sim, minha filha, vamos morar muito perto uns dos outros; tão perto, que você poderá ir de uma casa a outra quando quiser. Faremos qualquer coisa para você ser feliz.

— Quando meu irmãozinho chegar, vai ser melhor ainda. Deixa eu dar um beijo nele.

Branca escorregou do colo de Camila, abraçou e beijou a barriga da mãe e, rindo, falou:

— Inácio, agora estamos juntos de verdade.

— Inácio? — perguntou Evandro.

— É o nome de meu irmão, ele gosta desse nome. Agora ele não pode mais falar comigo, mas, quando ele ia me visitar, ele falou que queria esse nome.

— Então o nome dele será Inácio — falou Camila sorrindo.

Todos ficaram muito emocionados com o reencontro e, felizes, permaneceram juntos a Branca.

Artur, ainda hospitalizado, estava sendo vigiado de perto por um policial. Sentia muitas dores no peito, o corpo pesado mal respondia a seus comandos mentais. Olhava a porta e pensava: "Preciso arrumar um jeito de dar o fora daqui".

Nesse instante, o médico entrou. Identificou-se e o informou sobre o estado de sua saúde:

— Senhor Artur, precisamos conversar sobre o estado de sua saúde. O senhor vem acumulando pequenas isquemias cardíacas ao longo de anos. Vou tentar explicar de forma simples, para que o senhor entenda o que está acontecendo, e, também, porque precisamos definir alguns procedimentos. Qualquer célula do nosso corpo precisa de sangue para viver. Uma artéria que sofre obstrução do fluxo sanguíneo provoca a morte de tecidos cardíacos, ou seja, acontece uma isquemia, uma área de necrose; isso é um infarto. O infarto pode ocorrer no cérebro, rim, pulmão ou qualquer outro órgão do corpo. Infarto do coração, ou do miocárdio, significa que houve morte das células musculares do coração. O coração possui duas grandes artérias responsáveis pelo suprimento sanguíneo cardíaco: artéria coronária esquerda, que nutre o lado esquerdo do coração, e artéria coronária direita, que nutre o lado direito do coração. Para que todo o tecido cardíaco receba sangue, essas artérias coronárias precisam se ramificar, formando uma grande teia de vasos sanguíneos ao redor de todo o coração.

"Se a área infartada for extensa, ou seja, a região muscular que sofreu necrose por falta de nutrição sanguínea for muito grande, maior será a gravidade do infarto. Todo músculo necrosado torna-se inútil e incapaz de se contrair para bombear o sangue. Quando subitamente perdemos a nossa bomba de sangue, entramos em colapso, que é chamado choque circulatório. No caso do coração, chamamos de choque cardiogênico, por ter origem no coração. Acontecem também as arritmias cardíacas, porque o tecido cardíaco que sofre infarto não consegue mais transmitir os impulsos elétricos normais do coração, causando distúrbios na condução elétrica, o que favorece o aparecimento de arritmias cardíacas graves, que são consideradas arriscadas para o paciente.

"Na verdade, um extenso infarto é um grande risco, mas não é a única causa para uma parada cardíaca. Vários pequenos infartos acumulados durante anos, como é o seu caso, ou uma isquemia única, mesmo que não muito extensa, mas localizada caprichosamente em uma área nobre da geração e transmissão dos impulsos elétricos do coração, também podem desencadear arritmias malignas, levando à parada cardíaca. Portanto, dois fatores são importantes no prognóstico de um infarto: tamanho e localização da área afetada.

"Há uma obstrução grave em sua artéria coronária esquerda, logo em sua formação. E todo o músculo cardíaco dessa área está necrosado."

— Está dizendo que eu já estou praticamente morto?

— Não. Estamos fazendo um tratamento clínico para reverter as crises de arritmia. Vencidas as crises, deveremos implantar um *stent* farmacológico. O *stent* farmacológico é um dispositivo semelhante a uma mola, revestido de medicamentos anti-inflamatórios e imunossupressores, que serve para desentupir as artérias do coração, como é o seu caso. Esse *stent* é implantado através de uma angiografia.

— E que diabos é isso? Como funciona?

— Na angioplastia, o *stent* é introduzido na artéria que está entupida através de um cateter. E funciona como uma armação, que empurra as placas de gordura que obstruem a artéria, impedindo a passagem do sangue, e "segura" as paredes da artéria, para que ela continue aberta, permitindo um melhor fluxo sanguíneo. Esses *stents* também atuam liberando lentamente medicações imunossupressoras, que diminuem a chance de novo fechamento do vaso.

— E por que não faz logo isso? Eu tenho muito dinheiro e posso pagar.

— Estamos primeiro estabilizando seu coração, tratando a arritmia, para podermos realizar a intervenção. E não se trata de ter dinheiro ou não. O senhor encontra-se num hospital público.

— E se não der certo? O que poderá fazer mais? Preciso sair logo daqui.

O médico olhou para o policial sentado numa cadeira ao lado da cama.

— Se você está pensando que vou ficar preso, está muito enganado. Esse povo é doido. Tenho muito dinheiro e sou pastor evangélico. Acha que a acusação de um funcionário insatisfeito me fará um prisioneiro?

— Bom, senhor Artur, o senhor entendeu tudo que falei?

— Entendi sim. E o senhor, entendeu o que falei? Faça o que for preciso que eu pago.

O médico saiu do quarto. Nesse momento, Artur dirigiu-se ao policial.

— E você?

O policial mostrou uma câmera instalada no teto, apenas com o olhar.

Artur virou de lado na cama, deu um jeito de acomodar os lençóis a sua volta e falou num sussurro:

— Se me ajudar a fugir daqui, nunca mais vai precisar trabalhar. Pense nisso! Amanhã, traga escrito num papel quanto quer e assim que me tirar daqui eu te pago.

O policial fez um discreto sinal com a cabeça. Artur riu satisfeito e pensou: "Não tem lei que prenda alguém com dinheiro, e isso tenho bastante".

CAPÍTULO XXX

LIBERTANDO O AMOR

759. Qual o valor do que se chama o ponto de honra em matéria de duelo?

— *O do orgulho e da vaidade, duas chagas da Humanidade.*

759.a. Mas não há casos em que a honra está verdadeiramente empenhada e a recusa seria uma covardia?

— *Isso depende dos costumes e dos usos. Cada país e cada século têm a respeito uma maneira diferente de ver. Quando os homens forem melhores e moralmente mais adiantados, compreenderão que o verdadeiro ponto de honra está acima das paixões terrenas e que não é matando ou se fazendo matar que se repara uma falta.*

Comentário de Kardec: Há mais grandeza e verdadeira honra em se reconhecer culpado, quando se erra, ou em perdoar, quando se tem razão; e, em todos os casos, em não se dar importância aos insultos que não podem atingir-nos.

(*O Livro dos Espíritos* — Livro III — Capítulo VI, Lei de Destruição — Item VI, Duelo)

Permanecíamos em oração diante da entrada da cidadela umbralina.

Percebemos intensa movimentação dos grupos que chegavam àquele local. Abruptamente, todos se levantaram e formaram filas, semelhantes às utilizadas pelos exércitos do mundo material. Enfileirados, passaram a se movimentar num ritmo constante e uniforme; batiam os pés fazendo um ruído ensurdecedor, seguiam o ritmo que grande entidade à frente determinava a seus subordinados, através de palavras de ordem.

Ineque nos apontou o céu. A tempestade rugia ao longe, as equipes se mobilizavam acima de nossas cabeças, ali estavam os coletores de energia a postos. A casa transitória Maria de Nazareth havia descido ao solo, e as portas se abriam. Mobilizavam-se os trabalhadores com serenidade e alegria.

Recebemos instruções para acompanhar de perto a grande massa que entrava na cidadela. Meus olhos marejados de lágrimas, sinal de intensa emoção que acometia meu coração, mostravam a grandeza do momento que experimentava por fazer parte das equipes do Senhor.

Olhei à minha volta e vi refletido no rosto de meus companheiros os meus sentimentos. Estava em casa, sentia que poderia viver dessa forma para sempre, aqui nesse lugar bendito. Mas também ansiava por viver novas aventuras no Reino de Deus, que com certeza modificariam a minha própria estrutura mental. Sorri, com o coração preenchido de felicidade, e caminhei em busca de redenção.

Trovões e raios riscavam o espaço. Os coletores, em seus veículos, cruzavam o céu acondicionando a enorme quantidade de energia que era liberada e seria aproveitada no momento oportuno.

Entidades de bondade amorosa transitavam entre os doentes da mente e do coração; à sua passagem, o amor fluía e auxiliava àqueles que viviam conflitos entre o bem e o mal.

Elevamo-nos ao espaço e observamos as grandes concentrações deletérias, ao mesmo tempo que observávamos os servidores de Deus. Estes, prontamente, para lá se dirigiam acompanhados de um coletor que liberava a energia concentrada em frascos luminosos, os quais penetravam a escuridão iluminando os cantos de dor.

Robert, enraivecido pela ação do bem maior, reuniu seu exército e ordenou um ataque maciço. Entidades travestidas como os peregrinos da Guerra Santa, atualmente conhecidos como os Cruzados, marchavam em direção ao centro do evento.

Um grupo de espíritos que se apresentava como crianças foi estrategicamente colocado na lateral da grande massa, lembrando a Cruzada das Crianças, que aconteceu no ano 1212. Essa passagem, através da história, foi considerada uma lenda, visto não haver documentos escritos oficiais que provassem a sua existência. Baseada em duas movimentações distintas, uma originada na França e outra na Alemanha, está inserida entre a Terceira e a Quarta Cruzada. É considerada extraoficial, tendo sua origem na crença da existência das almas puras, as crianças. Os Cruzados tinham convicção de que somente elas poderiam libertar Jerusalém. A falta de confiança nos adultos, almas corrompidas, deu início a esta ideia. Após o saque a Constantinopla, cinquenta mil crianças foram colocadas em navios, saindo do porto de Marselha, na França, rumo a Jerusalém. A iniciativa teve resultados desastrosos, pois grande parte das crianças pereceu durante a travessia, mortas de frio e fome; outras foram vendidas como escravas aos turcos no norte da África; houve as que chegaram somente até a Itália; e, ainda, as que se dispersaram, ou foram sequestradas e escravizadas pelos muçulmanos.

Equipes socorristas foram instruídas a trabalhar os fluidos concentrados neste pequeno exército; imediatamente, desviamos nossa atenção para tal procedimento. Espíritos, na condição de mulheres, aproximaram-se com carinho. Seus corpos vibravam com intensa amorosidade, e emanavam grandes e poderosas descargas fluídicas que envolviam esses espíritos; alguns deles sentiam-se incomodados e corriam em disparada para longe; outros se enfraqueciam diante do bem-estar sentido; outros se agarravam às doces mães da humanidade.

Todos foram agraciados com a bondade do Pai. Emocionados, percebemos a transformação do perispírito através da libertação dessas mentes escravizadas, que haviam sido capturadas por hipnotizadores maléficos.

As grandes fileiras de soldados agora estavam expostas. Robert se transformava mais e mais à medida que a liberdade alcançava os sofredores. Seu corpo perispiritual tornava-se volumoso e deformava-se mais e mais; o irmão sofredor crescia diante dos olhares assustados e temerosos de seus seguidores.

A tempestade alcançou seu clímax. Grande quantidade de raios e seus clarões, os relâmpagos, eram vistos riscando o céu e se concentrando na grande praça onde aconteciam os eventos descritos. Em seguida, escutávamos o barulho ensurdecedor dos trovões.

Os ventos alcançavam velocidade de noventa quilômetros por hora. Originavam-se de várias frentes e rodavam vertiginosamente. Percebemos que um funil se formava da base da grande célula convectiva. Nesse momento, teve início a precipitação pluviométrica intensa, seguida de granizos do tamanho de bolas de gude.

A cidadela Sagrado Coração de Jesus estava situada numa região rural, sem construções materiais. Portanto, o evento estaria destinado a assistir os necessitados do mundo invisível que vagavam por ali.

Os espíritos que neste local transitavam mostravam em seus semblantes o terror que os acometia. Ignorantes das leis naturais, ainda acreditavam estarem expostos à violência da tempestade.

No ápice do evento, coletores e expurgadores do fogo etéreo concentravam enorme carga eletromagnética no centro do evento espiritual. Enquanto isso, no plano material, estávamos no olho do tornado, um espaço livre da tormenta, onde podíamos até mesmo enxergar um pedaço de céu azul límpido e luminoso. Isso ocorre devido a uma incidência da pressão atmosférica, que empurra o ar para o centro do fenômeno, o que acaba por criar uma área livre de chuvas e ventos. Mas basta olhar ao redor e vamos perceber a rotação acelerada dos ventos, a chuva forte e o granizo que penetra a massa densa, agora carregada de detritos e terra.

Num breve instante, senti-me arremessado ao espaço, tamanha a força da explosão gerada pela concentração de energia. O fogo-fátuo expandia-se em todas as direções, semelhante ao movimento obtido quando atiramos uma pedra no centro de um lago. Ao mesmo tempo, queimava miasmas e energias mais densas, deletérias. No entanto, também iluminava a vida, trazendo o sol, que antes não conseguia atingir o solo devido à densidade atmosférica carregada de moléculas densas, transformadas por mentes em desalinho.

Observava as consequências de tão bendito presente do Pai; observava a vida se refazendo. A tempestade seguiu o seu caminho; descemos ao solo e nos juntamos às outras equipes que não paravam o trabalho santificador.

Robert jazia inconsciente junto a um pequeno amontoado de escombros. Aproximamo-nos dele e auxiliamos no seu deslocamento para uma casa de recuperação, local onde, depois fomos informados, ele ficaria por curto espaço de tempo. Após rápida estadia, seria encaminhado para outro orbe, a morada necessária à sua recuperação.

Oramos em benefício deste amado irmão e voltamos à cidadela para continuar a auxiliar aqueles que começaram a enxergar em si mesmos a origem divina com a qual foram agraciados.

CAPÍTULO XXXI

APENAS
UM INSTANTE

760. A pena de morte desaparecerá um dia da legislação humana?

— A pena de morte desaparecerá incontestavelmente e sua supressão assinalará um progresso da Humanidade. Quando os homens forem mais esclarecidos, a pena de morte será completamente abolida da Terra. Os homens não terão mais necessidade de ser julgados pelos homens. Falo de uma época que ainda está muito longe de vós.

Comentário de Kardec: O progresso social ainda deixa muito a desejar, mas seríamos injustos para com a sociedade moderna se não víssemos um progresso nas restrições impostas à pena de morte entre os povos mais adiantados, e à natureza dos crimes aos quais se limita a sua aplicação. Se compararmos as garantias com que a justiça se esforça para cercar hoje o acusado, e a humanidade com que o trata, mesmo quando reconhecidamente culpado, com o que se praticava em tempos que não vão muito longe, não poderemos deixar de reconhecer a via progressiva pela qual a Humanidade avança.

(*O Livro dos Espíritos* — Livro III — Capítulo VI, Lei de Destruição — Item VII, Pena de Morte)

Artur sentia-se a cada dia mais enfraquecido, tinha dificuldades até mesmo para se alimentar. Tudo o cansava, o esforço para se manter respirando o esgotava. Porém, o ódio que nutria por Camila e Branca ainda o fortalecia e o mantinha preso àquele corpo. Precisava ser curado com urgência, para que pudesse ser transferido a uma penitenciária, de onde seria mais difícil fugir. O policial, que havia dado sinais de querer ajudá-lo numa fuga, estava com ele novamente.

— E aí, pastor, melhorou? — perguntou o homem entregando discretamente a Artur um papel onde estava escrita uma grande quantia.

— Tudo bem. Ainda bem que posso contar com pessoas boas como você por aqui.

— Acho que mais uns dois dias e estará melhor. Então, poderá ser transportado.

Artur sorriu, entendeu que o policial estava dizendo a ele para estar pronto para fugir.

— Tenho certeza de que estarei melhor e pronto a provar minha inocência.

— Para provar sua inocência precisa contratar e pagar um excelente advogado antes, não é?

— Não se preocupe, dinheiro não me falta. E a quantia que o advogado me pede, posso pedir ao gerente de minha conta para fazer uma transferência. Preciso fazer essa ligação, e preciso saber o número da conta do advogado.

— Seu advogado deve saber que enquanto aprisionado não poderá fazer transações bancárias. Não é assim? — comentou o policial.

— Mas também sabe que gerentes de banco podem realizar operações se forem bem tratados.

O policial corrupto sorriu; antevia as facilidades econômicas das quais gozaria caso prestasse esse favor ao pastor, então logo providenciou para Artur um celular, acompanhou-o ao banheiro e colocou em suas mãos o aparelho e um papel com os dados necessários para a transferência do dinheiro.

Em instantes, Artur o chamou de dentro do banheiro; estava passando terrivelmente mal. O homem chamou a enfermeira, que logo verificou o estado grave de saúde do pastor. O médico foi acionado, e Artur, transferido para a UTI.

No caminho para a Unidade de Terapia Intensiva, o policial olhou para ele e falou baixinho:

— Não se preocupe, quando melhorar, o advogado providenciará imediatamente sua liberdade. O trato está feito.

Acompanhamos esse acontecimento e percebemos que, apesar de toda movimentação que havia acontecido, Artur estava sempre rodeado de espíritos ignorantes e ainda maldosos. Confirmava-se nessa situação a lei das afinidades morais, que culmina sempre em sintonia vibratória e ressonância constante.

Dirigimo-nos à casa espírita que nos acolhia na cidade praiana. Reunimo-nos em belíssimo jardim, lugar de onde podíamos ver a praia repleta de banhistas e crianças que brincavam na areia e nas águas enfeitadas por um colar de espuma branca, conseguida na arrebentação das ondas mansas.

— Vinícius, quando estávamos socorrendo os infelizes habitantes da cidadela, encontramos muitos espíritos que conseguiam modificar sua própria aparência, ou mesmo sofriam essa transformação pela ação de hipnotizadores — falou Maurício.

— É verdade, Maurício. Lembro-me de haver começado a raciocinar sobre o assunto; mas, dadas a gravidade e a urgência do momento, preferi deixar essa reflexão para outra oportunidade — respondi. — O perispírito é o espelho da alma e a extensão da mente. Por isso, acaba sendo moldado de acordo com os comandos mentais de cada um, segundo as necessidades do momento. Esse fenômeno recebe o nome de plasticidade — acrescentei, animado com a conversa.

— O perispírito é formado também por fluidos que, ainda que não sejam totalmente eterizados, também não são totalmente materiais; assim, o corpo espiritual mostra um extremo poder plástico. Emmanuel nos explica que: o perispírito adapta-se automaticamente às ordens mentais que brotam continuadamente da alma. Dependendo da forma que o espírito imprime a seu corpo perispiritual, podemos deduzir sobre sua capacidade intelectual, o desenvolvimento da vontade, o treino mental próprio; enfim, as transformações ocorrem independentemente do aperfeiçoamento moral — explicou Ineque.

— O desenvolvimento intelectual da criatura, a intensa capacidade de ação, pode pertencer a inteligências de mentes perversas também. Sempre ressaltamos em nossos trabalhos que os conhecimentos adquiridos são apenas ferramentas, e nossa escolha pessoal é que dá qualidade ao seu uso. Refletindo sobre esse pensamento, podemos entender por que encontramos, em grande número, compactas falanges de entidades libertas dos laços fisiológicos, operando nos círculos da perturbação e da crueldade, com espetaculares recursos de modificação nos aspectos em que se exprimem para causar suas influências malévolas. Estamos novamente falando sobre escolhas pessoais que acabaram por escrever nosso futuro — comentei.

— Para o espírito consciente, o uso desta ferramenta pode explicar o rejuvenescimento que experimentam após o desencarne. Mesmo tendo desencarnado com idade física avançada, sentindo-se mais jovens, apresentam-se como tal. Totalmente livres dos condicionamentos humanos do corpo físico, o espírito humano não sofre o envelhecimento corporal, assim como não morre — observou Ana.

— Mas essa possibilidade de manipular o perispírito é limitada ao padrão evolutivo, de acordo com a compreensão de cada um, intelectual, emocional e moral. O espírito em desequilíbrio afetivo acaba por ficar preso a ideias únicas, cujo funcionamento é chamado de monoideísmo. Assim, pode entrar em tal estado de alheamento com a realidade que acaba por provocar retração dos tecidos perispirituais, limitando as funções e potencialidades de movimentação nos mundos em que circula. Seria o caso da zoantropia, da licantropia e dos ovoides — falou Ineque.

— Já nos processos reencarnatórios, o perispírito entra em um processo de modelagem, por meio do qual molda a organização física. Ao aproximar-se o momento da reencarnação, o Espírito reencarnante, comumente, entra em gradativo processo de redução psicossômica, o qual acontece simultaneamente com a diminuição da consciência de si mesmo. Então, até nos processos acima citados o perispírito demonstra seu poder de plasticidade — falou Maurício. E continuou: — A plasticidade não é a única característica do perispírito; podemos citar também: densidade, ponderabilidade, luminosidade, penetrabilidade, visibilidade, corporeidade, tangibilidade, sensibilidade global, sensibilidade magnética, expansibilidade, bicorporeidade, unicidade, perenidade, mutabilidade, capacidade refletora, odor e temperatura. Todas elas importantes para a nossa manifestação nos vários planos que habitamos.

— Assim ocorre também com as funções do perispírito, que são: instrumental, individualizadora, organizadora e sustentadora — lembrou Ana.

— A função instrumental é a ferramenta da alma e pressupõe a interação com o mundo espiritual e físico. Aglutina energia cósmica, consolidando a estrutura de natureza física, como também serve como elemento de ligação com o meio que o cerca, influenciando-o e, ao mesmo tempo, recebendo sua influência — completou Maurício.

— A função individualizadora é a própria identificação da alma. Ela é única e diferenciada. E o perispírito, o seu corpo perene, a reflete como identidade exclusiva; a memória é refletida na tela perispiritual e acaba por moldar a forma, baseando-se nos arquivos milenares — falou Ineque.

— A função organizadora dá ao espírito a noção direta de sua existência. Comprova-se o princípio imaterial, que comanda o desenvolvimento da vida e hoje acaba por se infiltrar na ciência para provar a existência da vida eterna. Inúmeros cientistas, de diversos países, têm pressuposto a existência de uma espécie de matriz, um tipo de padrão organizador, invisível, inerente aos seres vivos — falei.

— A função sustentadora não é tão complexa como podemos imaginar; ela é simples como a própria natureza. Dellane nos descortina uma compressão maior a respeito do assunto, quando fala que o perispírito, graças à sua perenidade, age como elemento indispensável à estabilidade do ser humano "no meio de toda essa complexidade das ações vitais, dessa efervescência perpétua e resultante da cadeia de decomposições e recomposições químicas, ininterruptas, na trama, enfim, de nervos, músculos, glândulas a se entrecruzarem, a circularem, a se interpenetrarem de líquidos e gases, em desordem aparente, mas da qual sairá, contudo, a mais estupenda regularidade, sendo certo que a função pertence ao conjunto, e não às unidades que o compõem, e que esta se subordina a uma ordem que não se altera, apesar dos sucessivos afluxos de elementos novos" — completou Ineque.

— Sem contar que a complexa tessitura psicossômica apresenta, ao que tudo indica, um número considerável de "pontos de força", responsáveis, em seu conjunto, pela distribuição da energia vital e, por conseguinte, pelo equilíbrio fisiológico do organismo físico — completei.

— Poderíamos ficar por aqui um tempo considerável em animado debate, sem que esgotássemos o assunto. Entretanto, Demétrius nos chama ao hospital onde Branca está internada.

Encontramos a família bastante agitada numa pequena sala de espera.

— Deus do céu! Como será que ela está? — perguntou Camila, andando de um lado a outro da pequena saleta.

— Acalme-se, meu bem. Trata-se de um processo bastante demorado, e eles precisam tomar muitos cuidados, principalmente por ser uma criança de apenas quatro anos — falou Evandro.

— Calma, Camila! Tudo vai dar certo, você verá — aconselhou Toni.

— Eu sei, Toni. Mas Branca disse que apenas ficará bem com a ajuda do pai biológico, vocês me contaram isso. Lembram?

— Nada está escrito para determinar nosso futuro. A cada dia, escrevemos um novo capítulo, que nos coloca diante de novas consequências. Acalme-se, Camila.

A moça sentou numa poltrona perto da janela e começou a orar. No início, não conseguia sequer terminar o Pai-Nosso. A ansiedade, o medo de perder a filha recém-encontrada, desequilibravam suas emoções. Aproximamo-nos de seu campo vibratório e passamos a energizá-la com carinho. Ela fechou os olhos e adormeceu. Inácio, a quem havíamos pedido auxílio, sorriu e se aproximou da mãezinha aflita.

— Bom dia, Camila. Você está bastante agitada — tornou Inácio, abraçando-a com carinho.

— Onde estou?

— No mesmo lugar onde adormeceu. Está no hospital onde Branca passa por um procedimento cirúrgico; procedimento este até considerado bastante simples para os dias de hoje.

Camila olhou à sua volta e viu seu corpo material sentado e adormecido numa poltrona.

— Estou desdobrada. É assim que se fala, não é?

— É sim, Camila. Branca está bem. Adalton prontificou-se a estar com ela neste momento. Isso é muito importante, pois a menina confia muito nele, e ele é médico. A infusão já se iniciou.

— Mas... Branca disse que somente uma doação do pai, ou seja, Artur, poderia curá-la. Essa ideia me deixa atormentada.

— Minha querida, acalme seu coração. Você viveu momentos traumatizantes durante esses anos todos, longe de sua menina. Hoje, quando ela mais precisa, você está aqui ao seu lado. Aproveite este momento, viva-o em plenitude. Além do mais, o filhinho em seu ventre precisa que permaneça calma e envie seu amor a ele também.

Camila passou a mão na barriga e sorriu, então olhou para Inácio e falou com lágrimas nos olhos:

— Estou parecendo uma louca, não é? Mas... Sinto tanto medo de perder minha filha. Ele também se chamará Inácio, como você.

— Ninguém perde ninguém, menina. Conforte seu coração e viva com intensidade cada segundo de felicidade que Deus permite a você. Não nuble esses momentos com sentimentos menores e pessimistas. Branca está sob os melhores cuidados. Então, envie pensamentos positivos e amorosos a ela neste momento; é assim que pode ajudar. E seu pequeno filho terá um lindo nome, como o meu — respondeu Inácio sorrindo.

— Eu sei, mas, às vezes, simplesmente não consigo sozinha. Sei que estarei melhor ao acordar; então, agradeço sua ajuda.

— Sente-se aqui ao meu lado e me dê sua mão, vou auxiliá-la a voltar para seu corpo e a lembrar um pouco de nossa conversa.

Camila sentou-se ao lado de Inácio, olhou para o rosto dele e perguntou:

— Tenho muita vontade de chamá-lo de pai; isso me parece tão natural. Você sabe o porquê?

Inácio acariciou o rosto da moça e disse com simplicidade:

— Lembranças, às vezes não tão claras, mas em forma de sensação, vêm nos visitar. A vida é sempre um presente, minha filha. E os reencontros felizes acontecem quando são necessários.

— Você pode me contar um pouco de nossa história?

— Isso não se faz necessário. Creia que a verdadeira história está guardada aqui, no coração, e ela floresce mesmo nas grandes adversidades e nos fortalece na caminhada. Apenas saiba que estou aqui, sempre!

— Branca me disse que meu filho quer ser chamado de Inácio, o seu nome.

— Trata-se de um grande amigo e irmão que volta sob a sua tutela. Ame-o muito e cuide dele com carinho. Aceito a homenagem com muita felicidade.

Camila sorriu e falou:

— Preciso ir, não é?

— O procedimento está terminando.

— Branca não quis que eu a acompanhasse.

— Ela sabe que você também precisa ser poupada, afinal, carrega o irmão dela, não é?

— É uma criança muito especial, não é?

— Todas são. Ah! Quando o pequeno Inácio entrar na adolescência, não o deixe fumar. Diga a ele que eu penei por aqui por causa desse vício, e ele também — falou Inácio sorrindo com alegria.

— Pode deixar. Vou educá-lo da melhor forma possível e, se ele permitir, dentro da Doutrina dos Espíritos.

— Lembre-se sempre da parte moral sem misticismo, enfocando a razão. Sabe, minha filha, religião não muda a vida de ninguém. Para sermos transformados é preciso que compreendamos do que estamos falando.

Camila sorriu, abraçou o querido amigo, beijou seu rosto com carinho. Acordou com um sorriso nos lábios.

Evandro a observava atento. Assim, quando a moça abriu os olhos, ele sorriu e perguntou:

— Você está bem?

— Muito bem! Você não imagina o que aconteceu. Preciso te contar logo, estou com receio de esquecer.

Rapidamente, resumiu o que conseguia lembrar-se da conversa com Inácio. Aliviada, falou:

— Nossa! Que coisa incrível.

Nesse instante, Vitor entrou na sala de espera.

— Está tudo bem, pessoal. Branca ficará na recuperação, ainda isolada, Adalton continua a seu lado; mas ela chama por Adélia, Camila e Evandro. Seguindo o protocolo do qual já falamos, vou autorizar vocês como acompanhantes, um de cada vez. Está bem?

— Graças a Deus! Eu gostaria que você repetisse as orientações sobre os cuidados que devemos ter.

— Reforço com os cuidados de higiene, usar máscara constantemente, e principalmente quando for necessário se ausentar da unidade de transplante. Já estamos limitando o número e a frequência de visitas. Evitar contato direto com outras pessoas, inclusive vocês, por meio de: beijos, abraços e proximidade ao falar. Devem usar roupas e toalhas limpas, lavar sempre as mãos, principalmente após ir ao banheiro e antes das refeições. Procurar manter Branca em atividade, evitando que ela fique deitada ou sentada por muito tempo, assim estarão prevenindo a infecção pulmonar. Não deixar que ela se coce, para evitar sangramentos. É preciso, ainda, que se tomem alguns cuidados, tais como: evitar que ela faça movimentos bruscos, diminuindo a chance de quedas e ferimentos, ajudá-la a escovar delicadamente os dentes e não utilizar fio dental, não retirar peles soltas ou crostas de feridas; se houver qualquer tipo de sangramento, por menor que seja, avisar imediatamente ao corpo clínico. Ficar atentos ao surgimento de: secreções, dores, feridas, cansaço, tonturas, tremores e calafrios. Qualquer alteração deve ser comunicada à enfermeira, imediatamente. Deixarei estas orientações por escrito.

— Está certo, Vitor. Vamos seguir à risca suas instruções — falou Adélia.

— Ah, Adélia, ela pergunta muito por Toni, eu só não o incluí como acompanhante porque ele irá para casa cuidar das outras crianças; mas deixei instruções para que ele seja o primeiro a vê-la. Ela ficará muito feliz — falou Vitor.

— E ele também, está agoniado. Precisei brigar com ele para ir comer algo; ele é diabético, como você sabe, e precisa se alimentar com regularidade — respondeu Adélia.

— Bom, agora devemos aguardar a pega da medula, o momento após a transfusão das células coletadas e tratadas, quando a medula já consegue produzir as células do sangue em quantidades suficientes. A pega medular acontece quando a taxa de plaquetas alcança $20.000/mm^3$, sem necessidade de transfusão por dois dias seguidos, e quando os leucócitos ficam acima de $500/mm^3$, por dois dias também — explicou Vitor.

— E se, por acaso, isso não acontecer, Vitor?

— É importante saber que o tempo de recuperação é variável, cada caso é um caso. Existem também medulas mais preguiçosas e outras mais precoces. Precisamos ter paciência, fazer a nossa parte e acompanhar de perto para observar como a medula está trabalhando. O transplante de Branca é autólogo, isso já elimina a rejeição. Precisamos esperar a reação do organismo dela. E, conforme os problemas forem surgindo, nós vamos tomando as medidas necessárias.

"Lembrando conversa que já tivemos, esta fase é a da aplasia medular, caracterizada pela queda do número de todas as células do sangue: hemácias, leucócitos e plaquetas, e a quimioterapia provoca a queda da produção de todas as células do sangue, tanto das doentes quanto das sadias. O baixo número de leucócitos, principalmente os neutrófilos, deixa o paciente sujeito a infecções bacterianas, fúngicas, virais e à ação de protozoários, o que provoca a incapacidade do organismo do paciente de se defender das infecções, por isso recebe inúmeros antibióticos.

"Vocês, que acompanharão Branca nesta fase, devem ficar atentos a qualquer sintoma, como febre, tremores e calafrios. Isso é muito importante, pois indica a necessidade da coleta de sangue para que possamos identificar o agente causador da infecção."

E Vitor acrescentou:

— Durante o período em que as células transplantadas ainda não são capazes de produzir as células sanguíneas em quantidade suficiente, o paciente recebe suporte por meio de transfusões das hemácias e plaquetas, além de receber medicamentos que estimulam a produção dos leucócitos, importantes para defesa contra infecções. Esta fase é delicada, pois o paciente se encontra sujeito a infecções e sangramentos, por isso os cuidados são de extrema importância.

— Obrigado, Vitor, não sabemos como agradecer sua dedicação — tornou Evandro.

— Não se preocupe, meu amigo. Além de amar minha profissão e a área que escolhi exercer, desenvolvi amizade por todos vocês, principalmente, por essa criança incrível, a Branca.

CAPÍTULO XXXII

CONSEQUÊNCIAS

761. A lei de conservação dá ao homem o direito de preservar a sua própria vida; não aplica ele esse direito quando elimina da sociedade um membro perigoso?

— Há outros meios de se preservar do perigo, sem matar. É necessário, aliás, abrir e não fechar ao criminoso a porta do arrependimento.

762. Se a pena de morte pode ser banida das sociedades civilizadas, não foi uma necessidade em tempos menos adiantados?

— Necessidade não é o termo. O homem sempre julga uma coisa necessária quando não encontra nada melhor. Mas, à *medida que se esclarece, vai compreendendo melhor o que é justo ou injusto e repudia os excessos cometidos nos tempos de ignorância, em nome da justiça.*

(*O Livro dos Espíritos* — Livro III — Capítulo VI, Lei de Destruição — Item VII, Pena de Morte)

Artur teve grande melhora dentro da Unidade de Terapia Intensiva; assim, o médico decidiu removê-lo de volta ao quarto. O mesmo exigiu o melhor quarto existente no hospital, seguindo o que fora aconselhado pelo policial corrupto, que o visitava assiduamente. Infelizmente, Artur possuía uma grande fortuna à disposição e seguia corrompendo os funcionários daquela casa, assim conseguia regalias que lhe seriam negadas em situação legal.

Quando foi acomodado confortavelmente na grande suíte, apesar dos protestos da direção daquela casa, Artur sentiu-se fortalecido e com certeza de conseguir empreender sua fuga. O delegado que cuidava de seu caso estava a par do acordo entre o funcionário sob suas ordens e Artur. Assim, passou a facilitar, de forma proposital, a vida dos dois. Satisfeito, o policial corrupto percebeu nessa ligação a oportunidade de ganhar um dinheiro fácil.

— E aí, companheiro, melhorou? Pronto para sair de mansinho daqui? — perguntou o policial.

— Não vejo a hora de botar o pé fora desse inferno. Fiz a desgraça daquela cirurgia e me sinto melhor, pelo menos posso falar e andar sem ficar bufando que nem um louco.

— É! Mas, você sabe, precisei botar o delegado no rolo. E o dinheiro que depositou na minha conta nem deu para pagar a parte dele. O safado considera ser de bom-tom que sua bolada seja maior que a minha.

— Isso não é problema. A gerente que cuida da minha conta sabe que ando precisando de uns numerários altos. Deixou toda minha fortuna à minha disposição. Só preciso do telefone. Quanto é?

O policial declarou uma quantia bastante grande. Nesse momento, Artur olhou para ele e falou:

— Vocês estão exagerando, hein?

— Achei que ser livre para você fosse o mais importante. Então, até que está saindo barato, não é?

— Está certo. Mas paramos por aqui. Correto?

O policial sorriu e não disse nada.

Dois dias se passaram, e o homem chegou logo pela manhã para substituir seu colega.

— O delegado está lá embaixo esperando com o carro. Vou tirar meu uniforme e você o coloca. Meu crachá já está com sua foto. Precisa só me dar um soco bem dado, isso é para dar ares de verdade à ação. Ah! Antes precisa depositar mais isso aqui na minha conta. — Entregou um papel nas mãos de Artur.

O pastor encarou o policial e sua primeira reação foi recusar a ordem do chantagista.

— É pegar ou largar! Posso ligar para o delegado e falar que estamos cancelando por falta de fundos.

Artur tomou o celular das mãos do policial com raiva e fez a transferência do dinheiro.

— Vamos lá.

O policial tirou as roupas e entregou-as para Artur. Instruiu-o a amarrar suas mãos e seus pés e depois a bater em sua cabeça com o suporte do soro.

Artur seguiu as orientações de seu comparsa. Em seguida, saiu do quarto. No caminho cruzou com uma atendente e falou:

— Volto logo, só vou pegar um café.

— Nem se apresse. O meliante está algemado à cama, não está? — respondeu a moça rindo com deboche.

— É, está sim. Se estivesse solto garanto que ele te pegava de jeito.

A atendente continuou seu caminho, rindo e pensando banalidades.

Artur ganhou a rua e dirigiu-se para o ponto indicado pelo policial. Logo identificou o carro, abriu a porta e entrou.

— Demorou demais. O que houve lá? Já estava preocupado.

— Vamos embora, antes que alguém descubra minha fuga. Para onde vai me levar?

— Para um lugar deserto, onde não será visto.

— Eu quero um carro e roupas.

— Daqui a dois dias; deixa baixar a poeira.

— Está certo. Depois disso quero minha liberdade, tenho contas a acertar com algumas pessoas.

— Devagar aí, companheiro. Você não pode ser pego de jeito nenhum, senão corro o risco de acabar dando com a língua nos dentes e me encrencar.

— Não devo satisfação a vocês. Paguei o que pediram e foi muito caro. Dou jeito no povo que me traiu e depois sumo no mundo. Pode ficar tranquilo.

O delegado olhou para ele desconfiado e pensou: "Esse vai dar trabalho, vou precisar sumir com ele".

— Sabe que tudo tem preço, não é? Informa o nome das pessoas de quem quer dar cabo, eu providencio, até filmo o abate para você ficar feliz, mas não posso permitir que faça besteira. É essa a única solução, entendeu?

— Certo! Quanto você quer?

— Andou roubando muita gente, aproveitando-se de ser pastor, não é? Tem muita denúncia a seu respeito, partindo da diretoria de sua igreja. Posso imaginar que tem uma fortuna boa escondida por aí. Faz uma coisa, me mostra o saldo de sua conta, uma delas só. Assim, vejo se é o suficiente para mim.

— Me dá o celular. — Artur acionou as informações bancárias, mostrou o saldo de sua conta para o delegado.

— Certo. É um valor bom. Quantas pessoas tenho que fazer sumir?

— São duas.

— Esse valor deve ser pago por cada uma, e agora.

— Combinado. — Artur fez as operações bancárias e transferiu o dinheiro para a conta que o delegado lhe apontou.

O homem sorriu, olhou à sua volta. Estavam na serra do mar. O homem pensou: "Aqui está bom. Essa estradinha é quase deserta".

Achou a entrada para uma pequena estrada de terra, desviou o carro e entrou. Parou o carro, sacou a arma e descarregou o revólver na cabeça de Artur.

— Executado! — O homem ria como louco e tentava sem sucesso limpar o sangue do rosto.

Entristecidos pelo trágico acontecimento, tentamos socorrer Artur com a ajuda de Lenora e Inocêncio. Mas, apavorado, ele saiu correndo do local, seguido por uma falange de espíritos vingadores.

O delegado acomodou o corpo de Artur no banco traseiro do carro. Voltou pela estrada. Em determinado ponto da íngreme serra, saiu do carro, ligou-o e o empurrou abismo abaixo.

Andando tranquilamente, começou o caminho de volta. Encontrou uma pequena casa escondida entre as árvores e viu que estava abandonada. Entrou, procurou o banheiro, abriu a torneira da pia, a água jorrou abundante. Lavou-se e retirou uma camisa limpa de uma valise. Vestiu-se e voltou à estrada. Lembrava ter passado por um entreposto da polícia; para lá se dirigiu.

Inventou uma história. Disse que estava a caminho do trabalho, mas tinha discutido com sua mulher, a qual, estando ao volante, o deixara sozinho na estrada. Riu bastante do fato e disse que à noite dava um jeito nela. Logo estava sendo conduzido à delegacia em que trabalhava. Desceu da viatura, agradeceu ao policial que o ajudou e entrou no prédio.

Assim que entrou, percebeu o alvoroço de seu pessoal.

— Que foi? Por que essa confusão?

— O pastor fugiu e ainda imobilizou o Jorge.

— Fugiu? Mas o homem não estava quase morto?

— Pois é, ressuscitou e deu o fora.

— O Jorge está sendo atendido no pronto-socorro com um enorme galo na cabeça.

— Dê o alerta para capturarmos o meliante.

Sorrindo entrou no escritório, ligou o computador e feliz da vida viu o alto saldo que havia conseguido.

— É... Esse foi um bom dia! Dei um jeito na vida e sem deixar testemunhas. Preciso fazer o laranja assinar o cheque antes que ele descubra que está rico. Vou mandar esse dinheiro para o estrangeiro, igual os outros. Mas... desta vez, posso me aposentar, comprar um apartamento em Miami e mudar para lá.

Recostou-se na cadeira com as mãos atrás da cabeça, suspirou e fechou os olhos.

Neste instante, viu Artur à sua frente. Furioso, com as mãos em sua garganta. Assustado, abriu os olhos e levantou abruptamente da cadeira, derrubando-a no chão.

— Oh, louco! Se eu não tivesse matado o sujeito pessoalmente, podia jurar que estava aqui, pronto para me enforcar.

Saiu da sala e avisou que estava indo para casa, pois não se sentia muito bem. Neste momento, iniciou-se mais um triste processo de obsessão.

CAPÍTULO XXXIII

EVOLUÇÃO E APRENDIZADO

763. A restrição dos casos em que se aplica a pena de morte é um índice do progresso da civilização?

— *Podes duvidar disso? Não se revolta o teu Espírito lendo os relatos dos morticínios humanos que antigamente se faziam em nome da justiça e frequentemente em honra à Divindade; das torturas a que se submetia o condenado e mesmo o acusado, para lhe arrancar, a peso do sofrimento, a confissão de um crime que ele muitas vezes não havia cometido? Pois bem, se tivesses vivido naqueles tempos, acharias tudo natural, e talvez, como juiz, tivesses feito outro tanto. É assim que o que parece justo* numa época parece bárbaro em outra. Somente as leis divinas são eternas. As leis humanas modificam-se com o progresso. E se modificarão ainda, até que sejam colocadas em harmonia com as leis divinas.

(*O Livro dos Espíritos* — Livro III — Capítulo VI, Lei de Destruição — Item VII — Pena de Morte)

O delegado chegou à sua residência, acionou o portão elétrico, entrou com o carro, estacionou e ficou sentado no automóvel por instantes. Passou as mãos pela cabeça; sentia-se nauseado e cansado. A cabeça parecia oca, não conseguia organizar os pensamentos, sentia como se estivesse em meio a densa névoa que lhe roubava a visão.

Abriu a porta do carro, colocou as pernas para fora e fez um enorme esforço para se levantar; pensou chateado: "Estou ficando doente, deve ser uma dessas viroses esquisitas que andam por aí".

Artur o seguia de perto. Aos berros, aplicava-lhe socos sem parar; por sua vez, também era agredido por entidades dementadas e vestidas em andrajos.

Acompanhamos a cena, apiedados desses irmãos em desequilíbrio. Pressentíamos muito sofrimento e dor até o momento da compreensão, através do cansaço de ser infeliz.

Há trinta dias Branca havia recebido a infusão celular. Apesar de ainda estar internada e sob os cuidados de seus pais e de sua amada madrinha, continuava enfraquecida, causando preocupações a todos. Vitor resolveu adiar a sua alta e mantê-la sob o controle dos profissionais competentes. Evandro precisou voltar ao trabalho; a contragosto despediu-se de todos e voltou para sua cidade natal.

Adalton sugeriu a Vitor repetir todos os exames. Pressentia que havia algo bastante grave, além das infecções que apareciam intermitentes e eram tratadas conforme a necessidade.

— Vitor, sei que essa não é minha área, mas acredito que está na hora de exames mais invasivos.

— Aspiração da medula é bastante temerário nesta fase, Adalton. Pode precipitar infecções mais graves e prejudicar a pega eficiente da medula.

— Sei disso, mas já se passaram trinta dias e os marcadores continuam baixos. Inclusive não conseguimos uma contagem eficiente de plaquetas, ela nunca apresentou nada acima de 20.000/mm^3.

— Você tem razão, vou pedir aspiração de medula.

Após alguns dias, os exames mostraram que Branca continuava doente. Adalton pediu a Evandro que os encontrasse.

Numa sala de consultas estavam acomodados Evandro, Camila, Adélia e Toni. Adalton e Vitor olhavam para os amigos com simpatia e carinho.

— Infelizmente, o TMO de Branca não foi eficiente. Precisamos decidir algumas coisas.

— Meu Deus! — murmurou Camila.

— Calma, meu bem, vamos ouvir o Vitor.

— Temos uma nova esperança — falou Adalton.

— Um novo tratamento, Adalton? — perguntou Toni.

— Não, não é bem assim. Trata-se de uma nova forma de transplantar células. Camila, de quanto tempo você está grávida?

— Acredito que, aproximadamente, vinte e duas semanas. Não me dei conta da gravidez, por causa das preocupações constantes. E também porque meu ciclo menstrual é bastante desregulado. Por quê? — perguntou Camila.

— Se houver compatibilidade entre Inácio e Branca, podemos usar células-tronco do cordão umbilical assim que ele nascer — explicou Vitor.

— E podemos saber disso agora? — questionou Adélia.

— Podemos sim. Faremos uma coleta por aspiração de material do cordão umbilical, que não prejudicará em nada nosso bebê. Caso haja compatibilidade, começamos uma fase de procedimentos para manter Branca saudável até o nascimento do irmão. Andei fazendo algumas pesquisas a respeito, já havia percebido que Branca não mostrava sinais de recuperação — completou Evandro.

— Você disse células-tronco. Explique melhor, por favor — pediu Toni.

— As células-tronco são células muito especiais. Elas surgem no ser humano ainda na fase embrionária, previamente ao nascimento. Após o nascimento, alguns órgãos ainda mantêm dentro de si uma pequena porção de células-tronco, que são responsáveis pela renovação constante desse órgão específico. Essas células têm duas características distintas: reproduzir-se, duplicando-se, gerando duas células com iguais características, e diferenciar-se, transformar-se em diferentes outras células de seus respectivos tecidos. Vejam só a célula-tronco hematopoética que no adulto se localiza na medula óssea vermelha e é responsável pela geração de todo o sangue. É a célula substituída quando é feito um transplante de medula óssea, que chamamos de TMO.

"Durante a gravidez, o oxigênio e nutrientes essenciais passam do sangue materno para o bebê por meio da placenta e do cordão umbilical. O sangue que circula no cordão umbilical é o mesmo do recém-nascido. Pesquisadores identificaram no cordão umbilical um grande número de células-tronco hematopoéticas, que são células fundamentais no transplante de medula óssea, inclusive esse sangue adquiriu importância, pela doação voluntária, para pessoas que necessitem do transplante."

— Puxa vida, então é uma descoberta que pode auxiliar muito a humanidade — comentou Adélia.

— Isso mesmo, Adélia, se as pessoas tivessem conhecimento disso, a doação de cordão umbilical seria mais comum e simples. O sangue do cordão é uma das fontes de células-tronco para o transplante de medula óssea, e esse é o único uso deste material atualmente. O transplante é indicado para pacientes com leucemia aguda; leucemia mieloide crônica; leucemia mielomonocítica crônica; linfomas; anemias graves; anemias congênitas; hemoglobinopatias; imunodeficiências congênitas; mieloma múltiplo; síndrome mielodisplásica hipocelular; imunodeficiência combinada severa; osteopetrose; mielofibrose primária em fase evolutiva; síndrome mielodisplásica em transformação; talassemia major, além de outras doenças do sistema sanguíneo e imunológico — completou Adalton.

— E como é feita essa doação? Tem restrições? — perguntou Camila.

— A doação é realizada em maternidades credenciadas do programa da Rede BrasilCord, que reúne os bancos públicos de sangue de cordão. Existem alguns controles no momento da coleta do sangue do cordão, necessários para um bom aproveitamento das unidades. Portanto, não se trata de uma doação universal, como ocorre com sangue e que pode ser feita em qualquer hospital ou por qualquer pessoa, sendo limitada aos hospitais que fazem parte do programa.

— E como é feita essa coleta? — perguntou Toni.

— Após o nascimento, o cordão umbilical é pinçado, lacrado com uma pinça e separado do bebê, cortando a ligação entre o bebê e a placenta, procedimento normal em qualquer parto. A quantidade de sangue, cerca de 70 a 100 ml, que permanece no cordão e na placenta é drenada para uma bolsa de coleta. Em seguida, já no laboratório de processamento, as células-tronco são separadas e preparadas para o congelamento. Essas células podem permanecer armazenadas e congeladas por vários anos no Banco de Sangue de Cordão Umbilical, disponíveis para serem transplantadas. Cabe ressaltar que a doação voluntária é confidencial e nenhuma troca de informação será permitida entre o doador e o receptor — informou Adalton.

— Quanto tempo o sangue do cordão pode ficar congelado? – questionou Camila.

— O tempo é indefinido, existem bolsas de sangue de cordão congeladas há mais de 25 anos. – respondeu Vítor.

— Qualquer gestante está apta a doar? — perguntou Camila.

— Não, a gestante tem que atender a critérios específicos. Dentre eles, deve ter mais de dezoito anos, ter feito no mínimo duas consultas de pré-natal documentadas, estar com idade gestacional acima de trinta e cinco semanas no momento da coleta e não possuir, no histórico médico, doenças neoplásicas, câncer ou moléstias hematológicas, por exemplo, as anemias hereditárias.

— Por que as doações não podem ser feitas em qualquer hospital? Há condições essenciais para isso? — questionou Adélia.

— O programa de doação trabalha com planejamento e eficiência. Não adianta quantidade sem qualidade porque seria desperdício coletar sem que o procedimento tivesse sido realizado por equipe treinada ou com critério. O planejamento segue as normas internacionais. Há pelo menos dois hospitais conveniados para cada Banco da Rede BrasilCord. São hospitais públicos ou com credenciamento específico para coleta — completou Vitor.

— Precisamos divulgar mais esse programa — concluiu Evandro.

— Como acontece com qualquer processo de evolução sobre o planeta, é necessário fazer conhecer as necessidades e as soluções de forma bastante clara e concisa. E, lógico, promover a divulgação efetiva nos meios de comunicação. – falou Adélia.

— E quando poderemos fazer os exames? E tenho outra dúvida: há um critério de compatibilidade? — perguntou Camila.

— Com o sangue do cordão umbilical precisamos de setenta por cento de compatibilidade. Vou providenciar os exames e voltamos a conversar. – falou Vítor.

Os pais de Branca, como a menina se referia aos dois casais, ficaram mais um pouco com Adalton tirando algumas dúvidas. Camila estava distraída em seus pensamentos, passou com carinho a mão pelo ventre que começava a se avolumar e pensou: "Você salvará sua irmã? Sinto que sim. Quando desconfiei desta gravidez senti alívio e foi como se tudo estivesse mais claro e bonito, o mundo ganhou novas cores. Sabia que estaria em pouco tempo com vocês dois em meus braços. Sandra fala que fizemos um planejamento encarnatório e por isso mesmo estamos preparados para viver o que vier por aí, e eu sei que combinamos isso. Apenas sinto saudades de meu pai, que agora sei que está sempre presente em minha vida; queria apenas poder abraçá-lo mais uma vez". Duas lágrimas rolaram pelo seu rosto.

Evandro se aproximou e a abraçou com muito amor. A moça levantou os olhos e sorriu:

— Está tudo bem, tudo bem de verdade. Sei que vai dar tudo certo, vou para o quarto ficar com Branca, é minha vez.

Camila caminhou devagar pelo corredor do hospital, parou em frente à porta do quarto da filha querida e respirou fundo, pensando: "Preciso contar a ela".

Abriu a porta devagar; a enfermeira sentada à cabeceira da cama fez um sinal mostrando a ela que a menina dormia tranquila. Camila sorriu e agradeceu. A enfermeira se levantou e saiu do quarto.

Camila sentou-se numa cadeira ao lado da cama e ficou observando a menina dormir.

— Ela se parece comigo mesmo — murmurou feliz; passou as mãos pela barriga e falou baixinho: — E você, Inácio? Com quem irá parecer? Tenho certeza de que será a cópia de seu pai.

— Mamãe! Eu acordei.

— Que bom, querida, estava com saudades de ouvir sua voz.

— O vovô me disse que o Inácio vai dar um pedacinho dele para mim, e assim eu vou ficar boa. Amo meu irmão, mamãe, ele vai ser meu melhor amigo. Antes deveria ser meu pai, mas agora ele não pode mais.

— O vovô conversou com você, querida?

— É sim, mamãe. Meu irmão vai ter o mesmo nome que ele, você sabe disso.

Camila, num impulso, moveu-se para abraçar a filha. No entanto, conteve o impulso, lembrando as instruções de Vitor sobre o contato direto. Então, segurou suas mãozinhas entre as suas e sorrindo disse:

— Você sabe quanto a amo?

— Eu também amo você, mamãe. E o vovô disse que devemos orar pelo meu pai, aquele que não conheço, ele não está mais neste mundo e precisa que pensemos coisas boas para ele.

— O que você está dizendo, querida?

— Ele não fala morto, igual meu passarinho que morreu. Ele fala outro nome.

— Desencarnado?

— Isso mesmo, mamãe, ele falou que não devemos mais temer por nossas vidas, porque meu pai desencarnou.

— Deus do Céu!

— Isso é ruim, mamãe?

Camila estava atônita e precisava conversar com Evandro, então falou para a filha:

— Não, querida, desde que sintamos compaixão por ele. Agora a mamãe precisa conversar com papai, vou pedir a Adélia para ficar com você, está bem?

— Está sim, amo minha madrinha, ela é minha mãe também.

Camila sorriu, saiu no corredor, fez um sinal para a enfermeira e pediu a ela que chamasse Adélia, para que a substituísse.

Camila encontrou o marido, Toni e Adalton na lanchonete do hospital; sentou com eles e relatou o que havia acontecido. Adalton fechou os olhos e falou:

— Vou tentar falar com Thiago e ver se ele tem alguma informação a respeito.

Adalton telefonou para Thiago e este lhe informou que acabara de receber uma ligação de um amigo, membro da igreja à qual Artur pertencia. O referido amigo o informou que o corpo do pastor havia sido encontrado cravado de balas dentro de um carro roubado.

— E os tais documentos que estavam em posse de Artur? Foram encontrados?

— Não. Parecem ter desaparecido. Foi registrada a entrada na delegacia, mas ninguém os encontra.

— É, mas eles não sabem da segunda pasta que anda circulando por aí; parece que o pastor foi bastante prevenido com isso.

— Do que você está falando?

— Assista ao noticiário, parece que Artur enviou a verdadeira pasta, com os documentos originais, para um jornalista bastante polêmico, e ele já está nas mídias apresentando coisas terríveis sobre a cúpula dirigente desta comunidade que se dizia cristã.

— Bom, quem com ferro fere, com ferro será ferido!

CAPÍTULO XXXIV

UM DIA NOVO

764. Jesus disse: "Quem matar pela espada perecerá pela espada". Essas palavras não representam a consagração da pena de talião? E a morte imposta ao assassino não é a aplicação dessa pena?

— Tomai tento! Estais equivocados quanto a estas palavras, como sobre muitas outras. A pena de talião é a justiça de Deus; é ele quem a aplica. Todos vós sofreis a cada instante essa pena, porque sois punidos naquilo em que pecais, nesta vida ou numa outra. Aquele que fez sofrer o seu semelhante estará numa situação em que sofrerá o mesmo. E este é o sentido das palavras de Jesus. Pois não vos disse também: "Perdoai aos vossos inimigos"? E não vos ensinou a pedir a Deus que perdoe as vossas ofensas da maneira que perdoastes, ou seja, na mesma proporção em que houverdes perdoado? Compreendei bem isso.

(O Livro dos Espíritos — Livro III — Capítulo VI, Lei de Destruição — Item VII, Pena de Morte)

Camila fez os exames necessários. Os dias passavam com lentidão diante da ansiedade pela espera do resultado.

Finalmente, Vitor os chamou ao seu consultório. Assim que entraram, puderam deduzir o resultado pelo largo sorriso que os recebeu.

— Oh, meu Deus! Deu certo, não deu?

— Deu sim, minha querida, deu sim. Eles têm setenta e seis por cento de compatibilidade — informou Adalton.

Todos começaram a chorar de alegria; Camila pediu licença e correu para o quarto da filha. A rotina de higienização para estar com a pequena Branca lhe pareceu muito longa. Após cumprir as exigências, entrou no quarto com a expressão radiante e disse para a doce criança:

— Deu tudo certo, meu amor. Você e Inácio são compatíveis.

— Eu sei, o vovô me contou.

— O vovô?

— Ele está aqui ao seu lado te abraçando, falou que posso ver melhor que você.

Camila irrompeu num pranto de alívio e felicidade, e repetia incessantemente:

— Obrigada, obrigada, obrigada.

O dia do parto chegou. Seria uma cesariana, pois Camila não apresentava contrações uterinas. Estava tudo bem com a criança e a mãe.

Após entrar no centro cirúrgico, quarenta minutos depois ela estava com o filho nos braços. Evandro a olhava com admiração e amor.

— Agora temos dois filhos a quem amamos muito. Dois filhos, meu amor, dois filhos.

— Eu te amo, Evandro, eu te amo muito. Você é minha esperança no futuro, sem você eu não teria vivido estes momentos maravilhosos.

— Desculpe interromper, o cordão umbilical já foi levado — informou o obstetra.

— Oh, Deus! Proteja nossa filha, por favor. Hoje está nascendo nosso filho e renascendo nossa filha, Evandro.

O rapaz a abraçou com carinho.

Enquanto isso, o sofrimento de Artur era terrível. Perdia, aos poucos, o contato com a realidade. Sabia que deveria se vingar daquele homem, mas não sabia mais por que o faria. Olhava o rosto do delegado e via apenas uma arma apontada para sua cabeça, então avançava sobre ele como um animal ferido.

O infeliz assassino já havia visitado uma infinidade de médicos em busca de uma solução para o seu descontrole. Não conseguia mais dormir sossegado; nem bem fechava os olhos, lá estava o monstro enforcando-o; sentia falta de ar e pânico.

Estava afastado do trabalho pelo psiquiatra que o assistia. Sentava à mesa para se alimentar e o alimento estava repleto de vermes, que entravam por sua boca; a água que bebia era amarga e o fazia engasgar. Estava enlouquecendo, e tudo tinha começado naquele dia que matara aquele infeliz. Tentava organizar o pensamento e tudo ficava mais confuso ainda.

Andava de um lado a outro, ligava a televisão em som alto, precisava ocupar o vazio que o estava consumindo.

Sua mulher havia descoberto as contas fora do país e tinha ido embora, abandonando-o. Ela o traíra, não tinha deixado um centavo. Agora, precisava se virar com o miserável salário como funcionário público. Se pelo menos tivesse filhos, alguém estaria cuidando dele. Mas, não. Nunca quisera uma criança em sua vida, além do mais não queria estragar o belo corpo de sua mulher.

Um amigo seu tinha contado que a vira em Nova Iorque com um rapaz bem mais novo, e estava grávida. Ela sustentava outro homem com seu dinheiro. Ele precisava se curar para ir atrás dela e se vingar.

Sua mente não parava; andava de um lugar a outro sem cessar e Artur o seguia, xingando, gritando, ameaçando.

Esgotado pelo cansaço de noites maldormidas, pela falta de alimentação, ele entrou em desespero e começou a quebrar tudo à sua volta. Exausto, desabou no chão num pranto convulsivo.

Ficou ali deitado, inerte, sozinho e com muito medo. Anoiteceu e ele não percebeu. Ao abrir os olhos, constatou que tudo estava escuro, não conseguia lembrar onde estava. Fez um enorme esforço e se levantou; ainda desorientado, prestou atenção ao ambiente.

Artur, muito próximo, conduzia seu pensamento; tão confuso como o outro, repetia sem parar:

— Pega o revólver, acaba com isso logo! Olha para mim! Você fez isso comigo e eu estou aqui livre!

Repetia e repetia a mesma frase. O delegado, envolvido, foi ao quarto, abriu a gaveta do criado-mudo que estava ao lado de sua cama, tomou o revólver nas mãos, colocou o cano dentro da boca e atirou.

Artur gritava como louco. A proximidade, a sintonia entre ambos, o fez sentir como se ele mesmo houvesse tomado aquele tiro.

Compadecidos, intercedemos em benefício dos dois infelizes. Lenora e uma equipe de amigos socorristas juntaram-se a nós e os envolvemos em vibrações amorosas; por fim, adormeceram. Um sono triste e agitado, mas estavam amparados na casa do Senhor.

Lenora nos abraçou e agradeceu o auxílio recebido. A amorosa mulher nos disse estar feliz, seu filho voltava a seus cuidados. E nos lembrou sobre o livre-arbítrio; o futuro pertencia a ambos. As escolhas que fariam ao abrir os olhos definiriam se alcançariam a oportunidade de uma nova realidade. Mas, naquele momento, Deus os acolhia com amor e perdão.

CAPÍTULO XXXV

AMOR E AMIZADE

765. Que pensar da pena de morte imposta em nome de Deus?

— Isso equivale a tomar o lugar de Deus na prática da justiça. Os que agem assim revelam quanto estão longe de compreender a Deus e quanto têm ainda a expiar. É um crime aplicar a pena de morte em nome de Deus. E os que o fazem são responsáveis por esses assassinatos.

(*O Livro dos Espíritos* — Livro III — Capítulo VI, Lei de Destruição — Item VII, Pena de Morte)

Um momento de descanso e conversa agradável entre amigos. Assim começou nosso dia após as orações matinais na Praça da Paz.

— Acabei de visitar Camila e Evandro, estão todos bem. Hoje devem voltar ao hospital para novos exames rotineiros, mas Branca está ótima, cada dia mais esperta e amiga do irmão, Inácio — informou Maurício.

— Uma homenagem e tanto, hein, meu amigo? — falei, dirigindo-me a nosso amigo Inácio.

— Estou emocionado até hoje, para dizer a verdade. A encarnação que partilhei com Camila há muito tempo foi muito boa para mim. Eu a amava em demasia e pequei em algumas coisas, como os mimos constantes e o esforço em não ver as deficiências de caráter que manifestava. Enfim, não fui um pai que colocou limites necessários a uma boa educação — respondeu Inácio.

— Mas ela o amou muito — afirmei, com certeza desse fato.

— Isso é verdade, mas eu não soube amar o suficiente para dizer não quando necessário. Éramos uma família abastada, proveniente da nobreza. Minha esposa, muito jovem e muito frágil, a quem amava muito, morreu no parto, deixando-me viúvo e com uma criança para educar e criar. Não sabia exatamente o que deveria fazer. Então, dei tudo a ela, tinha as melhores roupas, as melhores e mais caras joias, as casas mais suntuosas. Estava tudo bem até o momento em que ela foi seduzida por um religioso de mau caráter. Ele a assediava de todas as formas. Ela me dizia que o amava e que ambos iriam fugir, e que ele era religioso apenas por imposição da família.

"Envolvido por um amor desequilibrado, financiei o relacionamento de ambos. E ele a usou de todas as formas, até o momento em que ela engravidou. Foi aí que ele mostrou a sua verdadeira face. Desonrou-a, humilhou-a, rejeitou-a e a tachou de louca. Fui assassinado e minha filha ficou à mercê de seu algoz. Ele tomou posse de nossa fortuna e a encerrou num convento, onde era tratada como louca, até o desespero a vitimar. Ela se suicidou!"

— Não deve ter sido fácil trabalhar essa dor — comentei compadecido por tanto sofrimento.

— Minha esposa me socorreu, não permitiu que eu me perdesse nos abismos de minha mente, me ajudou a entender que somente em equilíbrio poderia auxiliar minha filha.

— E você o fez — afirmou Ineque.

— Com a ajuda dos amigos, conseguimos.

— Mas... Esse algoz não era Artur. No início deste socorro conhecemos a história dos dois — afirmou Ana.

— Não. Era Robert, o inquisidor — respondeu Inácio.

— Então, está tudo em paz agora. E, no fim das contas, era sempre ele que agia por trás do comportamento de outros a quem manipulava — completou Ineque.

— Isso mesmo, meu amigo. Os caminhos de Deus sempre nos levam à recuperação de nossas dores — falou Inácio, sorrindo com seu habitual bom humor.

— Basta a compreensão da humanidade sobre as palavras amáveis de nosso mestre Jesus, que constam do Evangelho de Mateus, versículos catorze e quinze: "Se perdoardes aos homens as ofensas que vos fazem, também vosso Pai celestial vos perdoará os vossos pecados. Mas, se não perdoardes aos homens, tampouco vosso Pai vos perdoará os vossos pecados".

CAPÍTULO XXXVI

PERDOAR SEMPRE

15. Perdoar aos inimigos é pedir perdão para si mesmo; perdoar aos amigos é dar prova de amizade; perdoar as ofensas é mostrar que se melhora. Perdoai, pois, meus amigos, para que Deus vos perdoe. Porque, se fordes duros, exigentes, inflexíveis, se guardardes até mesmo uma ligeira ofensa, como quereis que Deus esqueça que todos os dias tendes grande necessidade de indulgência? Oh, infeliz daquele que diz: Eu jamais perdoarei, porque pronuncia a sua própria condenação! Quem sabe se, mergulhando em vós mesmos, não descobrireis que fostes o agressor? Quem sabe se, nessa

luta que começa por um simples aborrecimento e acaba pela desavença, não fostes vós a dar o primeiro golpe? Se não vos escapou uma palavra ferina? Se usaste de toda a moderação necessária? Sem dúvida o vosso adversário está errado ao se mostrar tão suscetível, mas essa é ainda uma razão para serdes indulgentes, e para não merecer ele a vossa reprovação. Admitamos que fôsseis realmente o ofendido, em certa circunstância. Quem sabe se não envenenastes o caso com represálias, fazendo degenerar numa disputa grave aquilo que facilmente poderia cair no esquecimento? Se dependeu de vós impedir as consequências, e não o fizestes, sois realmente culpados. Admitamos ainda que nada tendes a reprovar na vossa conduta, e, nesse caso, maior o vosso mérito, se vos mostrardes clemente.

(*O Evangelho segundo o Espiritismo* — Capítulo 10 — Bem-Aventurados os Misericordiosos — Instruções dos Espíritos — 1. Perdão das Ofensas)

Demétrius nos convidou a visitar a família de Camila. Ao chegarmos à casa notamos frenética agitação; as crianças corriam de um lado a outro do jardim. Era o aniversário de três anos de Inácio; Branca contava os seus sete anos e Camila estava grávida. Um menino de idade aproximada com a de Branca se aproximou de Camila e a abraçou dizendo:

— Mamãe, amo você!

— Eu também o amo muito, Tadeu, você é uma luz em nossas vidas.

Olhei inquisitivo para Demétrius e perguntei:

— Que linda criança! Quem é?

— Lembra que Evandro e Camila tinham pensado em adotar uma criança? Foi na época em que Branca contava os seus dois anos.

— Lembro sim, mas não sabia que esse projeto havia acontecido.

— Logo após o nascimento de Inácio, o orfanato ligou avisando que o pedido deles havia sido aceito. E desde então Tadeu está na família.

— Que linda família, e pelo jeito está prestes a nascer mais um membro.

Adélia e Toni saíram da casa seguidos de perto por seus três filhos.

Vanda e Fábio chegavam com seus dois filhos.

Estava tudo uma beleza! Inácio a um canto nos sorriu feliz e acenou para que nos aproximássemos.

— Está tudo bem. Você está por aqui? Que maravilha!

— Parabéns, meu amigo! Uma linda família! — respondi feliz.

— Eles estarão partindo amanhã. Cumprem a promessa que fizeram a Branca. Evandro vai trabalhar no hospital junto com Vitor. Ele está se especializando em oncologia infantil — informou Inácio.

— Vão ficar perto de Adélia e Toni? E Evandro desistiu da psiquiatria? — perguntei admirado.

— E não poderia ser diferente, esperaram apenas que Branca se recuperasse bastante, afinal, ela era prioridade. E Evandro, durante este tempo, percebeu que amava trabalhar com crianças. Então, decidiu mudar seu caminho. Você percebeu? Camila está grávida — falou Inácio.

— Mais um netinho? — inquiri o amigo.

— Uma netinha. Uma amiga que retorna ao plano material.

— Você a conhece? — perguntei curioso.

— Conheço! Ela foi mãe de Camila, minha esposa querida. Hoje uma grande amiga. Está retornando porque fez incríveis planos na área da educação. Essa é uma encarnação para a qual se prepara há bastante tempo — falou Inácio.

— Veja só, esse assunto muito me interessa — respondi animado.

— Sei disso. Estou pensando algumas coisas, acho que está na hora de procurar um novo caminho, sair desse marasmo e aprender a fazer diferente. Ela sabe disso e contava com minha ajuda, só concordou com meus planos porque prometi a ela que você se interessaria por seus planos — informou o amigo.

— Hum! Pelo que entendi, você fez promessas em meu nome — brinquei.

— Porque sabia que você gostaria disso — respondeu Inácio.

— Você vai reencarnar? Já fez planos? — perguntei meio melancólico.

— Isso mesmo. Devo estar no centro reencarnacionista daqui a dez dias — informou Inácio.

— Dez dias? Tão rápido!

— Preciso ir logo, senão fico para trás e não alcanço minha querida amiga; planejamos coisas muito boas para essa oportunidade.

Abracei o amigo e me senti meio que ressabiado, afinal, a saudade já batia nas portas de meu coração.

Contemplava magnífica paisagem do litoral paulista, quando Maurício veio ao meu encontro.

— Bom dia, Vinícius!

— Bom dia, meu jovem! — Observando as feições do admirável rapaz, percebi certo ar de preocupação. — Está tudo bem?

— Comigo sim. Mas temos trabalho a fazer, amigos a auxiliar.

— Pode adiantar alguma coisa?

— Posso sim. Você se lembra de um trabalho que realizei há algum tempo, a história de Otávio e Vera, que narrei no livro intitulado *Sempre há vida*?

— Lembro sim. Visitamos Otávio outro dia, ele está bem melhor, pelo que me pareceu.

— Está sim. Hoje Caio foi à Casa Espírita Caminheiros de Jesus e pediu ajuda para Hugo e seu companheiro.

— Da última vez que tivemos notícias deles estavam tentando adotar uma criança, não é isso?

— É sim. Mas parece que Hugo está muito deprimido, até mesmo falando em suicídio. Eles sofrem muito com o preconceito da sociedade. Acabaram de mudar para um condomínio, onde moram pessoas muito ricas materialmente, mas muito ignorantes moralmente. Parece que ontem vandalizaram sua casa e escreveram coisas horríveis nos muros.

— Deus Pai! Quando a humanidade irá parar de julgar os outros? Vamos lá! Vamos auxiliá-los!

Levantei da areia úmida e fiquei observando o magnífico nascer do sol espelhado nas águas esverdeadas do mar. A claridade se espalhava em raios dourados. As poucas pessoas que por ali caminhavam, encarnadas e desencarnadas, pararam diante do espetáculo esplendoroso.

O mundo se renova a cada instante, basta que tenhamos a boa vontade de enxergar a felicidade sempre presente. Ela reside nas pequenas coisas, nas pequenas aventuras que nos encantam sempre. Basta acreditar em oportunidades e dar a elas a qualidade do amor, afinal, onde há vida sempre há renovação.

Deus os abençoe sempre, Vinícius (Pedro de Camargo)
Ribeirão Preto, 16 de fevereiro de 2016

Av. Porto Ferreira, 1031 | Parque Iracema
CEP 15809-020 | Catanduva-SP

www.**lumeneditorial**.com.br
www.**boanova**.net

atendimento@lumeneditorial.com.br
boanova@boanova.net

📞 17 3531.4444
🟢 17 99777.7413
📷 @boanovaed
f boanovaed
▶ boanovaeditora

Acesse nossa loja

Fale pelo whatsapp